MW01031091

# El Despertar
# de la
# Adoración

## Mizraím Esquilín

Editorial
CARIBE

© 1995 EDITORIAL CARIBE
P.O. Box 141000
Nashville, TN 37214-1000

ISBN: 0-89922-577-2

Impreso en EE.UU.
Printed in the U.S.A.

2ª Impresión

# Contenido

## TERCERA DIMENSIÓN: EL MINISTERIO

## CUARTA DIMENSIÓN: EL CIELO

# Introducción

«EXISTE UNA CRISIS EN LA ADORACIÓN...» Esta frase se escuchó de labios de un gran amigo y, a la sazón, uno de los pastores más efectivos que he conocido. Sus expresiones han llevado a más de uno a preguntarse si serán ciertas sus palabras. ¿Habrá crisis en la adoración?

Desde el punto de vista teórico, mientras estudiábamos teología, aprendimos que la palabra griega «*krisis*» puede definirse como cambio, riesgo o juicio. Hay una crisis en el estudiante que acaba de concluir sus estudios, ya que experimenta cambios trascendentales para su vida. Hay crisis en todo conflicto bélico por todo lo que está en riesgo. Hay crisis en la corte de justicia, pues el magistrado tiene que evaluar y sentenciar o decidir en cada juicio que realiza.

Desde estos puntos de vista, no está fuera de la realidad hablar de la crisis en la adoración. Teológica y bíblicamente no podemos afirmar que la adoración ha cambiado, pero sí que están cambiando las actitudes de miles de los que adoran. Son muchos los que se acercan a nuestras congregaciones motivados por lo que llamamos un *Despertar de la adoración*. Por lo que inferimos que la crisis no es *en* la adoración sino *de* adoración.

No podemos negar que hay cierto grado de riesgo en todo lo que ocurre en esta área de la vida de la Iglesia. Como pastor, me preocupa grandemente el hecho de que sucedan tantos fenómenos relacionados con la adoración y que no haya con ellos una teología de la misma. Si hacer teología es desarrollar una explicación sistemática de cómo entendemos los cristianos a Dios y su plan con la humanidad, entonces no hablamos de diez o doce versículos montados en una estructura comercial para convencer a algunos de que hacemos lo correcto. Hablar de una teología de adoración es hablar de una descripción estructural, responsable y analizada teológicamente, sobre la que se fundamenten las metas y objetivos de la adoración, así como su lugar en la vida y la misión de la Iglesia.

Desde el punto de vista de la evaluación y la decisión, nadie puede obviar la realidad de que se han estado gritando juicios sobre los puntos a favor y en contra de este elemento que entendemos renace en la Iglesia. Me parece que algunos de esos juicios son argumentados y muy bien fundamentados, otros son demasiado viciados por posiciones puramente personalistas y sin fundamento teológico alguno.

Debemos entonces concluir que la respuesta a la gran pregunta que se escucha en todo el ambiente hispanoamericano (algunos entienden que panamericano) es que sí hay una crisis de adoración. La respuesta surge de las lecturas y de las conclusiones a las que se llegan luego de analizar el fenómeno de la adoración tal y como ocurre a lo largo y ancho de todo este hemisferio americano.

Es innegable que nuestra generación ha sido testigo de un despertar en el área de la adoración. Por todas partes se escucha el repicar de las campanas, que para algunos anuncian la llegada de un nuevo avivamiento en la vida y en la historia de la Iglesia de toda América. A través de este fenómeno, miles de almas han experimentado un despertar de su vida y de la relación con Dios.

Pero para otros, el mismo ha sido motivo de preocupación por entender que sólo representa un énfasis desmedido en un área que la Iglesia ha tenido siempre en sus agendas. Son círculos que observan este despertar como una aplicación exagerada e inadecuada de los postulados bíblicos. No ven con «buenos ojos» el sincretismo de estilos y la transculturación de ritmos y patrones musicales.

Entiendo que existe un problema muy serio al intentar acercarse a la adoración, si nos referimos a esta como una en estado de crisis. Son las emociones las que se desatan al usar un término negativo. Además, mi experiencia pastoral me ha enseñado a acercarme positivamente a las definiciones que están en labios de la feligresía; hacer lo contrario casi siempre resulta en una dosis letal para la fe de muchos hermanos y hermanas débiles en la fe, a causa de las muchas experiencias negativas que han sufrido.

Durante mis estudios en el Seminario Evangélico de Puerto Rico, la directora del programa de estudios en el área de los ministerios de la iglesia puso en mis manos un libro de consejería pastoral escrito por el profesor Howard Clinebell.[1] En ese libro el autor expone que en el idioma chino la palabra crisis se escribe usando dos monogramas. El de arriba significa «peligro» y el de abajo significa «oportunidad».

Es desde este marco referencial que quiero acercarme a este tema. Los peligros y las oportunidades que se encuentran dentro, sobre y alrededor de la adoración. Pues como ha dicho Anton T. Boisen, uno de los pioneros en el campo de la consejería y el cuidado pastoral, además de peligro cada crisis ofrecerá una hermosa oportunidad para el crecimiento espiritual y emocional.[2]

Cualquiera sea la posición del lector, hay varios puntos que no podremos obviar en la discusión sobre este tema. *El despertar de la adoración,* como ha sido llamado este fenómeno en algunos círculos teológicos, ha traído consigo preguntas profundas sobre lo que es y debe ser la adoración, sus bases teológicas, sus dimensiones reales en la vida, así como el testimonio de la Iglesia que enfrenta al tercer milenio y a un nuevo siglo. Cuáles son los fundamentos bíblicos que la sustentan, cuáles las bases que la deben sostener y cuáles las responsabilidades de los creyentes frente a las respuestas y demandas que formulan la Palabra del Señor y los tiempos que vivimos.

Intentar responder a todas esas interrogantes resultaría en un atrevimiento, no sólo de mi parte, sino de todos los que traten de hacerlo. Pero creo que definitivamente estamos frente a la urgente necesidad de sentarnos como pueblo de Dios a buscar

---

1  Howard Clinebell, *Basic Types of Pastoral Care & Counseling* [Modelos de Consejería Pastoral], Abingdon Press, Nashville, Tennessee, 1992, p. 209.
2  H. Stone, *Crisis Counseling*, Fortress Press, Philadelphia, 1989, p. 3.

respuestas y alternativas divinas. Esta situación se hace urgente, toda vez que entendamos o no este fenómeno que se está encargando de atraer diariamente a cientos de personas al alcance del mensaje del reino, y que ha estado transformando los estilos y patrones de muchas congregaciones.

En este libro me propongo acercarme al tema de las dimensiones y bases teológicas de la adoración. Mi esperanza es que con él pueda generar y facilitar la discusión profunda de este fenómeno. Además que contribuya a la elaboración de las bases para una teología responsable frente a las exigencias que plantea y que ilumine con posibles respuestas las preguntas básicas que estamos oyendo en todo el continente sobre lo que es y debe ser el lugar de la adoración en la vida de nuestras congregaciones.

Para evitar que esta presentación se convierta en un análisis árido, lleno de presupuestos teológicos y de oposiciones binarias, he preferido organizarla bajo una temática de tiempo y espacio. Esto es, cuatro dimensiones ineludibles para todo adorador, afectado o no por *El despertar de la adoración*. Es una visión tetradimensional de la adoración desde la perspectiva del adorador, las herramientas que debe traer consigo, su ministerio y la dimensión concluyente de la adoración: el *kainós* de Dios.

Cada dimensión es autónoma, pues se puede estudiar, analizar y discutir sin necesidad de que se estudien, analicen y/o discutan las demás. Al mismo tiempo son interdependientes, pues ninguna de ellas estará completa hasta que nos ejercitemos «enfrentando» las otras.

Las preocupaciones e interrogantes que inspiran este trabajo han surgido en más de treinta años de ministerio por toda hispanoamérica y una experiencia pastoral de dieciséis años. Durante la preparación de este material hemos sufrido transformaciones positivas en el entendimiento y la visión de lo que Dios puede hacer a través de este despertar. Espero que pueda ser de bendición para todos aquellos que, como yo, buscan respuestas a las preguntas profundas que han surcado la Iglesia.

# PRIMERA DIMENSIÓN:

## *EL ADORADOR*

# Capítulo 1

# YO ADORADOR:
# YO BARRO

¿**P**OR QUÉ BARRO? ¿Por qué no algo que nos proyecte una imagen menos atropellada? Miles de cristianos se han formulado estas preguntas a través de los siglos. Las respuestas encontradas son igualmente numerosas. Como hombre con entrenamiento científico me atrajo tanto este tema, que decidí realizar mi propia investigación. Los resultados que he encontrado son realmente sorprendentes.

En algún momento la mayoría de nosotros nos hemos detenido frente a este simpático «amigo», aunque sea al levantar una vasija fabricada mediante los ejercicios que lo convierten en cerámica. O quizás, tan solo nos hemos sorprendido con la belleza de una obra de arte que antes había sido una masa deforme, y a veces maloliente, de minerales, sustancias orgánicas e inorgánicas así como bastante humedad, llamada barro. Pero una realidad innegable es que no ha existido región geográfica en el globo terráqueo, que una vez estudiada no revele que sus antiguos ocupantes hayan recurrido a la alfarería para satisfacer necesidades básicas de su vida cotidiana. En otras palabras, el barro, al igual que el pan y el agua, ha estado presente en las mesas y en los hogares de todas las familias del mundo, a través de casi toda su historia.

Antes de exponer los resultados es necesario señalar su relevancia: uno de los símiles más poderosos que existen en la Palabra de Dios; definitivamente uno de los de mayor trascendencia. La versión Reina Valera usa el término barro treinta y ocho veces, y trece de ellas de manera simbólica y trascendental. Por ejemplo, en Isaías 45.9 se nos pregunta quiénes somos para contender con Dios, si sólo somos como el barro. Así mismo se reinicia la discusión en el capítulo 64.8 del mismo libro. Pero Jeremías 18.6 parece llevar esta presentación a un punto culminante, al señalar que es Dios el que quiere moldear a su pueblo como el alfarero moldea al barro.

La alfarería, o fabricación de vasijas de barro, es una de las artes más antiguas que se conocen. En este campo es la porcelana la que mayor trascendencia y popularidad ha alcanzado. Definitivamente, esta rama de la alfarería es la más alta en valor artístico y monetario. En el campo de la porcelana, son muchos los expertos que concluyen que la historia de la República Popular China es la más aventajada y versada en el tema. Es más, existen pruebas que le otorgan 3.500 años de experiencia en la alfarería y de que inventó la porcelana durante la dinastía T'ang (618-907 A.D.). Todas sus dinastías se consideran versadas en este aspecto.

Es indiscutible que dentro de las más famosas de esas dinastías se encuentran la Yuan y la Ming. Esta última extendió sus dominios desde 1368 hasta 1644, por Korea, Mongolia, Turkistán, Vietnam y Birmania, un imperio casi del tamaño de América del Sur. Fueron ellos los que decidieron cambiar la capital imperial a Beijing (antiguo Pekín).

Entre otras cosas, se les reconoce como excelentes en la manufactura de mobiliario y sumamente extraordinarios en la joyería. Además, establecieron la pauta en casi todas las áreas de la música. Pero es en la alfarería en lo que se destacan como ningún otro pueblo. Su hegemonía en esta área se extendió hasta 1912, y su alcance aún perdura en nuestro tiempo. El uso de colores como el «hui-hui ch'ing», una tonalidad de azul con cobalto refinado y proveniente de provincias persas, los convirtió en las estrellas indiscutibles de esta materia.

En una entrevista, que se le hiciera a uno de los expertos

en la alfarería de esta dinastía, este reveló que todo el proceso comenzaba con la selección del gredal, nombre técnico para el barro. Señaló además, que el material se debía preparar durante unos sesenta a sesenta y cinco años. Comentaba que los abuelos y bisabuelos eran responsables de comenzar la preparación del terreno que usarían los nietos y bisnietos. Sesenta a sesenta y cinco años bajo verano e invierno, lluvia y sol, día y noche, frío y calor. Muchos años de espera antes de siquiera considerarlo para convertirse en material a ser moldeado por el artista, años de exposición a ambientes no muy deseables. Al preguntársele el porqué de este procedimiento, el experto señaló que este barro tenía «que pagar el precio». Además no se prepara de la noche a la mañana. El barro necesita tiempo para asimilar y adquirir todas las características necesarias para ser un buen material de trabajo.

Me parece que aquí encontramos una suprema respuesta divina. *El barro tiene que pagar un precio. Ese precio requiere tiempo.* Precio que debemos pagar todos y cada uno de los que valoramos nuestra relación con Dios. Tiempo que hay que invertir para adquirir y asimilar muchas características y buenas costumbres que necesitaremos para ser un «buen material» en las manos del Gran Artista.

No existe entonces manera en la que alguien recién llegado a la Casa del Señor pueda convertirse inmediatamente en un experto en el área de la adoración, y mucho menos intentar dirigir los «cómo» y los «cuándo». Me parece que este es un punto con el que debemos trabajar un poco en nuestras iglesias, especialmente los que somos responsables de la grey ante los ojos del Señor.

Durante la década de los setenta, nuestras iglesias se vieron inundadas por decenas de personajes de la «farándula secular» (hay quienes entienden que existe una religiosa). Algunos de ellos muy bien motivados, con preocupaciones hermosas y genuinas sobre su salvación y su relación con Dios. La trayectoria de muchos ha representado uno de los episodios más tristes en la vida de la Iglesia. Un porcentaje altísimo de almas terminaron abandonando su fe, sus iglesias y su relación con Dios. El análisis de lo ocurrido con cada uno de estos casos revelará muchas cosas. Pero estoy seguro de que un elemento común a todos y cada uno será la dura verdad de que nosotros los pastores fuimos responsables en gran parte de su debacle espiritual.

Tal vez esta fue una reacción a las presiones de sectores de nuestras congregaciones que anhelaban ver en los púlpitos a las estrellas del celuloide y de la pantalla chica; o quizás surgió para no pagar el precio de ser llamados distintos a los otros compañeros que les estaban abriendo paso a sus púlpitos. Pero la dura realidad fue que casi inmediatamente al momento en que entregaron sus vidas al Señor, los invitamos a realizar y participar en actividades que siempre han requerido cristianos maduros y/o que hayan pagado el precio. Los veíamos ministrando, dirigiendo experiencias de adoración y predicando, a veces hasta a niveles internacionales. Me parece que fue la falta de experiencia y madurez para no ver el púlpito como una extensión de las «tarimas» teatrales y televisivas, la que se ocupó de «sacarlos» de nuestras iglesias. La Iglesia del Señor, y las actividades que en ella se dan, son un asunto muy distinto a la vida artística.

Quiero dejar establecido que como pastor protestante reconozco con claridad meridiana que la salvación es por gracia, es gratis. Pero el discipulado tiene un precio. El peregrinaje con el Señor tiene un precio que pagar. Son muchos los ejemplos que se pueden enumerar aquí para probar este punto. El primero de ellos, la «sentencia» que le dicta Dios a Ananías, el varón escogido para ungir al hasta entonces Saulo de Tarso. En Hechos 9.15-16 leemos:

> El Señor le dijo: Ve, porque instrumento escogido me es este, para llevar mi nombre en presencia de los gentiles, y de reyes, y de los hijos de Israel; *porque yo le mostraré cuánto le es necesario padecer por mi nombre* (énfasis del autor).

Estos textos se explican por sí solos. Hay bendición en la espera. Hay bendición detrás de cada experiencia aparentemente negativa. La Biblia enseña que el apóstol Pablo se tuvo que recluir durante tres años para poder estar «casi listo» para su ministerio. Debe haber sido una experiencia difícil para alguien que se había acostumbrado a ser líder todo el tiempo, con acceso a los círculos más exclusivos de su entorno cultural. *Hay que pagar el precio de ser barro...* El adorador-barro debe entender que tiene un precio que pagar para poder encontrarse en el centro de la voluntad de Dios. Esto no viene incluido como un «paquete» de salvación. Requiere nuestro compromiso y nuestro deseo de buscar a Dios como Él anhela que se le busque, servirle como Él anhela que se le sirva y adorarle como Él merece que se le adore.

En el plano de nuestra generación actual, este punto puede explicarse a la luz de las exigencias que muchas veces nos hace el Señor. Exigencias que no siempre resultan agradables ni parecidas a nuestros deseos y expectativas. Hay muchos ejemplos que se pueden plantear aquí para probar este señalamiento, pero me parece que basta acercarse a los trabajos de Dietrich Bonhoeffer para darse cuenta de esto.

Este fue un ilustre predicador y teólogo de nuestro siglo, nacido en Bavaria, Alemania, en febrero de 1906. Durante la Segunda Guerra Mundial prefirió abandonar la comodidad de su estancia en occidente, para regresar a su natal Alemania, a riesgo de ser encarcelado por su mensaje. Sabía que si se quedaba en occidente su vida se alargaría, pero no podía resistir la voz que en su espíritu le llamaba al mismo sacrificio por el que pasaban sus hermanos y hermanas. Es más, muere a manos de los nazis a causa de su fe. Su ejecución fue una de las últimas atrocidades del gobierno de Hitler, ya que poco después Alemania se rindió a las tropas aliadas. Fue otra víctima de la crueldad que generan los deshumanos movimientos bélicos. En sus poemas *Quién soy* y *Resistencia y sumisión, cartas y apuntes desde el cautiverio* observamos cómo concluye de manera poética que el discipulado tiene un costo.[1] Su trabajo es sumamente inspirador. Frente a la creencia de que su muerte lo silenciaría, él mismo se encargó de decirle

1   Véase, antes de leer directamente las obras de Bonhoeffer, E.H.Roberson, *Dietrich Bonhoeffer: Introducción a su pensamiento teológico*, Editorial Mundo Hispano, 1975.

a su verdugo que allí daría comienzo su mensaje. Creemos que no se equivocó.

Un detalle muy interesante es que desde la época de las dinastías imperiales chinas, la porcelana se define como aquella pieza de alfarería que suena de forma brillante y resonante cuando se la golpea. Las otras piezas de alfarería sólo producirán un sonido sordo y opaco con cada golpe. Uno de los elementos que permite esta característica es la selección del barro y el tiempo que se le permite procesar sus impurezas, dejando que mueran en él todas aquellas cosas que luego se convertirán en fortalezas que le darán resonancia y brillantez, especialmente frente a los golpes que pueda recibir.[2] Me parece oír decir al apóstol Pablo, inspirado por el Espíritu Santo: «*Bástate mi gracia porque mi poder se perfecciona en la debilidad*» (2 Corintios 12.9).

El término porcelana se deriva de la palabra que usó Marco Polo para describir la alfarería que vio en China. Allí descubrió que la pureza del material era esencial para su elaboración. El barro de Manchuria es uno de los mejores del mundo. Durante siglos se ha intentado preparar sintéticamente barro que tenga la calidad del que se produce en la naturaleza. Los resultados muestran que casi nunca se compara la brillantez del producto final con la que obtenemos en aquellas piezas que se hacen usando barro procesado por la naturaleza. Y además es exageradamente más costoso[3]. Se ha intentado hacer copias utilizando barro natural, pero procesado de otro modo para tratar de obtener la calidad necesaria. Un experto podrá identificar las diferencia con relativa facilidad, basándose en las impurezas presentes en el material utilizado. ¿Habrá cristianos sintéticos? ¿Existirán adoradores «manufacturados» a la carrera por personas e intereses que prefieren no tomar en cuenta el tiempo que hay que pagar como precio?

Luego de que el barro ha pagado su precio, el especialista oriental señaló que este tipo de gredal presenta el problema

2  *Enciclopedia Británica*, volumen 9, edición 15, «Porcelain».
3  *Ibid.* volumen 21, «Industrial Ceramics»

de las burbujas. El tiempo de procesamiento hace que este barro sea propenso a desarrollar burbujas en su interior. En la China, la única manera de hacerlas salir es arrojando «la masa» contra el suelo unas quince o veinte veces. Palabras iluminadas que parecen ser lo que quiere comunicar la lectura del profeta Isaías 41.25: «Del norte levanté a uno y vendrá; del nacimiento del sol invocará mi nombre; y pisoteará príncipes como lodo y como pisa el barro el alfarero».

No podemos intentar tapar el cielo con la mano. Una de las más grandes realidades que experimentamos los cristianos es que generalmente alcanzamos a ver la mano de Dios con mayor definición en nuestros momentos difíciles; mucho más que en los de esparcimiento y solaz.

En Israel este uso y costumbre de sacar las burbujas del barro se modificó un poco. En vez de arrojar «la masa» contra el suelo, el alfarero se paraba encima hasta asegurarse de que ya no quedaban burbujas. En otras palabras, antes de estar en las manos del Alfarero hay que estar a sus pies.

¡Qué experiencia más significativa! Me resulta hermosa por demás. Es impresionante saber que la adoración comienza a los pies del Señor. Es más, uno de los términos griegos que indica adoración, *proskuneo*, significa literalmente tirarse a los pies del amo como un perrito faldero. O sea, una actitud que describe a alguien a quien se ha despojado de orgullo y de exigencias personales. Más adelante regresaremos a considerar el ambiente y los contextos neotestamentarios.

En el hebreo bíblico las expresiones son mucho más reveladoras de la intención divina. Es cierto que el término central *es histahawah* y que el vocablo bíblico más usado en el Antiguo Testamento es *sha-cah*. Pero existen no menos de diez términos centrales que describen y definen la adoración bíblica en el Antiguo Testamento, uno de ellos es *berek*.[4] Esta palabra y sus variantes significan: bendecir, adorar y rodillas. Es la palabra o el concepto que usa el salmista en el Salmo 34:

---

4  J. Strong, *Strong's Exhaustive Concordance of the Bible* [Concordancia Completa de la Biblia], Thomas Nelson Pub., Nashville, TN, 1990, pp. 1289-90.

Bendeciré a Jehová en todo tiempo. Su alabanza estará de contínuo en mi boca.

Una interpretación literal que puede inferirse sería: Bendeciré, adoraré, me postraré de rodillas a Jehová en todo tiempo. Mi boca será un manantial constante de alabanzas para Él.

Entendemos entonces que nadie puede conocer las dimensiones de la adoración si no conoce antes la dimensión de las rodillas: postrarse delante de Dios y *hacerlo en todo tiempo*, sin condiciones. Resultará a veces doloroso entenderlo, mas es cierto que *nadie estará en las manos del Alfarero sin haber estado antes a sus pies*. Ya lo ha dicho el escritor de 1 Pedro 5.6-7:

Humillaos, pues, bajo la poderosa mano de Dios, para que Él os exalte cuando fuere tiempo; echando toda vuestra ansiedad sobre Él, porque Él tiene cuidado de vosotros.

He vivido esa experiencia en el plano personal. Vengo de un hogar cristiano. Mi padre ha sido pastor por más de cuarenta y cinco años. En realidad, muchos de sus hermanos también lo han sido. Docenas de mis primos y familiares más cercanos están sirviendo al Señor en algún ministerio de la Iglesia. Tuve la oportunidad de desarrollarme en este ambiente, y conocer al Señor bien temprano en mi niñez. Ya a los cinco años Dios me dio la oportunidad de comenzar a predicar su Palabra. Siempre decíamos que el Señor nos había bendecido con un adelanto del cielo aquí en la tierra.

A los veintitrés años de edad, mientras me encontraba trabajando para una empresa que elabora productos farmacéuticos, contraje una enfermedad muy seria. Pequeños nódulos cancerosos comenzaron a aparecer en mi espina dorsal, y tuve que retirarme del trabajo. Está de más señalar que los dolores eran insoportables.

Fue entonces cuando comenzaron mis luchas con el Señor. «¿Por qué yo?» «¿Por qué a mí?» «Lo único que he sabido hacer es predicar tu evangelio». «¿Cómo se te ocurre permitirme esta enfermedad?» «¿Acaso no te das cuenta de que mi hijo está pequeño y que necesita a su papá?» Todas y cada una de estas preguntas surcaron mi mente en más de una ocasión. La crisis de la negación y la ira duraron hasta que aprendí a abandonarme en los brazos del Señor. Poco a poco fui descubriendo que yo, el «gran cristiano», había aprendido a depender de mis razonamientos y no del Señor. Eran muchas las burbujas que me impedían ser un verdadero adorador.

Pensaba que haber podido «componer música» para Dios, predicar su Palabra y nunca haber estado fuera del redil me convertían en el «barro ideal» para el trabajo del Alfarero. ¡Qué equivocado estaba!

Una noche dolorosa y llena de muchas angustias, los narcóticos para el dolor no hacían efecto en mis sistemas. Los cuadros mentales de un pequeño bebé y una esposa embarazada y angustiada por su esposo, no dejaban de revolotear en mi mente. Pero esa noche, no fue un rayo de luz ni el cántico de un ángel el que me llevó a reconocer mi necesidad de depender de Dios. Fue el dolor producido al ver cómo me iba haciendo pedazos, impotente frente a una cruel enfermedad que era más fuerte e «inteligente» que yo. No tuve más remedio que decirle al Señor: «Que sea como tú quieres y no como anhelo yo». Esa noche no le pedí al Señor que me sanara, sino que me permitiera serle útil, cualquiera fuera el tiempo que me quedara de vida.

El Dios eterno, cuya palabra permanece para siempre, me permitió encontrar alivio en Isaías 49.1-5. El último versículo me era propuesto por Dios para que lo convirtiera en canción.

Ahora pues, dice Jehová, el que me formó desde el vientre para ser su siervo, para hacer volver a Él a Jacob y para congregarle a Israel *(porque estimado seré en los ojos de Jehová, y el Dios mío será mi fuerza)* (énfasis del autor).

Esa noche fue «dada a luz» una canción espiritual: *Eres mi fuerza*. Pero algo más que una canción había salido de mi interior. El Alfarero se las había ingeniado para tener un nuevo adorador. Alguien al que había comenzado a sacarle las burbujas. Dios había comenzado a enseñarme que se había hecho necesario el quebrantamiento para entonces poder ver su gloria. No era que Dios estuviese creando el quebrantamiento. Era que yo había decidido abrazarlo como única alternativa para someterme a la voluntad divina. *Las burbujas no permiten que el barro alcance cohesión.*

Dios no me podía dar forma si no comenzaba a extraerlas. Dios no causó el dolor; simplemente tuvo que permitirlo. No estoy diciendo que siempre será esta la explicación que le encontraremos al dolor humano. Hay experiencias de dolor que nadie puede explicar su porqué. Pero estoy convencido de que a muchas personas sólo el dolor les hará buscar lo realmente trascendental, lo eterno de Dios. Ya lo ha dicho Howard Stone: «Todas las crisis tienen un centro religioso, pues consiguen producir interrogantes existenciales».[5]

La intervención milagrosa de la mano de Dios no se hizo esperar. Los nódulos desaparecieron después de una oración de fe elevada por una hermana con gran disciplina en la oración. Luego de exámenes minuciosos realizados por los mismos especialistas que la corporación había contratado, fui reinstalado en mi puesto con un certificado médico que corroboraba la obra de Dios.

Consideremos por un instante lo antes expuesto a la luz de Juan 4. Allí hay una mujer que tiene un encuentro con el Maestro. Me parece que en la primera parte de este encuentro ella intenta hacer un «espectáculo» del mismo, usando respuestas cargadas de ironía. «Dame de esa agua para que yo beba (aun cuando sé que no llevas con qué sacarla)». Me parece que hay mucho material bíblico en el «tono de voz» que ella usa en este relato.[6]

Sin embargo, observemos lo que transforma esa actitud desafiante y casi despectiva de esta mujer ante aquel que se ha acercado a ella sin tomar en cuenta que es mujer, que es samaritana y que tiene un pasado dudoso. Primero la confronta: «Ve a llamar a tu marido». Su respuesta es sacada del mismo saco de donde muchos han querido responderle a Dios

---

5  Howard Stone, *op. cit.*, p. 8
6  Paul D. Duke realizó un excelente trabajo sobre la ironía en este Evangelio en *Irony in the Fourth Gospel* [Ironía en el cuarto Evangelio], Fortress Press, Atlanta, 1985.

cuando son confrontados por la sabiduría y el poder del cielo: «No tengo marido».

Es hermoso ver que en este momento la misericordia de Dios triunfa sobre el juicio. No atropella a la mujer; no la destruye emocionalmente, sólo le saca las burbujas: «Bien dices que no tienes marido; porque has tenido cinco y el que ahora tienes no es tu marido». Extraordinario procedimiento sicológico y espiritual. Lo que aquí adquiere relevancia es que la mujer inmediatamente hace uso del recurso que más se utiliza cuando nos sentimos confrontados por la presencia de Dios. Vestirnos de religiosidad: «Veo que eres profeta; déjame hacerte una pregunta religiosa» (versión interpretativa del autor). Una observación que me hizo mi padre al revisar la fase preliminar de este trabajo es que algunos movimientos religiosos de esta época serían capaces de disciplinar a cualquiera que asumiera las posiciones de Cristo o las de esta mujer. En otras palabras, nuestro Señor tendría que correr el riesgo de ser disciplinado por estos grupos para proclamar su mensaje tal y como lo revelan las Escrituras.

La respuesta de Dios es el principio del fin para la «vieja criatura». Adorar a Dios no consiste en conocer las respuestas dogmáticas y doctrinales que explican el ambiente en el que nos hayamos desarrollado. Adorar a Dios es reconocer la dimensión en la que Él merece ser adorado, reconocer quiénes somos ante Él, y rendir nuestras expectativas y nuestros sueños ante Él. Para que esto sea posible es necesario que nos despojen de las burbujas.

Lo que es hermoso es que durante todo ese proceso la presencia de Dios nunca se aparta de nosotros.

> Veo que hasta el llanto del camino has borrado con tus manos.
> Veo tus sandalias, tu regazo; y descanso, descanso...
> Y es que tú eres el camino, mi fuerza vital, mi tenacidad.
> Tú eres mi amigo fiel, mi guía fiel; eres mi fuerza.

Hace unos años invitamos a un buen amigo de la familia para que ministrara alabanzas al Señor en la iglesia en la que yo servía como pastor asociado. Allí este hermano cantó muchas de sus composiciones. Entre ellas una que lleva el título de «*vivifícame*». La estrofa final de este coro de confesión, dice: «Santo Espíritu, hoy me rindo a ti. Ven quebrántame». Una anciana venerable de esa congregación se le acercó una vez terminado el servicio de adoración y le dijo:

«Joven, las alabanzas y la ministración fueron hermosas, pero me parece que es muy difícil pedirle a Dios que nos quebrante. No todo el mundo está capacitado ni consciente de esto. Me parece que debes dejarle eso a Dios, después de todo Él siempre lo hará. Creo que debes sustituir la última frase de ese coro con una que diga "Ven restáurame"».

No hay manera en que podamos realmente adorar a Dios si no le permitimos antes quebrantar nuestro ser interior. Somos muy dados a creernos preparados para el servicio de Dios y muchas veces no nos damos cuenta de que se nos debe separar de las burbujas que nos hacen creer que somos grandes e indispensables para el Señor. Este es un fenómeno que se observa con mucha frecuencia en los que hemos nacido y hemos sido criado en el evangelio. Tenemos la tendencia de creernos dueños de «la sartén y del mango», de querer estar siempre en la posición de «jefes de la tribu», y nunca en la posición de discípulos y de estudiantes. *Hay que extraer las burbujas del barro*... No hay verdadera adoración si no hemos comenzado a ser despojados de ellas.

# Capítulo 2
# LA SAL: REMEDIO INSUSTITUIBLE

UNA VEZ QUE SE EXTRAEN las burbujas del barro, es necesario someterlo a la sal. Para ello hace falta un tanque de sal, en donde echarlo, o una buena cantidad para mezclarlo con él, a fin de que el barro adquiera dos características importantísimas: plasticidad y fusibilidad.

La primera nos habla de un gredal dócil y manipulable en las manos del alfarero. También nos indica la capacidad de cohesión que tendrá mientras se le esté dando forma. La segunda es la capacidad de adquirir un brillo cristalino cuando el producto terminado sea sometido al horno de fuego.

No se requiere un análisis teológico ni pastoral de este proceso para obtener las conclusiones básicas que me parece ya está infiriendo todo lector. El Señor Jesús dijo en el Sermón del Monte: «Vosotros sois la sal de la tierra» (Mateo 5.13). Como hemos visto, es su Palabra la que también dice que ante Él somos como el barro. Entonces, ¿qué explicación encontramos a este fenómeno? Si yo soy sal y soy barro, ¿qué significa esto? Ya que la sal es la que le da esas características al barro, ¿significa que sólo yo puedo conseguir ser dócil y tratable ante el Señor? ¿Determinaré yo el grado de cohesión que tendré en las manos del Alfarero?

Las respuestas a estas preguntas son dolorosas y significativas. Dios nunca nos llevará más allá de donde nosotros deseemos estar. Nunca nos forzará para llegar a ser lo que no queremos ser. Somos nosotros los que tenemos que decidir rendirnos en sus manos, rendirnos a su voluntad. Este proceso es gradual, uno puede ir creciendo poco a poco o simplemente quedarse estancado. Nuestra voluntad juega un papel vital en lo que pueda hacer Dios con nosotros.

Quiero destacar que esta no es una conclusión a la que he llegado a la carrera. Está basada en uno de los postulados bíblico teológicos más importantes. *Una de las bases de la adoración es el conocimiento.*

En la investigación realizada para este proyecto encontré un escrito realizado por el Reverendo Abelardo M. Díaz Morales (padre de don Abelardo Díaz Alfaro, uno de los cuentistas más importantes de América Latina). Este puertorriqueño, periodista, poeta y decano de los pastores bautistas en su país, mientras pastoreaba la Primera Iglesia Bautista de Caguas, resolvió escribir en una revista ya desaparecida, llamada *Puerto Rico evangélico* (1916), lo siguiente:

> Conocer a Dios con la razón es admirarle en sus obras; conocer a Dios con el corazón es amarle por su bondad; conocer a Dios con la voluntad es imitarle en su santidad y en sus propósitos. La verdadera adoración comprende este triple conocimiento de Dios, el cual se manifiesta en el creyente por medio de la admiración, el amor y la perfección espiritual (junio 25 de 1916).

La adoración requiere conocimiento; no puede ofrecerse en la ignorancia. Sólo es posible desde el conocimiento de Dios y desde el autoconocimiento ante Él. Este es un principio bíblico que no concede alternativas. *La adoración no requiere que yo entienda a Dios.* De ser así, nadie estaría capacitado para adorar a Dios. Sólo requiere que lo conozca y que me conozca a mí mismo.

El culto a Dios posee en sí una dimensión de cambio racional. Esto lo veremos en detalle un poco más adelante. Basta ahora señalar que la adoración neotestamentaria se basa en el espíritu y en la verdad. Ambos fundamentos son dimensiones interdependientes entre la adoración y quienes adoramos. Es decir, la adoración no comienza externamente, sino en la dimensión de nuestro espíritu. No es adorar *con* espíritu, sino adorar *en* espíritu. Es adoración en verdad; en la *aletheia* de Dios. Este término significa literalmente: «el velo que se descubre».[1] La revelación de lo que está detrás del velo. Es por esto que cuando Cristo muere, se rasga el velo, para revelar la verdad divina. «Siendo aún pecadores, Cristo murió por nosotros» (Romanos 5.8). «Porque no hay otro nombre bajo el cielo, dado a los hombres, en el que podamos ser salvos» (Hechos 4.12).

Entonces, *adoración en verdad es adoración sin ignorancia*. Es adoración desde el contexto de un análisis serio de quiénes somos y quién es Dios.

Esto tampoco viene del cielo. Es un ejercicio que tenemos que realizar los adoradores. Se desprende del análisis bíblico. Primero, hay que buscar conocer la verdad «y la verdad os hará libres» (Juan 8.32). Este proceso para ser libres incluye mucho más que la libertad del pecado. Incluye libertad de todo aquello que nos impide tener un conocimiento más amplio de Dios, y un entendimiento más consciente de quiénes somos. Es un proceso de transformación.

Fue el apóstol Pablo quien dijo que ese proceso se da a nivel de la transformación surgida cuando permitimos que se nos renueve el pensamiento. Le invito a leer ese pasaje de Romanos 12.1-2. Es increíble saber que allí Dios nos llama a sufrir esa transformación. Pero no nos dice que Él la realizará. A Él le toca perdonarnos y limpiarnos del pecado y de la maldad, pero gran parte de las transformaciones que nos ocurrirán tendrán que ser provocadas por nosotros. «Transformaos...»; transfórmense ustedes. La pregunta es: ¿Cómo? La respuesta: «Por medio de la renovación de vuestro entendimiento». De acuerdo a este texto, existe una forma distinta para acercarse a entender nuestro ambiente. Una perspectiva distinta del plan de Dios para cada uno de nosotros. Una perspectiva en la que nuestro entendimiento se renueva para

---

1 El uso y definición de este término es tratado con maestría y gran responsabilidad por varios teólogos, entre ellos Wolfhart Pannenberg, 1976, *Cuestiones Fundamentales de Teología Sistemática*, Salamanca, Ediciones Sígueme.

acercarnos a «saborear» la voluntad de Dios agradable y perfecta.

La versión bíblica *Dios Habla Hoy*, de las Sociedades Bíblicas, traduce ese versículo de la siguiente manera:

> No vivan ya según los criterios del tiempo presente; al contrario, cambien su manera de pensar para que así cambie su manera de vivir y lleguen a conocer la voluntad de Dios, es decir, lo que es bueno, lo que es grato, lo que es perfecto.

¡Maravillosa Palabra de Dios! Es importante notar que las conjugaciones verbales nos hacen responsables a usted y a mí de esos cambios. Es nuestra la responsabilidad de no adaptarnos a las formas y los modos del mundo (*mé metamorphous-the*). De no tomar la forma de este. Somos nosotros los que tenemos que cambiar. Frente a cada etapa del proceso de cambio, transformación y crecimiento en Cristo, siempre será nuestro el primer paso. Ceder nuestro ser entero con nuestra voluntad a Él.

Me parece que esto va a la par con la invitación de la Carta de Santiago 4.8: «Acercaos a Dios, y Él se acercará a vosotros». Y este proceso no se acaba cuando conocemos a Cristo Jesús. Por el contrario, es allí donde da comienzo. Es esto lo que enseña la Carta a los Hebreos, cuando dice que aquellos que saben que tienen un «gran sacerdote» y que tienen libertad para entrar al Lugar Santísimo por la sangre de Jesucristo, *se acerquen* con corazón sincero, en plena certidumbre de fe y con los corazones purificados de mala conciencia (Hebreos 10.19-22). Siempre acercándonos. Dios nos invita. Sólo eso puede hacer. Es muy caballeroso para faltar a las «reglas del terreno.» Es glorioso saber que independientemente de los contextos de los escritores bíblicos citados, todos comunican el mismo principio; el proceso requiere el asentimiento consciente del ser humano.

En otras palabras, el barro tiene que a ir a la sal para que allí decida su disposición de permitirle a Dios hacer su voluntad. Sin nuestro deseo de conocer a Dios con nuestra mente, con nuestra voluntad y con nuestro corazón no será posible adorarlo. El primer paso es ir a Dios: «Y al que a mí viene, no le echo fuera» (Juan 6.37). El segundo paso es seguir viniendo a Dios. Dejarle saber que queremos que sea hecha su voluntad en nosotros, y que estamos dispuestos a rendir la nuestra ante Él.

Este es un punto que se debe subrayar a los que nacen y crecen en la iglesia. La salvación no se hereda. Cada uno de nosotros tiene la responsabilidad y la capacidad de contestar qué va a hacer con Cristo y con el mensaje de salvación.

Un detalle muy interesante que se obtiene de casi todos los casos de personas que se acercaron a Jesús y a sus apóstoles para recibir un milagro, es el grado de participación que esas personas tuvieron en la realización final del milagro. Todos los milagros tienen una participación divina (la acción de Dios) y una participación humana (la respuesta).

Por ejemplo, en Juan 11 nadie sacó a Lázaro del sepulcro. Oyó la voz de Dios (la parte divina del testimonio), obedeció y salió solo (la parte humana). Luego sus amigos y parientes lo desataron y lo alimentaron (la parte humana). Al hijo de la viuda de Naín (Lucas 7.11-17) no lo ayudaron a levantarse. Oyó la voz de Dios (parte divina del milagro) y él mismo se levantó (parte humana); luego fue devuelto a su madre.

El cojo del pórtico de la Hermosa (Hechos 3.1-10) recibe de parte de los apóstoles la palabra de sanidad (la parte divina del milagro). Entonces el apóstol Pedro intenta ayudarle a ponerse en pie. Digo que intentó, porque de la lectura se deduce que el cojo no le dio oportunidad. El texto da la impresión de que es levantado de una posición de descanso en el suelo, como quien está recostado en el mismo. Pero el versículo 8 dice que él mismo saltó, se puso en pie y anduvo (parte humana). Y él mismo se metió en el templo. ¡Alabado sea Dios! La historia se repite una y otra vez. Así sucede con los diez leprosos que Jesús mandó a presentarse al sacerdote (Lucas 17.11-19) con Eneas (Hechos 9.32-34). Tan solo en el caso de Dorcas (Hechos 9.41) vemos que el apóstol Pedro se aventura a levantar a la que estaba muerta, pero ya ella se había incorporado. Es muy posible que estuviera muy débil y que necesitara ayuda para ser presentada viva a los que lloraban.

En resumen, la decisión es nuestra. Los adoradores tienen en sus manos la herramienta que aumenta o disminuye el grado de participación de Dios en su vida. Me parece que este proceso no culminará hasta llegar al cielo.

Un buen ejemplo se obtuvo de las preguntas que hace poco formulara uno de los predicadores más poderosos que tiene la América de habla hispana: el reverendo Isaías Narváez. En un análisis que hace de la vida del apóstol Pedro, él plantea las siguientes preguntas: ¿Cuándo se convirtió Pedro? ¿Al declarar que Jesucristo era el Hijo del Dios viviente? (Mateo 16.16). ¿Al recibir la acción terapéutica del amor de Dios a orillas del mar de Tiberias? (Juan 21.15-19). ¿Al recibir el Espíritu Santo en el *aposento alto* y predicar el mensaje de Pentecostés? (Hechos 2.1-42). O ¿se convirtió luego del incidente en casa de Cornelio? (Hechos 10.1-48).

El propósito de estas interrogantes no es enmarcarlas del todo en una discusión acerca de la conversión, y mucho menos de la salvación. Sino que surge de lo que encontramos al responderlas. Respuestas que señalan los cambios graduales que sufre nuestra perspectiva a medida que aceptamos que el Señor se acerque a áreas de nuestra vida que no le habíamos brindado aún.

No es un secreto que Pedro confiesa a Cristo y luego lo niega. No sólo eso, no había pasado mucho tiempo desde que se le había felicitado y bendecido por su declaración, cuando Cristo lo estaba reprendiendo por ser instrumento de Satanás. Tampoco es secreto que Pedro, el que recibe esa triple dosis del amor de Dios junto al lago, se encontraba sentado cuando llega el Espíritu Santo al aposento alto. Este llegó donde estaban todos sentados (Hechos 2.2). Debemos tomar en cuenta que no se tiene registro de que los judíos oraran sentados. Lo hacían de pie o postrados en el suelo. Entonces, ¿qué hacían sentados?

El tercero de nuestros hijos me señalaba hace poco que

creía que los apóstoles se estaban cansando de esperar. Esa respuesta no es del todo alocada e infantil.

Lo que hasta aquí tenemos dibuja un cuadro que señala que la declaración de que Cristo es el Hijo de Dios es vital e importantísima, mas no es todo lo que hay que hacer para estar en la perfecta voluntad de Dios y mucho menos considerarnos perfectos adoradores de Dios. También señala que haber recibido enormes dosis del amor de Dios tampoco nos hace expertos en la voluntad y el conocimiento de Él. Esto parece indicar que a los adoradores se nos somete a un proceso continuo y de larga duración en el que se perfeccionan nuestro entendimiento y nuestras perspectivas de la adoración.

La historia de Pedro no concluye allí. No es secreto que saliendo para casa de Cornelio no se dio cuenta de que se había quedado a pernoctar en casa de uno que vivía de ganar su sustento desollando animales para curtir sus pieles y luego elaborar sandalias, alforjas, etc. O sea, pasaba unos días en la casa de alguien que vivía a costa de la sangre. Estando allí se atrevió a argumentarle a Dios sobre su religiosidad y su entendimiento del «*kosher*» (forma de considerar la comida según la ley judía) cuando este le pidió que comiera de lo que le estaba ofreciendo. Es como si le estuviera diciendo: «Soy muy puro para obedecerte a ciegas Dios, pero puedo pernoctar en la casa del que vive de los derramamientos de sangre». Podemos también señalar que no fue sino hasta salir de casa de Cornelio que Pedro pudo darse cuenta de que el Espíritu Santo es internacional e interdenominacional. Sus expresiones ante el concilio de Jerusalén demuestran sorpresa ante las acciones del Espíritu de Dios.

¡Maravillosa enseñanza para los que queremos ser adoradores en espíritu y verdad! No bastan nuestras declaraciones, testimonios, dones del Espíritu ni grandes ministerios. Es necesario morir a actitudes que nos impiden comprobar la agradable y perfecta voluntad de Dios. Y esto no lo hará Dios sin nuestra *permisividad* para realizarlo.

Como se ha mencionado anteriormente, la sal le concede

al barro una característica llamada *fusibilidad*, que da ese brillo cristalino que tiene la porcelana. Los cristales de la sal, al unirse con el barro y el fuego producen un brillo encantador. Además, si la pieza es elaborada con maestría, parecerá muy frágil, pero no lo será.

*El barro debe mezclarse juntarse con la sal para hacerse dócil, manejable ante Dios, a fin de tener cohesión para que cuando llegue la hora de enfrentar «los fuegos» pueda salir con un brillo esplendoroso.*

## Capítulo 3
# A LA RUEDA

Ceder todo nuestro ser a Dios trae consigo muchas bendiciones. Entre ellas, el saber que el Dios todopoderoso tratará a cada uno de sus hijos e hijas de manera exclusiva. No habrá dos personas en la iglesia que sean moldeadas con las mismas características. No habrá dos cristianos iguales.

¿Por qué decimos esto? Porque *ningún cristiano es producto de un molde*. Somos y seremos el resultado de una labor individual y realizada por Dios con nuestro permiso. *Somos una obra de arte exclusiva.*

De aquí que se puede afirmar que ningún adorador se parece a otro. Ninguna de sus experiencias con Dios serán iguales a las de los demás adoradores. En otras palabras, Dios no le sirve el mismo plato a dos personas. Es más, lo que puede ser significativo para un adorador, no necesariamente lo será para los otros.

Esto entonces quiere decir que intentar transplantar la experiencia de adoración de un lugar a otro puede ser un peligro. Al hacerlo tratamos de forzar a Dios a que le dé las mismas experiencias a todos. Cada ejercicio y programa de adoración que viene del Espíritu está moldeado por Dios según las necesidades específicas e individuales de los que allí adoran y sirven. Dios, como Alfarero, diseña las vivencias así, *todas las experiencias con Dios son prometidas como generadoras de crecimiento y edificación*. Y esto es algo que nadie puede refutar. Hay que tener cuidado con las experiencias que queremos transferir de un sitio a otro sin pagar el precio de considerar las diferencias contextuales existentes. *Es cierto que el Espíritu es el mismo, pero nosotros no; y el Espíritu de Dios no patrocina experiencias genéricas.*

Como pastor, tengo muchas preocupaciones sobre esto. Por ejemplo, a veces me pregunto si estamos cantando los coros de adoración para adorar a Dios o para «estar al día» con el resto del mundo evangélico. Sé que estas declaraciones quizás no sean muy bien recibidas en algunos círculos, pero mi responsabilidad me obliga a exponer esta discusión con claridad. En realidad, no intento ganar un concurso de popularidad. Quiero sentar las bases para que preguntemos responsablemente y cuestionemos todas las prácticas de adoración que seguimos, hasta asegurarnos de que lo que hacemos adora a Dios, edifica la Iglesia y nos permite crecer en el Señor.

Un buen planteamiento de parte de Dios, en mi opinión, es este: ¿Para qué se dan las canciones espirituales? ¿Para ser aprendidas y cantadas por todos o para provocar que miles decidan buscar que Dios se las dé a fin de adorarlo desde el plano de sus propias necesidades espirituales?

La pregunta es compleja en sí misma, pues en el Nuevo Testamento se nos dice que las canciones espirituales son una realidad, pero no parece haber ninguna documentada.

Sea cual fuere nuestra posición al respecto, hay algo que no se puede discutir. En el proceso de moldearnos, Dios nos llevará en sus manos y a toda velocidad. Estoy seguro de que si examinamos con detenimiento nuestra vida en Cristo, encontraremos muchos episodios en los que nos hemos sentido así. No sabemos lo que Él quiere y hemos sentido temor. Pero confiamos en que Él está al control de toda situación y que nos lleva en sus manos.

El torno del alfarero en Israel no era muy distinto a los actuales. Consistía de dos ruedas, una pequeña y una grande. En la pequeña, arriba, se colocaba el barro. La de abajo, la grande, era la que utilizaba el alfarero para pedalear. El barro va arriba, al descubierto. Dependiendo solamente de la mano y la misericordia del Alfarero. Si Él comenzara a darle vueltas a las ruedas sin sostenernos entre sus manos, el resultado sería catastrófico. *¡Qué bueno que nos sostiene!*

No es necesario un análisis muy complicado para darnos cuenta de que este concepto estaba claramente definido para los personajes bíblicos. Podremos comprobarlo con sólo repasar una de las canciones más hermosas del salterio israelita, el salmo 31.

En este salmo de súplica individual, parece ser que el salmista está atravesando uno de esos momentos que Dios escoge para darle forma a nuestras vidas. El salmista está en peligro. Suplica ser rescatado, guiado y protegido. Encomienda su espíritu en las manos del Señor. No sólo su espíritu, también pone sus tiempos, o su vida, como dicen otras versiones, en las manos de Dios. Pero observemos por un instante el versículo 12. Allí el salmista dice ser un vaso quebrado; una vasija que necesita ser hecha de nuevo.

Los elementos están completos. Hay exposición, hay necesidad reconocida y se concluye que es absolutamente necesaria la presencia de las manos de Dios. El resultado es extraordinario. El salmista comienza a ser transformado al encontrarse en las manos de Dios. Comienza a dejar de prestarle tanta atención a su crisis y decide empezar a adorar a Dios.

> ¡Cuán grande es tu bondad, que has guardado para los que te temen![...] Bendito sea Jehová, porque ha hecho maravillosa su misericordia para conmigo en ciudad fortificada[...] Amad a Jehová, todos vosotros sus santos (Salmo 31.19,21,23).

En la lectura del Nuevo Testamento encontramos porciones igualmente extraordinarias. Lea otra vez 1 Pedro 5.6 y destaque allí las manos de Dios.

El estar en la rueda también representa que el adorador debe aprender a caminar por fe y no por vista (2 Corintios 5.7). Pues allí sólo tenemos la alternativa de abandonarnos en las manos de Dios. Muchas veces su voluntad nos parecerá intrigante y desconocida; a veces, más allá de la lógica. Mas cada adorador debe entender que la voluntad de Dios no es para ser entendida sino para ser obedecida.

Un detalle muy simpático de este proceso es el lugar que casi siempre es escogido por el alfarero para darle forma al barro: por arriba. Tan solo necesita un movimiento de un dedo y el barro comenzará a cambiar de forma. Ese movimiento de los dedos es como un ejercicio de violencia que se efectúa sobre el barro. Para el adorador-barro comienza por la cabeza. El procedimiento divino para asegurarse de dos cosas: La primera, que entendamos que la adoración a Dios exige una dimensión racional (Romanos 12.1). Y la segunda, que someter el pensamiento en obediencia a Cristo es vital para poder vencer al enemigo (2 Corintios 10.3-5).

Este procedimiento nos señala que el enemigo más fuerte que se opondrá a Dios es nuestra mente. Ese mundo de las ideas que necesita la satisfacción de tener una ecuación para explicar cada asunto. Esa dimensión intelectual en la que a veces la voz de Dios parece ahogada por nuestro egocentrismo, por los cultos a la personalidad y por nuestro entendimiento con anteojeras dogmáticas de lo que es el Reino de Dios.

Este procedimiento nos recuerda que hay que someter en obediencia nuestros pensamientos a Jesús, para así estar seguros de que venceremos a los enemigos y las fortalezas externas que quieren derrotarnos.

Pero también hay en el mismo una invitación a adorar a Dios con todas nuestras fuerzas, con todo nuestro corazón, con toda el alma *y con toda la mente*. El verdadero adorador no es un individuo anestesiado de la realidad propia ni de la realidad de la presencia de Dios. El verdadero adorador es un individuo consciente, que ha procesado en su mente la revelación de Dios para su vida y ha decidido que es una oportunidad que no puede dejar escapar.

El alfarero continuará introduciendo los dedos y luego la mano en el barro, si la textura de este se lo permite. Mientras más pueda introducir los dedos y la mano en el barro, mayor capacidad y volumen estará agenciándole al producto final.

Esto es, a medida que nuestra mente se parezca más a la mente de Cristo, mayor será nuestra capacidad para recibir y procesar bendiciones de Dios.

En cada paso de este proceso de moldear una pieza de alfarería, verá que al lado del alfarero siempre habrá un envase con agua. Ese líquido es indispensable para asegurarse de que el barro no se le pegará en las manos o sea, que lo hace dócil en ellas.

Es una noticia hermosa saber que esa presencia del agua puede bien representar el cumplimiento de dos promesas divinas. La llenura del Espíritu Santo y los efectos tangibles de la Palabra de Dios en cada cristiano. Ambas son promesas de la Palabra de Dios, cuyos cumplimientos son parte esencial de un buen funcionamiento de la Iglesia como Cuerpo de Cristo. Antes de explicar estas proposiciones, me parece que debo recalcar que estoy convencido de que el cumplimiento diario de ambas promesas se encarga por sí solo de establecer las diferencias entre la adoración y el ritual religioso o culto. Hay varios trabajos excelentes que explican con precisión estas diferencias, pero con el propósito de agilizar su entendimiento, presento a continuación un resumen de ellas:

- La adoración es relacional. Sólo puede darse en base a la relación del adorador con Aquel a quien se adora.
- Los rituales de la adoración expresan la superioridad en grado superlativo que posee en sí mismo el «centro» de la adoración; especialmente sobre los adoradores.
- La adoración en proceso es parte y sostiene (entre nosotros) el poder de Aquel a quien se adora (el «centro» de la adoración).
- La experiencia que expresa la adoración es aquella que Rudolf Otto ha llamado «numinous»[1] experiencia con la presencia de Dios, presencia que trasciende la esfera mundana.

1  *Enciclopedia Británica*, Rudolf Otto, edición 15, volumen 9,

- El «centro» de la adoración es invisible y siempre transcenderá las manifestaciones particulares que tengamos de Él.
- El «centro» de la adoración brindará poder a la adoración; poder superior a todo lo que los adoradores puedan brindar.
- La adoración implica alabanza (no canción) a Aquel aquien adoramos.[2]

El concepto «culto» se puede definir como una acción humana, realizada con la intención de influir a la «deidad» para que actúe a favor de los mejores intereses del grupo. Una acción visible, socialmente arreglada, y ordenada de modo eficaz para expresar de manera religiosa la actualización de la comunión que existe entre la «deidad» y la comunidad que lo celebra.[3] El concepto culto incluye repetición, uso de lenguaje, gestos y acciones estereotipadas o formales. Es tradicional e intencional.

De estas definiciones, para algunos un poco cargadas de vocabulario teológico, se estila una pregunta a la que tenemos que responder: ¿Qué celebramos en nuestras congregaciones, cultos o servicios de adoración? La respuesta deberá pensarse muy bien antes de ser emitida, pues requerirá un profundo análisis de cada aspecto de lo que celebramos en nuestras congregaciones y de las razones para hacerlo. Estoy convencido de que habrá muchas sorpresas.

La llenura del Espíritu Santo es uno de los temas predilectos del apóstol Pablo y de todo el Nuevo Testamento. En la lectura de la Epístola a los Efesios encontramos un material excelente para abundar un poco en su significado y sus consecuencias. Veamos lo que dice esa porción de las Escrituras en una versión de estudio preparada por las Sociedades Bíblicas Unidas:

No se emborrachen, pues eso lleva al desenfreno; al con-

---

2   *Anchor Bible Dictionary*, «Worship, Early Christian», editado por David Noel Freedman, volumen 6, Doubledays Pubs., New York, 1992.
3   *Ibid*

trario, llénense del Espíritu Santo. Háblense unos a otros con salmos, himnos y cantos espirituales, y canten y alaben de todo corazón al Señor. Den siempre gracias a Dios el Padre por todas las cosas, en el nombre de nuestro Señor Jesucristo. Estén sujetos los unos a los otros, por reverencia a Cristo (Efesios 5.18-21. Nuevo Testamento y Salmos, Biblia de estudio).

La riqueza que posee este pasaje es inagotable. No sólo habla de la llenura, sino que define sus consecuencias. Aunque no es mi intención convertir esta lectura en un ejercicio exegético de pasajes bíblicos, como buen cristiano me parece esencial y relevante que los planteamientos aquí expuestos tengan justificación bíblica.

Lo primero que señala este pasaje es que la llenura del Espíritu Santo es algo muy distinto al sello que recibimos de Él cuando venimos al Señor. En esta misma carta se nos dice que hemos sido sellados con el Espíritu de la promesa desde el momento en que creímos (Efesios 1.13). Este hecho indiscutible nos obliga entonces a preguntarnos por qué los que ya habían sido sellados en el día de Pentecostés (Hechos 2.1-42), vuelven a ser llenos del Espíritu Santo al orar después de escuchar el testimonio de Pedro y de Juan luego de salir de la cárcel y de la reunión ante el concilio (Hechos 4.24-31). Definitivamente esta porción no habla de otro sello sino de otra llenura del Espíritu.

El vocabulario usado en Efesios 5 es cuantitativo. Es decir, que pretende expresar ideas de cantidad. El escritor pretende señalar que usted es responsable de escoger con qué se llena, recordando siempre que le está hablando a un grupo de cristianos, por ende sellados. También *pretende resaltar que el deseo divino es que haya «pleroo», cantidad desbordante del Espíritu Santo*. Es el mismo término usado en Hechos 2.2 para describir la acción del Espíritu Santo. Pablo lo usa en Filipenses 1.11 al expresarse acerca de la llenura de frutos de justicia. Tenemos una visión retrospectiva del fenómeno en 2 Reyes 2 con los profetas Elías y Eliseo. Allí, este último pidió una doble porción de lo que él entendía era el espíritu de Elías. En resumen, Efesios 5.18 nos habla de una medida del Espíritu con la que debemos ser «sobresaturados».

Así como señalo la *dinamicomatemática* del Espíritu en ese pasaje, también señalo los resultados de la misma. En esa porción estos se describen inmediatamente. Entiendo que uno de los errores más grandes que se han cometido al querer explicar este pasaje es el de sobrecargar el énfasis del mismo en la canción, los himnos y los cánticos espirituales. *La primera verdad descrita en este pasaje no es la de la canción ni la de la música,* sino *la del testimonio cristiano.* Lo primero que se subraya es que los que han experimentado esta llenura pueden hablarse unos a otros con salmos, himnos y cantos espirituales. Notemos que los salmos, himnos y cantos espirituales no son destinados a Dios. Las alabanzas a Dios se señalan más adelante. Y no es que el pasaje esté pidiendo que alabemos a nuestros hermanos y hermanas. Este pasaje es el ejercicio retórico del Espíritu Santo (a través de un escritor), para decirnos que es necesario entender que el primer beneficio de la llenura del Espíritu es el testimonio entre los hermanos, y que el segundo es la capacidad de cantar y alabar a Dios.

El texto es claro. Basta acercarse a él como texto crudo, con sinceridad y en la medida en que podamos, sin prejuicios. La primera parte de ese versículo en el original dice: *Lalountes eautois,* que significa «hablando a vosotros». La sección que se refiere a la alabanza a Dios dice: *Adontes falontes te kardía humon,* que significa «y cantando entonando salmos en el corazón de vosotros».

Es necesario hacer notar que el testimonio es primero, y que las alabanzas a Dios forman parte de él. Este planteamiento surge de las conclusiones a las que se llegan cuando uno estudia a profundidad las funciones centrales que tiene el Espíritu Santo en la Iglesia del Señor. Una de ellas es la proclamación; y no hay una proclamación más convincente que el testimonio del creyente.

«De facto», se acepta sin discusión que la misión principal del Espíritu Santo es ser la presencia de Dios en la Iglesia y enseñar a la Iglesia (Juan 14.16-26), esto es, capacitarla. Otra función importante es la de dirigir la Iglesia por senda de verdad (Juan 16.13), y lo hará demostrando la gloria de Cristo (Juan 16.14). Pero la iglesia del primer siglo entendía que había otra función principal para el Consolador prometido: provocar la proclamación del mensaje del reino. Es más, la Palabra declara que desde el Antiguo Testamento ya el Espíritu impulsaba la investigación y la proclamación del mensaje de Dios (1 Pedro 1.10-12). El apóstol Pablo declara que esa presencia es el motor de su predicación (1 Corintios 2.3-5; 1 Tesalonicenses 1.5). Hay docenas de textos bíblicos que se pueden señalar, pero otra vez, nuestro propósito no es el de convertir este proyecto en una exégesis bíblica. Oro al Señor que me permita realizar un trabajo de esa naturaleza más adelante.

En resumen, el primer gran beneficio que se obtiene de la llenura del Espíritu Santo es la capacidad para el testimonio poderoso y convincente de la presencia de Dios en la vida del adorador.

El segundo gran beneficio es la acción de gracias en cualquier situación. Sólo una persona que esté llena a plenitud del Espíritu Santo podrá dar gracias por todo y en cualquier momento. Hace un par de años me enfrentaba a la triste responsabilidad de asistir a un joven matrimonio durante el proceso de enfermedad, gravedad y muerte de su pequeño hijo de menos de 5 años de edad. En su etapa final, la enfermedad le hacía entrar y salir de estados semicomatosos. Cada vez que recobraba la conciencia, su conversación se convertía en una repetición de la anterior. Quería asegurarse de las promesas que yo le había hecho antes de entrar en esa etapa de gravedad. Recuerdo haberle dicho que morir era como cerrar los ojos cuando uno tiene mucho sueño y se duerme en la sala de la casa, y al abrirlos descubre que ya es de día y está acostado en su cuarto. También le dije que al cerrar los ojos aquí, inmediatamente se les abrirían para ver a Jesús.

Sus preguntas dejaron de surgir y una sonrisa hermosa comenzó a llenar su rostro. Algo en mi interior comenzó a darme testimonio de que él no tendría que esperar a cerrar los

ojos para ver a Jesús. Le dije con mucha ternura que Jesús
nunca se apartaría de su lado. Sus ojos brillaron y, asintiendo
con la cabeza, volvió a reír. Sólo la presencia de un poder
sobrenatural podía explicar las reacciones de este pequeño,
pues en condiciones normales el dolor que debía estar sufriendo no le permitiría esa actitud. En verdad, he visto adultos con entrenamiento militar y fuertes en la fe cristiana,
retorcerse ante el dolor, aun antes de haber entrado a la parte
final de esa enfermedad.

Justo como veinte minutos antes de expirar se volvió
hacia su madre y le pidió que no llorara, que él y Jesús querían
oírle cantar: «Quiero irme y recordarte cantando». No cesaba
mi asombro, pues este no era el vocabulario normal para un
niño de esa edad. De pronto, algo singular descendió a la
habitación. La joven mujer fue llena de una presencia electrifi-
cante. Es cierto que intentó cantar y no pudo, pero es también cierto que comenzó a dar gracias a Dios como nunca
antes había visto a nadie hacerlo. Daba gracias por el testimonio de su hijo, por el tiempo concedido por Dios para tenerlo
con ellos, por las bendiciones que su muerte traería consigo y
por saber que Dios lo guardaría donde nadie se lo podría
quitar jamás. Un hasta luego y un beso lo despidieron momentos después a la eternidad. Eternidad que lo vio entrar al
cielo de la mano de Aquel que cambia las tristezas en danza
y pone acción de gracias en nuestros labios, no importa cuál
sea la situación, mediante la presencia de su Santo Espíritu.

La llenura del Espíritu Santo es entonces una manera de
Dios para asegurar a los suyos, no sólo que estará presente en
medio de todas las situaciones que enfrentemos, sino que
puede capacitarnos de manera extraordinaria para enfrentarlas. Es un refrigerio del Espíritu en medio de cada desierto,
un manantial de aguas en el sequedal, un florecer apacible de
frutos delicados en medio de la soledad.

Si esto es parte de los resultados que se obtienen de esa
experiencia «numinous», entonces debemos esperar que los
que experimentan esta llenura sean capaces de ser canales de
ese refrigerio espiritual para la edificación de otros que se

encuentran sofocados por sus sequedales. Es más, creo que es imprescindible que cada persona que va a participar en cualquiera de las más de veinte fases ministeriales que describe la Palabra de Dios, haga «sus asignaciones», procurando ser lleno de esa presencia. Como pastor espero que cada uno de los que ministren a mi congregación presenten evidencias de esa llenura. Esas evidencias son un testimonio excelente y la capacidad de ser agradecidos.

No me parece que estos señalamientos puedan ser tomados de manera liviana. El despertar de la adoración ha traído consigo una «nube» de «ministros de música y adoración». Me consta que la mayoría de ellos son excelentes músicos. Sé muy bien que muchos toman muy en serio los llamados que Dios les ha hecho. Dios los ha separado para ser canales de refrigerio espiritual en medio de nuestro tiempo. Para que puedan cumplir con sus ministerios, deben poder garantizar que lo seguirán siendo. Sus testimonios ante Dios y ante los hombres son evidencia fundamental de que han estado procurando aquello que señala la Palabra de Dios. Ese testimonio no se mide en base a «los éxitos» internacionales, ni mucho menos en base a los beneficios materiales que hayan podido obtener. El buen testimonio se ensambla y se mantiene más allá de los púlpitos. Ese testimonio brilla esplendorosamente cuando no procuramos medir las oportunidades que nos provee Dios a la luz de las que les provee a otros; cuando no llevamos en las «agendas del alma» una regla para clasificar y evaluar bendiciones. El buen testimonio no tiene espacio para el celo ministerial. Recordemos la visión paulina: «Yo planté, Apolos regó; pero el crecimiento lo ha dado Dios» (1 Corintios 3.6).

He puesto entre comillas el título de ministros de música y de adoración, porque si bien es cierto que existe el ministerio musical en la casa de Dios, también es cierto que *no hay base bíblica para hablar de ministros de adoración*. En la Biblia hay ministerios de proclamación, de predicación, de justificación, etc. El apóstol Pablo habla hasta de un ministerio de condenación que existió antes de la gracia. Pero no hay análisis bíblico que patrocine la existencia de un ministerio de adoración.

Ni siquiera los levitas en su labor son base bíblica para proclamar la existencia de ese ministerio en la iglesia. En Números 1.47-54, 3.14-39 se nos dice que dentro de sus labores estaba el cuidado y transportación del tabernáculo. En Deuteronomio 17.9-13,18; 18.1 y 24.8 se les concede capacidad judicial, sacerdotal y magisterial completa. Es cierto que en pasajes tales como 1 Crónicas 6.31-48 aparecen desde los días de la corte de David como dedicados para dirigir el cántico. Pero el versículo final de ese pasaje señala que estaban a cargo de todo el ministerio sacerdotal, esto es, los sacrificios y la preparación de las ofrendas. Es cierto que en 1 Crónicas 23.5 aparece un grupo separado que da la impresión de que su única responsabilidad era el cántico. Mas si se leen los versículos siguientes se encontrará:

- Todos los levitas (incluídos a los de Coat y Coré) habían sido eximidos de la responsabilidad de llevar el tabernáculo y sus utensilios (v. 26).
- Todos tenían que ministrar en la casa de Jehová (v. 28)
- Esa ministración incluía la casa de Jehová, los atrios, las cámaras, la purificación de toda cosa santificada y en el resto del ministerio en la casa de Dios (vv. 28,29).
- Todos tenían que venir a dar gracias y a tributar alabanzas cada mañana y cada tarde (v. 30).
- Todos tenían la responsabilidad de guardar la casa de Dios (v. 32).

Más adelante, en 1 Crónicas 25.1-8, aparecerán unos ministros aparentemente separados sólo para la música. Estos sí poseen un ministerio musical. Mas no pasemos por alto que el pasaje indica cuál era el propósito de ese ministerio: *la profecía*.

Asimismo David y los jefes del ejército apartaron para el

ministerio a los hijos de Asaf, de Hemán y de Jédutún, para que *profetizasen* con arpas, salterios y címbalos;[...] hombres idóneos para la obra de su ministerio» (1 Crónicas 25.1; énfasis del autor).

Esto no es una disposición nueva en Israel. Desde los tiempos de Saúl vemos documentada esa costumbre, que parece haber tenido un origen muy anterior a esa época (1 Samuel 10.5-6). La proclamación del mensaje de Dios a su pueblo era parte vital y propósito de ese ministerio en Israel.

En el Nuevo Testamento toda la Iglesia es llamada a ser adoradora; por lo tanto, no hay espacio para ministros de adoración. De igual manera, toda la Iglesia está llamada a la proclamación de la Palabra. Pero esto ha sido diversificado por el Espíritu Santo, hasta el punto de haber concedido el carisma de la profecía como parte del equipo de herramientas ofrecidas por Él para la edificación de la Iglesia. Es desde este punto que se parte para declarar que la adoración no se enseña, sino que debe nacer en el corazón del creyente.

En conclusión, decir que hay ministros de adoración, basados en que la Biblia presenta ministros de música, es decir que la adoración y la música son sinónimos. Y todos sabemos que esa idea es totalmente falsa.

Cuando entendemos esto y atendemos apropiadamente las necesidades de nuestra vida como adoradores, entonces Dios se place en regalar canciones, salmos e himnos espirituales. Estos términos hablan de música para adorar, pero también incluyen palabras edificantes acerca de los compañeros del camino.

La evidencia de que se ha procurado aprender lo que enseñan las Escrituras, incluye ser siempre agradecidos ante Dios. Esa acción de gracias trasciende las expresiones de gratitud que le expresamos a Dios desde cada púlpito en que se ministra. Es otro testimonio de sometimiento a su voluntad con alegría y gran gozo. No es otra cosa que el producto de la presencia de Dios en el corazón del hombre. Al sabernos llenos de esa presencia, no podremos valorar nada por encima de ella, y el testimonio de paz que producirá serán las constantes acciones de gracias, sin importar la situación que estemos atravesando.

Esta no es una declaración extraída del marco teórico. En 1972, Gabriel, uno de mis primos estaba realizando una asignación misionera en Nicaragua. El gran terremoto que ocurrió ese año lo sorprendió allí y un cuadro estremecedor se grabó para siempre en su mente. Una mujer, que había perdido tres de sus siete hijos en el movimiento telúrico, se esforzaba con sus manos para intentar sacar de los escombros a la «pequeña Mariíta», la menor de sus niñas. Ella le había escuchado llorar y su llanto parecía venir de entre los escombros. Su esposo, al parecer, había muerto, pues el sismo lo sorprendió con algunos de sus amigos mientras tomaban licor en una taberna cercana, que se desplomó y donde no encontraron sobrevivientes.

Pasaban las horas y no se escuchaba sonido alguno que pudiera dar indicios de que hubiera vida dentro de todos esos escombros. Ni siquiera las manos ensangrentadas de esta mujer pudieron detenerla de seguir arañando la tierra y las piedras para encontrar a su «Mariíta». Gabriel recuerda algunos remezones que hicieron correr de pavor a muchos. Sin embargo la mujer permanecía allí. La única queja que le oyó fue señalar que las máquinas «estaban en el norte». Mientras muchos intentaban ayudarla en su tarea, Gabriel intentaba convencerla de que se rindiera, que se resignara a la dura realidad de la muerte de Mariíta. Su respuesta fue mucho más estremecedora que el sismo que acababan de experimentar: «Sé que está muerta, pero al menos merece que la sepulte en donde sepulté a sus hermanos».

Al cabo de unas horas se encontró el cuerpo frío y morado de una bebé que aparentaba tener menos de dos años de edad. Su madre la abrazó contra su pecho y la besó. Mientras lloraba, Gabriel le escuchó decir: «Gracias Dios por permitirme sacarla de allí. Gracias por hacerla llorar. Su llanto me recordó que tengo otros que necesitan que les enseñe a luchar».

La mujer tomó la niña, y recuerda este hombre que tuvo

que abandonar el campo misionero por enfermedades allí contraídas, que la mujer iba cantando camino abajo un coro inspirado en los versículos del salmo 40:

Aunque afligido yo y necesitado,
\\ Jehová pensará en mí, Jehová pensará en mí. \\
\\ Puso mis pies sobre peñas, enderezó mis pasos. \\
Aunque afligido yo y necesitado,
\\ Jehová pensará en mí, Jehová pensará en mí \\
Dios mío no te tardes...
\\ Jehová pensará en mí, Jehová pensará en mí \\

Se le perdió de vista cuando entraba al cementerio que habían improvisado en la comunidad. Sólo aquellos que han experimentado la llenura del Espíritu Santo pueden dar gracias en todo momento. Nuestra humanidad no nos permitiría hacerlo en momentos tan duros como los descritos.

El otro gran beneficio de esta llenura ha permanecido oculto por muchos años, debido a la organización bíblica que tienen casi todas las versiones en español que están a nuestro alcance. Casi todas ellas han estructurado Efesios 5 incluyendo al versículo 21 como parte de la próxima unidad o perícopa bíblica. Al estudiar esta carta nos hemos percatado que este versículo bien pertenece a la perícopa que describe los beneficios de la llenura del Espíritu Santo. Este beneficio se describe como sujeción y sumisión.

El adorador que es lleno a plenitud del Espíritu Santo no sólo tendrá un testimonio poderoso y convincente de la presencia de Dios en su vida, y estará capacitado para dar gracias a Dios en medio de toda situación, sino que podrá someterse a la voluntad de Dios y sujetarse con humildad a otros hermanos. Podrá hacer esto aun cuando estime que ellos no tengan la razón. La humildad es una característica básica de los que son llenos del Espíritu. Como está escrito en los proverbios populares de la tierra que me vio nacer: «El que es humilde no sabe que lo es». Este tiempo está demandando la presencia de esta evidencia de la llenura del Espíritu Santo.

Es imprescindible que miremos esta evidencia a través de

la totalidad de las exigencias bíblicas. Uno de los mejores modelos bíblicos es el rey David. No creo que haya alguien en la Biblia con mayor capacidad para hablar de lo que es adorar a Dios a través de la alabanza. Es curioso que nunca se pueda encontrar un asomo de orgullo por la capacidad de escribir y cantar a Dios que él tenía. Es evidente que había experimentado lo que es estar fuera de la voluntad divina. También es evidente en sus escritos que había «saboreado» el perdón del Dios que es «lento para la ira y grande en misericordia» (Salmo 103.8). No hay terreno más fértil para hacer germinar la alabanza que adora. Pero jamás, repito, jamás se sintió orgulloso de su canción para Dios. El único ejemplo de un salmo para Dios, que por su contexto predica ironía y arrogancia, lo encontramos en Jonás 2. Más adelante dedicaremos un capítulo a «este individuo». El resto de los ejemplos bíblicos, aun aquellos que nos relatan la experiencia de canciones producidas en medio de grandes victorias y testimonios, siempre recogen un sentimiento genuino de humildad. Los adoradores tienen que ser humildes. Tienen que aprender a sujetarse a Dios. Efesios 5.21 dice aun más, hay que estar dispuesto a someterse los unos a los otros por reverencia a Cristo. Esta es una de las declaraciones más comprometedoras de todas las que existen en la Palabra de Dios.

La capacidad de someterse unos a otros predica entre otras cosas el sometimiento que debe cada adorador a sus pastores. No plantearé esta proposición en el vacío; es muy importante para tan solo señalarla. Ningún adorador tendrá mayor testimonio y evidencia de que el Espíritu de Dios lo ha llenado, que aquel que reconoce que Dios lo ha puesto en una congregación y que tendrá que responder ante Dios por esa responsabilidad. Todo adorador-barro debe evidenciar ese testimonio de la llenura del Espíritu Santo, respondiendo a sus obligaciones y responsabilidades como miembro de una congregación. Los adoradores que pretenden serlo sin tener vida congregacional jamás podrán brindar un completo testimonio de la presencia de Dios en su vida. Es más, estoy convencido de que sus testimonios no pueden edificar la Iglesia, pues no están comprometidos con ella.

A fines de 1991, el ministerio XXXIII D.C. recibió una invitación muy hermosa. Se le estaba ofreciendo la oportunidad de participar en la Convención Nacional de Comunicadores Cristianos en la ciudad de Washington D.C., que se celebraría en 1992. El programa de la mañana en que debían presentarse incluía la participación del entonces presidente de los Estados Unidos, George H. Bush. La emoción era increíble. Un gran honor no merecido. Una oportunidad hermosa jamás soñada. Para todos los integrantes del ministerio estaba muy claro que la mano de Dios estaba detrás de todo esto. Y teníamos razón, mas no como lo imaginábamos.

En enero del 1992, el pastor de la iglesia, de la que este ministerio forma parte, se acercó al director del grupo, y con seguridad le señaló que el ministerio no recibiría permiso pastoral para asistir a esa actividad. En los cientos de ocasiones en las que se le había pedido permiso, su respuesta había sido positiva. Que no quede duda alguna, este pastor ha demostrado su compromiso con ese ministerio puertorriqueño. Pero esta vez las actividades que la iglesia tenía programadas se verían muy afectadas si se aceptaba esa invitación. El pastor procedió a indicar que Dios no podría dar bendición a una participación que se efectuara afectando el curso de la vida y el testimonio de la iglesia local.

El ministerio entendió esto con una tranquilidad impresionante. La obediencia es mejor que el sacrificio. El único temor que momentáneamente se sintió acariciando uno que otro corazón fue el de «las puertas que se cerrarían para jamás volverse a abrir». Ese temor también desapareció.

Las bendiciones que se produjeron a raíz de este testimonio de sujeción predican a voz en cuello que los hombres no abren ni cierran las puertas, lo hace Dios. De cierto Dios estaba detrás de esa invitación, pero con la intención de probar la fidelidad de ese ministerio, fidelidad a Dios, a su Palabra y a la congregación en la que fueron llamados a servir. Aquellos que tienen estas fidelidades claramente definidas en sus corazones reciben bendiciones indescriptibles de parte del Dios del cielo.

A manera de identificar una evidencia de ello, al momento de escribir este libro, este ministerio fue invitado a participar como líder de adoración del esfuerzo de evangelización más grande que se haya presentado en la historia de la humanidad. Un esfuerzo de la asociación evangelística que dirige el doctor Billy Graham. Esta asociación evangelística celebró en marzo de 1995 una gran cruzada llamada Misión Global, efectuada en San Juan, Puerto Rico y trasmitida de manera simultánea a ciento ochenta países en cincuenta idiomas. Un honor jamás merecido. Es un testimonio más de lo que puede hacer Dios con aquellos adoradores-barro que practican la sujeción por fidelidad a lo que enseña la Palabra de Vida. Dios es fiel a sus promesas.

Lo antes expuesto no es una mera interpretación personal del autor, sino una tesis vital en toda la estructura bíblica. Creo que basta mirar 1 Pedro 5.5 para confirmarlo.

En el proceso de moldear el barro, el agua aparece como el refrigerio que representa para el adorador-barro las bendiciones que se reciben de la llenura del Espíritu Santo. Pero el agua también representa el refrigerio que le da la poderosa Palabra de Dios. Jesús dijo en el Evangelio de Juan 7.37-39 que todo el que tuviera sed, fuera hasta Él. Que el que cree en Él, como dice la Escritura, en su interior sentiría correr ríos de agua viva.

Este pasaje presenta una concatenación de hechos que vale la pena mirar, aunque sea de manera superficial. El pasaje enseña que hay tres cosas que debe realizar el adorador-barro antes de recibir la bendición de los ríos de agua viva: primero, hay que reconocer que tenemos sed. En segundo lugar hay que ir a Jesús. Y en tercer lugar hay que creer que Él se ha glorificado. El producto final de este proceso consciente, es sabernos inundados en nuestro ser interior por ríos de agua viva.

Una de las virtudes que tiene este pasaje es la claridad con que describe el proceso requerido por Dios. Primero, puntualiza que Dios no irá a donde no se le invite ni satisfará necesidades no declaradas. Uno de los pocos relatos bíblicos que parece desautorizar esta expresión es la historia de Zaqueo, el jefe de los encargados de recoger los tributos para el imperio y para Herodes. Aun en el caso de Zaqueo (Lucas 19.1-10), cuando Jesús se atreve a romper las reglas de etiqueta invitándose Él mismo a cenar y a pernoctar en la casa del «pequeño de estatura», lo hace en el convencimiento de que Zaqueo ya ha declarado su necesidad de Dios. Esta conclusión surge de las respuestas a las siguientes preguntas:

- ¿Qué hace el «secretario del tesoro» de la región subido en un árbol?
- ¿Acaso no tiene él la alternativa de venir a Jesús de noche, como lo hizo Nicodemo?
- Siendo jefe de los publicanos (posible jefe de Mateo), ¿no lo ha podido mandar a buscar?
- ¿Por qué no pedir un retrato hablado del maestro?

No hay que ser un cristiano reformado para admitir que la respuesta que ofrece Juan Calvino a preguntas como estas es sin duda la más completa. Calvino señaló que el único retrato que el alma puede guardar de Dios es aquel que ella misma ha grabado. Subiendo al árbol, Zaqueo había declarado que tenía una gran necesidad: ver a Dios. Para satisfacerla no podía enviar a nadie a hacerlo. Tenía que hacerlo personalmente. Es cierto que se equivocó de altar y se subió a uno que sólo produce alimentos para cabras: el sicómoro. Pero de allí descendió a prisa y gozoso.

La misma respuesta refrescante la ofrece hoy el Señor a aquellos que declaran su sed de Él. No importando el altar en el que estén posicionados, el Dios de misericordia les verá, les llamará por sus nombres y les permitirá descender a prisa y con gozo para ser acompañados por Jesús en el camino al cielo. *¡Hay que reconocer que tenemos sed de Dios!*

Zaqueo tenía muchos factores en su contra. Era posiblemente el ser humano más solitario y huraño de toda la región.

Ciertamente, era rico, pero su riqueza no era medida igual a la del joven que aparece en el capítulo anterior (Lucas 18). Ese joven podía entrar al templo. En cambio, Zaqueo no. Su riqueza y abundancia se había convertido en un lastre penitencial eterno. Hay que señalar que el problema nunca ha estado ni estará en las riquezas. Residirá siempre en si son o no el objeto de nuestro amor y la manera como las conduzcamos. Zaqueo era además pequeño de estatura. Una expresión lucana para describir a alguien que no sólo es casi un enano, sino que describe un ser humano al que se le ha enanizado el corazón.

Zaqueo siempre es descrito con términos peyorativos. Hasta su nombre es una ironía. Este significa «puro y justo». ¿Y qué de puro y justo tiene un pillo? ¿Qué de puro y justo el jefe de ellos?

Mas es esencial señalar que este hombre tenía hermosas cualidades. Una de ellas, era su osadía. No es de dudar que más de uno debió haber soñado con tener la oportunidad de abofetearlo alguna vez. Su profesión como usurero estaba respaldada por el imperio romano. A Zaqueo no le importó esto. Se arriesgó a todo y se mezcló con la multitud.

Zaqueo había «crucificado» su orgullo. Imaginémosle vestido con manto y túnica de marcas reconocidas, sandalias hechas a la medida y encaramado en las ramas de un árbol. ¿Se puede imaginar en esa posición al ministro de finanzas de su país, vestido de Dior, Channel, Yves St. Laurent o Cardin? ¿Y tan solo para poder ver una marcha de cristianos? Zaqueo declaró su sed con su testimonio.

Pero el pasaje que analizamos nos dice que esto no es suficiente. Además de declarar la sed, hay que ir a Jesús. Si Zaqueo no acepta la «autoinvitación» de Dios y le recibe en su casa, jamás habría sido llamado hijo de la promesa israelita de primera línea, hijo de Abraham. ¡Gloriosa Palabra de Dios que señala que el Hijo del Hombre vino a buscar y a salvar lo que se había perdido! *Hay que ir a Jesús; hay que recibirlo.*

Este pasaje de Juan 7 también nos dice que el proceso no está completo hasta que creamos en la glorificación de Cristo.

El significado de esta expresión es polivalente. Para efectos de esta lectura he dado privilegio a la que puntualiza que la presencia del Resucitado tiene que ser una realidad en nuestros corazones. El Calvario tiene que ser una experiencia real y personal. De igual modo tienen que serlo la resurrección, la ascensión y la glorificación de Cristo. Su Segunda Venida debe ser una realidad que esperemos. Esta es la totalidad del Cristo Glorificado. No basta su mensaje ni sus enseñanzas, hay que saberlo glorificado y permitirle glorificarse en nuestras vidas.

El resultado de ese proceso peregrino en la fe del evangelio es sentir que el corazón se inunda de ríos de agua viva. Son torrentes de agua que no se estancan, que son frescas constantemente. Manantiales continuos de la presencia revitalizadora del Espíritu de Dios que nos capacita para testificar con seguridad que Jesucristo es el Señor en medio de cualquier circunstancia.

Hace años tengo el privilegio de conocer a uno de los más hermosos y tiernos pastores que ha producido Puerto Rico, el reverendo Moisés Román. Este pastor de almas, de la Iglesia de Dios Pentecostal, Movimiento Internacional, región de Puerto Rico, ha servido en ese ministerio desde muy joven. Su sermón es elocuente y ungido, su testimonio personal aún más. Escuchando el testimonio de cómo lo llama Dios al ministerio del pastorado, oía con asombro cómo estuvo a punto de dejar al Señor en una de sus crisis de la adolescencia. Una madre sabia y llena de la presencia de Dios fue suficiente para evitar que esto sucediera.

Esta mujer es sordomuda. La precaria condición económica y los años en los que se crió le impidieron asistir de manera formal a una escuela para personas con ese impedimento. En Puerto Rico no fue sino hasta la década de los sesenta que se hizo factible esa educación para todos los que padecían esa situación. Sin embargo, esta mujer terminó desarrollando su propia mecánica e idioma para la comunicación.

Conoció al Señor muy temprano y en su verdad levantó

a sus hijos. Cuando se presentó a Moisés la crisis antes mencionada, este se dirigió a su madre, y en forma desafiante le comunicó que dejaría al Señor. Moisés hacía énfasis en que no había nada para él allí. Es más, no entendía qué hacía su madre en la iglesia. «Después de todo, tú eres sordomuda. No puedes escuchar los sermones ni los cánticos. No puedes disfrutar del "gozo" de los "cultos" (frase usada en algunos lugares para referirse a la experiencia de reunión semanal y dominical de nuestras iglesias).

La madre de este hombre se volvió a él y con su mecánica idiomática le hizo saber que estaba equivocado. Que ella sí disfrutaba de cada servicio de adoración a Dios. Lo tomó de la mano y lo llevó a una de las ventanas de la casa junto a la cual había un grifo. Abriéndolo, dejó correr el agua mientras le decía a su hijo: «Eso es lo que yo siento dentro de mí cuando estoy adorando a mi Señor o en el lugar en el que se está proclamando su Palabra». ¡Alabado sea el Señor por siempre! Esa mañana Moisés Román decidiría que su vida entera estaría al servicio del *Dios que ha prometido que todo aquel que cree en Él como dice la Escritura, en su interior correrán ríos de agua viva.*

Todo adorador-barro tiene asegurado este refrigerio del Espíritu. A medida que avanza el tiempo y somos moldeados por el Señor, sabemos que llegarán momentos en que el obrar de Dios podrá hacernos pasar por situaciones en que sentiremos la sequía como parte del proceso. Situaciones en las que tendremos la sensación de que nos estamos desintegrando en las manos del Señor, que nos estamos secando. Lo triste es que nuestra tendencia será la de pensar que esos momentos de sequía son producto de Dios. Él también sabe esto.

Es por eso que ha señalado en su Palabra que como parte del proceso nos ha garantizado agua refrescante, refrigerio para el alma sedienta; agua para el barro que se reseca y en su resequedad intenta «rebelarse» en las manos de Dios. Dios ha garantizado alegrar el desierto, hacerlo florecer como la rosa. Que sea tan bello como el Líbano y tan productivo como el Carmelo (Isaías 35). Los adoradores-barro saben esto y permiten que Dios los moldee, sabiendo que disfrutarán de la bendición divina.

# Capítulo 4
# APLASTADOS

**E**L APÓSTOL PABLO SEÑALA que durante el proceso de moldeo, el barro nunca le protesta al alfarero. Mucho menos le da instrucciones ni especificaciones para la elaboración y la terminación de él como producto. En Romanos 9.20 leemos:

> ¡Oh hombre! ¿Quién eres tú para pedir cuentas a Dios?
> ¿Acaso dice el vaso al alfarero: Por qué me has hecho así?
> (Versión Nacar Colunga, 1966).

Es asombroso el entendimiento divino que el Espíritu Santo puso en boca del apóstol Pablo. Declaraciones de este tipo sólo pueden ser emitidas y entendidas mediante la inspiración y la sabiduría del Espíritu del Trino Dios. En el torno del Alfarero, es Él quien decide la forma, el volumen, la altura y la terminación que tendrá el producto final. Y si tomamos en cuenta el modelo de la porcelana de la dinastía Ming, encontraremos que cada pieza de porcelana muy valiosa, llevará grabada en su fondo la firma del artista que la creó. Recalquemos esto una vez más. La rúbrica que va en la base es la del Gran Artista y no la del adorador-barro. Concluyamos entonces que el Gran Artista no podrá diseñar (pues no es sólo fabricar) ni crear piezas que carezcan de clase y categoría. Ningún adorador-barro debe sentirse atemorizado por el resultado de la obra de Dios en él. El Alfarero no hace copias, ni vasos comunes; tampoco hace vasijas desechables. Todas sus creaciones tienen un uso ministerial excelso, el mensaje del Reino de Dios y la edificación del Cuerpo de Cristo.

El único aspecto paradójico que existe en todo este proceso es el hecho de que muchas vasijas que Él ha creado, gustan a veces de allanarse a usos serviles e impuros. Desechan su advocación, el título excelso que le ha puesto a ese templo del Espíritu, por tomar para sí los títulos de servicios indignos a los siervos de Dios.

Algunos de esos títulos son el materialismo, el culto a la personalidad, la autoinvestidura de rangos, categorías y poderes que no son nuestros, y la presunción de tener con Dios una corporación o una sociedad anónima. Esto ha puesto en riesgo la credibilidad de algunos sectores del pueblo cristiano.

No estoy en contra de los modelos corporativos que se implementan en la Iglesia que está de cara al siglo veintiuno. Por el contrario, creo que son una herramienta esencial para que la iglesia del tercer milenio pueda estar preparada para enfrentar los retos que se le presentan y de forma proactiva; es decir, sin necesidad de reaccionar a ellos.

Conozco estos modelos muy bien. Antes de estar sirviendo a tiempo completo en el ministerio del pastorado, dediqué doce años a servir en diferentes posiciones ejecutivas de corporaciones farmacéuticas norteamericanas. He puesto en acción en las iglesias que he tenido el privilegio de pastorear algunas de las herramientas de esas posiciones. Por ejemplo, creo en el buen uso de los ordenadores de datos (computadoras), las estructuras interdependientes y el uso de estrategias agresivas para la planificación y el desarrollo de las estructuras eclesiásticas. Que no quede duda de ello.

Con lo que no puedo comulgar es con el desarrollo desmedido de estructuras que son diseñadas y originadas con el fin de conseguir propósitos puramente humanos y no con el propósito de glorificar a Dios mediante el engrandecimiento de su reino. Lo último es para ellos la excusa. Lo primero, la realidad innata. No creo que el Alfarero invierta tanto tiempo y esfuerzo en nosotros y que nosotros nos esforcemos tanto con Él, para luego dejar que los ministerios se conviertan en cultos a la personalidad. Ese materialismo desenfrenado con el que hemos vestido algunas estructuras y movimientos se ha encargado de cerrar las puertas del corazón a muchos que habrían podido ser terreno fértil para la poderosa Palabra del evangelio.

Yo creo que Dios hizo la Iglesia como un modelo corporativo, pero hay que recordar que la hizo mediante su Espíritu. La Iglesia es obra del Espíritu de Dios. No es el producto de una orden profética, ni mucho menos el resultado de un análisis teológico ni de necesidades. Ninguna de esas cosas estaban presente el día de Pentecostés. Lo que se presentó allí fue el Espíritu Santo. Es entonces vital que estemos observando siempre el documento inspirado por el creador de la Iglesia para tener definiciones claras de las fronteras que no debemos traspasar.

Por ejemplo, aquellos que tomamos muy en serio el estudio de la Palabra (mi experiencia me dice que somos muchos), no tomaremos nunca a la ligera el surgimiento de movimientos, estilos y títulos eclesiásticos en la Iglesia del Señor. Todos y cada uno de ellos deberán aprobar con notas sobresalientes los requisitos establecidos en los parámetros bíblicos. Esta posición nunca deberá abdicarse, porque es el modelo bíblico que impera desde el nacimiento de la Iglesia. La Biblia nos dice que la iglesia del primer siglo que nació en Berea fue el producto de la aplicación de esas «regulaciones» al apóstol Pablo (Hechos 17.10-12). También nos dice que Priscila y Aquila le hicieron lo propio a Apolos (Hechos 18.24-26).

Un buen ejemplo sería si alguien en este tiempo deseara llamarse apóstol porque ha fundado iglesias, porque Dios ha hecho milagros y prodigios a través de él y porque es un gran profeta de Dios. El paso inicial sería confrontarlo con las exigencias que el apóstol Pedro presentó para escoger al sucesor de Judas Iscariote (Hechos 1.21-26). Allí dice que para ser parte del cuerpo apostólico era necesario haber estado presente durante todo el ministerio de Jesús allí en Israel, desde su bautismo hasta su ascensión. Esto significa que para ser apóstol uno debe haber sido testigo del ministerio, mensaje, pasión, muerte y resurrección del Señor. También de haberlo visto ascender al cielo.

Son claras y lógicas estas exigencias. La Iglesia primitiva vivía o moría con la proclamación de que Cristo el Señor había resucitado de entre los muertos. Había que defender ese mensaje a costa de la vida misma. Y sólo lo podría hacer alguien que le hubiese visto y hubiese constatado este hecho histórico personalmente. Este es el principio básico del mensaje de 1 Juan 1.1:

> Lo que hemos oído, lo que hemos visto con nuestros ojos, lo que hemos contemplado y palparon nuestras manos tocando al Verbo de vida (Versión Nácar Colunga, 1966).

Notemos que hay uso de un pleonasmo intencional y totalmente necesario para resaltar que fueron testigos presenciales, que vieron, tocaron, contemplaron y oyeron al Salvador.

Pedro sigue recalcando esto. Cuando visita a Cornelio le expone que Dios no le concedió la gracia apostólica a todo el mundo. Que escogió a algunos testigos con quienes comió y bebió (Hechos 10.39-42). Desde este punto de vista, la premisa básica para ser apóstol es haber sido testigo de que Cristo había resucitado. Ser testigo de esa resurrección es tan importante que en el listado de comprobación de la resurrección que nos suple el apóstol Pablo en 1 Corintios 15.1-11, nos subraya nombres y el orden en que fueron «reclutados» los testigos de la resurrección. Primero Cefas y luego los doce. Después, a más de quinientos que podían ser interrogados para dar fe de esto, pues muchos de ellos estaban vivos todavía. Luego a su hermano Santiago, que no era uno de los discípulos mas fue escogido pastor de la iglesia en Jerusalén. Luego a todos los apóstoles (posiblemente una multitud) y entonces al último de ellos, Saulo de Tarso.

Es por esto que Pablo puede ser un apóstol, porque vio al Resucitado. Es por eso que sus acompañantes no pudieron ver lo que él veía (Hechos 9.7). No estaban en el plan de Dios para ser contados entre los apóstoles. Esta es la razón por la que Pablo se llama a sí mismo «el abortivo», el menor o el último de ellos. Los planteamientos utilizados para establecer esta posición son tan solo lo extraído al «arañar» la superficie de los textos bíblicos. Un examen más profundo revelará que la autoridad apostólica concedía la gracia de generar, mediante la inspiración del Espíritu Santo, libros para el canon neotestamentario.

De esta forma, alguien que pretenda ser apóstol en el siglo veinte, necesitará al menos un certificado de nacimiento firmado por Herodes, Anás o Caifás. En otras palabras, no es posible tenerlos. Sé muy bien que algunos lectores se estarán preguntando el significado del listado de carismas que aparece en Efesios 4.7-11, y especialmente el don de ser apóstol. La respuesta la ofrece el mismo pasaje. *Cada uno de nosotros hemos recibido los dones que Cristo nos ha querido dar*. Su palabra dice que Él escogió a los que quería darles el don de ser apóstol.

El producto final que resultará de las manos del Alfarero no podrá tener una superficie porosa. Esa clase de superficie impediría que el producto final adquiriera un brillo cristalino y que fuera suave al toque de los dedos de aquellos que contemplan al Alfarero en acción. Un problema adicional puede observarlo cualquiera que visite un taller de alfarería; mucho más los privilegiados que puedan ver cómo se crean obras de arte en porcelana.

En una demostración, a la que fui invitado, observé cómo casi al final de la creación de una pieza hermosísima, el alfarero la destruyó aplastándola con sus manos y comenzó de nuevo a trabajar en la creación de la vasija.

Confieso que no entendí lo que estaba pasando, así que no tuve otro remedio que preguntar al artista el porqué de esa acción. Su respuesta fue sorprendente. Me indicó que sólo unas manos entrenadas podían darse cuenta de lo que me explicaría a continuación. La experiencia había logrado que sus manos se sensibilizaran tanto que podía detectar la presencia de partículas, piedrecitas u otros diminutos gránulos en el barro, que son un producto de la fase de preparación del gredal. Usualmente se adhieren al mismo durante esa etapa. *Es una clase de impureza que afectará el tiempo de vida y la «vitalidad» del producto final*. Es doloroso cuando permanecen

ocultas durante las primeras fases del moldeado, pues lo que
«ignoran» esas impurezas es lo evidentes que son (para el
especialista) en la parte final de la creación de cada pieza. Las
manos especializadas las detectan con absoluta certeza. Decimos que es doloroso que permanezcan ocultas, porque al ser
detectadas en la fase final de la creación, el artista tiene
entonces que tomar una decisión dolorosísima.

Si el artista decide dejarlas como parte integral del gredal
y del producto final, está sentenciando la obra de arte a una
vida de corta duración. Ya que una vez homeado esas impurezas producirán tanta tensión en las paredes de esa vasija
que terminarán quebrándola. *Algunos expertos consultados afir-
maron que las impurezas hacen «reventar» las paredes del producto
final.* El artista sabe esto y debe decidir que hacer con su
trabajo si le importa que la vasija dure y sea útil. Casi siempre
esta decisión se obvia si las vasijas que se están considerando
son comunes. Pero cuando es una pieza fina, como las realizadas en porcelana, ningún artista correrá el riesgo. Es una
obra de arte la que está en juego. Es mucho lo que se arriesga
con esa clase de alfarería. Entre ello el esfuerzo, el talento, la
calidad artística y la reputación del creador. *El artista opta
entonces por aplastar el producto, limpiar la masa y comenzar de
nuevo.*

Es esto lo que está documentado en el pasaje que el
Espíritu Santo nos ha regalado en Jeremías 18.1-6. Veamos a
continuación:

> Palabra de Jehová que vino a Jeremías, diciendo: Levántate
> y vete a casa del alfarero y allí te haré oír mis palabras. Y
> descendí a casa del alfarero, y he aquí que él trabajaba
> sobre la rueda. Y la vasija de barro que él hacía se echó a
> perder en su mano; y volvió y la hizo otra vasija, según le
> pareció mejor hacerla. Entonces vino a mí palabra de Jeho-
> vá, diciendo: ¿No podré yo hacer de vosotros como este
> alfarero, oh casa de Israel? dice Jehová. He aquí que como
> el barro en la mano del alfarero, así sois vosotros en mi
> mano, oh casa de Israel.

Hay un detalle de este pasaje que quiero analizar con

ustedes. Este detalle no se puede observar en las versiones en castellano que regularmente usamos. Se trata de una frase adicional que está incluida en la versión oficial en inglés que usa el pueblo judío que habla ese idioma: *Tanakh The Holy Scriptures*.[1]

Esta frase se incluye como parte del versículo 4. Una traducción libre dice así: «Y como la vasija que él hacía se echó a perder en su mano, *como pasa con el barro en las manos del alfarero*, él volvió y la hizo otra vasija, según le pareció mejor hacerla».

Me parece que este pasaje se explica por sí solo. Señala que el alfarero tiene control total del proceso y del barro. También señala que el barro tiende a comportarse de forma inadecuada cuando ya está en la parte final del proceso de modelado. Y puntualiza que el alfarero no está dispuesto a arriesgar su reputación creando una vasija que tenga un período de vida reducido y cuyo servicio sea limitado.

Sé que algunos lectores deben reírse aun antes de leer acerca de las implicaciones que esto pueda tener. Confieso haber experimentado lo mismo al enterarme de que era así. Me parece que se debe a las veces en que habremos experimentado que Dios ha recomenzado su labor con nosotros, especialmente cuando nos «veíamos» casi al final de algún proceso de parte del cielo.

Veamos esto por secciones, creo que es muy importante para tomarlo a la ligera. Me parece que casi todos los adoradores-barro sufren de la incapacidad de poder deshacerse de algunos lastres del pasado. Especialmente aquellos que parecen tan insignificantes que no vale la pena preocuparse por ellos. Son las «pequeñas zorras» que hacen perder los viñedos. En este caso, el producto final.

La mejor explicación pastoral que he encontrado a esto, me la ofreció mi padre cuando era niño. Este pastor, que cuenta con más de cuarenta y cinco años de servicio ininterrumpido, se encontró conmigo frente a una de esas dificul-

---

1 Traducción del Antiguo Testamento de acuerdo a los textos hebreos tradicionales, por The Jewish Publication Society, 1988, Jerusalén-New York.

tades por las que atravesamos todos aquellos que criamos hijos e hijas en la casa del Señor. Recuerdo que estaba haciendo mis lecturas bíblicas devocionales cuando se suscitó esta complicación.

He encontrado apropiado hablar de esta experiencia, pues creo que la misma le añadirá una dimensión distinta al proceso de moldeado. En el hogar de mis padres, papá y mamá parecían haberse puesto de acuerdo en la distribución de todas las responsabilidades respecto a nuestro desarrollo. Mamá era la encargada de la disciplina general y papá de la disciplina del «nivel superior». De adulto me ha parecido que él tenía el rol más fácil de ejecutar. Tan solo tenía que dejar sentir esa voz gravísima que el Señor le regaló y todo estaba resuelto. Nunca tuvo necesidad de alzarla, ni de usar castigos físicos. El tono gravísimo de su voz, haciendo vibrar los pasillos de la casa era más que suficiente. Pero papá también proveía una sabiduría que le he pedido a Dios para «trabajar» con mis hijos. De niño me enseñó a leer con los Salmos. Luego me hizo saber que si alcanzaba a leer tres capítulos bíblicos diarios, podría leer la Biblia completa en aproximadamente un año. Una de sus frases preferidas era la siguiente: «Todo cristiano debe leer la Biblia entera varias veces en su vida. Preferiblemente una vez al año».

Luego de un tiempo el reto cambió. Cuando cumplí 8 años me preguntó que cuál sería el resultado si duplicaba la lectura diaria. La respuesta era obvia, me economizaría 6 meses en la lectura bíblica.Lo que nunca conté fueron las «complicaciones interesantes» con que papá acompañaría estos retos. En fin, el resultado de esto fue terminar leyendo diariamente doce capítulos bíblicos; costumbre que aún conservo.[2]

El pasaje que originó la complicación fue el de Éxodo 10.24-26. La pregunta formulada cuestionaba por qué no poder irse de Egipto sin los animales. Después de todo, si era cuestión de servicio, Dios había probado a través del testimonio de Abraham (Génesis 22.13) que podía suplir los animales

2   La costumbre actual es cambiar de versión bíblica cada vez que completo la lectura total de la anterior.

en el desierto. Jamás he olvidado la respuesta que se me ofreció:

Un hombre tenía una hacienda muy grande, más de 500 hectáreas. Un día se hastió de ella y la puso en venta. El aspecto interesante en esta historia consiste en las excentricidades que se estipulaban en el contrato de compraventa. Un comprador encontró que el precio que se pedía por la hacienda era tan tentador que no tuvo reparos en aceptarlas. Las excentridades eran las siguientes, se le tenía que permitir conservar una pulgada cuadrada de terreno en el centro de la hacienda. Él no quería una ni dos hectáreas. Quería una pulgada cuadrada en el mismo centro de esa gran hacienda y cuando viniera a visitar su «pulgada cuadrada» quería ser atendido sólo por el dueño. Luego de la venta y de que el nuevo dueño se hubiera establecido, este procedió a alambrarla, la hizo proteger con perros guardianes entrenados y comenzó a trabajar en ella para que le produjera beneficios. Unos días más tarde comenzaron sus problemas. El antiguo dueño llegó a supervisar su «predio de terreno». Recoger los perros, abrir los portones, recibir al antiguo dueño, conducirlo al centro de la hacienda, traerlo de vuelta, despedirlo, cerrar los portones y soltar los perros no estaba mal por un día. El problema comenzó cuando el nuevo dueño se dio cuenta de que «la ceremonia» se tendría que repetir con mucha frecuencia. Primero todos los días y después varias veces al día. Al cabo de un tiempo, agotado y convencido por sus abogados de que el contrato firmado le impediría dejar de atender la «ceremonia» de recoger los perros, abrir los portones, recibir al antiguo dueño, etc., este hombre decidió vender la hacienda por una fracción del precio en el que la había comprado. ¿El comprador? El dueño anterior.

La enseñanza era esta: permitirle al antiguo dueño mantener una posesión dentro del terreno sólo garantizaba problemas. Por más pequeña que fuera esta posesión, la hacienda estaba a merced de la administración anterior. Esa administración se las arreglaría siempre para reclamar lo suyo.

No me tuvo que decir nada más. Un dueño nuevo requiere control absoluto o ninguno. Si los israelitas dejaban los animales en Egipto, con el pasar del tiempo habrían querido volver por ellos. Habrían dejado un poco de Egipto ocupando el centro de sus corazones: el Egipto que había retenido parte de sus posesiones, «el antiguo dueño reclamando lo que era suyo». Era como tener una de las piernas amarradas a las columnas del templo de Isis.

Las piedrecitas que traemos con nosotros serán capaces de acortar nuestra utilidad como instrumentos de Dios para su gloria y para la edificación de la Iglesia. Esto es algo que Dios no puede avalar. El costo de cada vasija es muy alto, tan alto que el Gran Artista no vacilará al tomar su decisión. Basta mirar al Calvario para tener una idea del mismo. Es por esto que creo que debemos dar gracias a Dios cada vez que experimentemos que ha recomenzado su obra en nosotros. De cierto habrá detectado algo en nosotros que deberá ser removido, y así garantizar la calidad de nuestro servicio en su nombre.

Quiero decirles un «gran secreto» que sé muy bien que algunos lectores deben haber ya intuido. El Gran Artista conoce de antemano la existencia de esas piedrecitas. El profeta ha señalado esto al decir que el barro acostumbra permitir que le pase esto. El Gran Artista sólo quiere que el adorador-barro se dé cuenta de ello. Ningún proceso es más instructivo. Algunos de los que leerán esto estarán cuestionando este planteamiento entendiendo que este proceso puede predicar dolor, malestar y hasta el coqueteo con la frustración. Si esta es su interpretación, le pido que examinemos juntos un pasaje bíblico que podrá alumbrar los ojos de nuestro entendimiento, para así comprender la supereminente grandeza del poder de Dios (Efesios 4.18, paráfrasis del autor).

La Biblia es clara al decir que el dolor puede formar parte de la escuela de Dios. Esto lo ha dicho el Espíritu Santo en 1 Pedro 4.19:

De modo que los que padecen según la voluntad de Dios, encomienden sus almas al fiel Creador, y hagan el bien.

Este es un hecho extraordinario; no he encontrado versión

bíblica, original o traducción que siquiera infiera cosa distinta a lo que hemos leído en este texto. Es claro, para Dios la vida aquí no reviste mayor importancia que la de prepararnos para estar en donde Él está. La presencia o ausencia de riquezas, pobreza, dolores, alegrías, llantos, risas, abundancia o escasez no son considerados por el Alfarero como esenciales o distintivos de su presencia en nuestras vidas. El «programa» divino incluye variedad de experiencias para garantizar que el adorador-barro pueda llegar a oír las palabras santas: «Entra pues, siervo fiel, entra en el gozo de tu Señor».

Mi educación y entrenamiento me hacen consciente de que un versículo bíblico jamás será base para una tesis bíblica; mucho menos en un área tan neurálgica y de tanta discusión en nuestro tiempo. Es por eso que quiero presentar otra evidencia bíblica. La misma forma parte de lo que para mí es una de las lecturas bíblicas más hermosas de todas las Escrituras: Filipenses 4.10-13. El texto que quiero destacar es el versículo 12:

> Sé vivir humildemente, y sé tener abundancia; en todo y por todo estoy enseñado, así para estar saciado como para tener hambre, así para tener abundancia como para padecer necesidad.

Que no quede duda; el texto original incluye la frase «enseñado» o «iniciado en», que aquí se incluye. La pregunta es: ¿Quién enseñó al apóstol en todo esto? Sí, ¿quién le enseñó la abundancia? Pero ¿quién le enseñó la necesidad? ¿Quién le enseñó acerca del hambre y quién el estar saciado?

Hay docenas de versículos que podemos seguir mirando, y todos confirmarán lo antes expuesto. El planteamiento bíblico es tan intenso y tan claro, que nos lleva entonces a varias conclusiones. Primero, que Dios nos enseña en diferentes contextos, los que incluyen lo mucho y lo poco. Segundo, que las experiencias «dolorosas» forman parte del proceso por el que Dios hace pasar al barro. Tercero, que la interpretación de Filipenses 4.13 no necesariamente tiene que ver con demostraciones de «invencibilidad» cristiana. Predicar esto puede ser una muestra de «imbecilidad» cristiana.

Un detalle adicional: sé que algunos sectores se esfuerzan en afirmar que la voluntad de Dios para el adorador es siempre que este viva como un «hijo del Rey». Para esto se apoyan en expresiones tales como las que dicen que Jehová es nuestro Pastor y por tanto nada nos faltará. Con amor profundo entendemos y comprendemos el anhelo que hay en el corazón de los hermanos que viven inmersos en ese tipo de proclamación. ¡Dios sabe que muchos de nosotros quisiéramos que esos planteamientos fueran ciertos y que existieran bases teológicas y exegéticas para sustentar esas interpretaciones bíblicas! Pero la realidad bíblicoteológica es otra.

Es menester que todo cristiano se conteste varias preguntas al examinar cada texto que utiliza para querer sustentar sus planteamientos. Primero, ¿qué es lo que dice el texto? ¿Qué es lo que le ha dicho a la comunidad que lo recibió originalmente? Segundo ¿quién o quiénes han interpretado ese texto para mí? ¿Evidencian estos que lo que hemos visto es el testimonio de la llenura del Espíritu Santo? Tercero ¿cómo queda la interpretación que he privilegiado frente a lo que dice la Biblia en su totalidad?

Si aplicaramos estas preguntas a la expresión del salmo 23 ya referido, las respuestas obtenidas serían sorprendentes. Por ejemplo, el texto no habla de beneficio material alguno, sino de la presencia de Dios en cualquier situación que atravesara el pueblo. Es por eso que el pueblo de Israel podía cantar este salmo aun en medio del exilio Babilónico, porque «Jehová es mi pastor y nada me faltará». Es por eso entonces que podía ser dicho por un niño huérfano de ese pueblo en esa época. Es por eso que puede ser dicho por un niño huérfano de nuestro pueblo y de nuestra época. Porque «Jehová es mi pastor, nada me faltará».

En este proceso veremos que los que privilegian otras interpretaciones no podrán hacerle frente de forma exegética a los textos que utilizan. Es más, mi experiencia con ellos es que casi siempre intentan cubrir esas deficiencias con comentarios humorísticos, sarcásticos y/o saturados de muchas experiencias personales. Estas características se dibujan como un patrón común a todas sus presentaciones. Por ende, presentaciones vacías de un análisis serio y responsable de lo que dice la Biblia.

Mi intención con estos planteamientos no es otra que la de lanzar un llamado de alerta a aquellos que no son instruidos adecuadamente sobre la realidad ineludible que experimentará cada adorador. Nuestra naturaleza humana obligará al Gran Artista a recomenzar su obra en nosotros; varias veces, en muchos de nosotros. Lo hará con amor y por amor, pero lo hará. Y cuando esto ocurra, nos sentiremos «aplastados» en medio de esa situación y sin explicaciones teológicas para lo que nos está aconteciendo. Es más que suficiente el riesgo de que alguien decida apartarse del evangelio por estar experimentando algo que se le ha dicho que Dios no le permitiría experimentar.

Surgen preguntas frente a esta decisión divina: ¿por qué el Gran Artista no realiza ese examen y esa detección de «materiales ajenos» al barro antes de comenzar el proceso? La respuesta es que sí lo ha hecho.

Como parte del proceso de selección y acondicionamiento del gredal, el alfarero amasa el barro con sus manos para removerle toda clase de material ajeno a su composición natural y deseada. Es más, si tomamos en cuenta que en el Israel antiguo, el alfarero desarrollaba esa parte del proceso luego de haber sumergido el gredal en un tanque de agua, podremos concluir que no debe haber razón alguna para que el barro tenga impurezas al finalizarlo. Pero por razones de la «riqueza» del barro israelita, le aparece material ajeno a este.

El suelo israelita no es bueno para la obtención de «barro limpio», esto es, barro compuesto por silicatos alumínicos puros. Lo que sí encontraremos en Israel es un gredal que posee estos silicatos alumínicos mezclados con óxido de hierro, compuestos de carbón y otros. A esto se le conoce como «barro rico».[3] Este es excelente para el trabajo, pero requiere mucha limpieza.

3  Holman Bible Dictionary, «Pottery in Bible Times» [La alfarería en los tiempos bíblicos], Trent C. Butler, Holman Bible Pub., Nashville, TN, 1991.

Nosotros los adoradores somos ese «barro rico». Una delicia para el trabajo por su calidad, y al mismo tiempo un dolor de cabeza por todas las veces que requeriremos ser limpios; despojados de «materiales ajenos» a la composición que debemos tener.

En el Antiguo Testamento hay muchos pasajes que nos ayudan a identificar aquello que el Gran Artista quiere eliminar de nosotros. Uno de ellos, Salmo 37.7b-8 nos señala que no debemos alterarnos con motivo del que prospera en su camino, que dejemos la ira y desechemos el enojo; y que no nos excitemos en manera alguna a hacer lo malo. Algo similar es lo que nos dice el apóstol Pablo en Efesios 4.31, pasaje que a mí me parece una descripción bíblica aun más exacta de algunas de las cosas que el Gran Artista quiere eliminar de cada gredal. Él señala la amargura, el enojo, la ira, la gritería y la maledicencia, e incluye toda malicia. No creo necesario abundar mucho sobre el lugar de procedencia de este «material ajeno» y nocivo al barro. Es harto conocido que el apóstol Pablo señala estas y otras áreas como obras de la carne, como producto de la carnalidad de los seres humanos (Gálatas 5.19-21).

Si somos sinceros con nosotros mismos tendremos que admitir que la presencia en nosotros de esas pequeñas «zorras» le dañan la capacidad espiritual y el servicio a cualquiera. Es allí en donde creo que estriban las complicaciones mayores: adoradores que en medio del desempeño de unos ministerios hermosos son atacados por oleadas de sentimientos de amargura, enojo, odio, ira y maledicencia. O lo que es igualmente malo, se observa en su vocabulario privado un aumento de palabras altisonantes y de perspectivas llenas de malicia. Esto es mortal para cualquier ministerio.

Un adorador-barro lleno de amargura no procesada no podrá desempeñar con eficiencia la función a la que fue llamado. Mi experiencia en el campo de la consejería pastoral me ha provisto de cientos de casos que dan testimonio de lo antes expuesto. Recientemente atendía una crisis surgida en una familia muy querida de la iglesia que pastoreo. La abuela me llamaba con voz entrecortada para notificarme que su único hijo y la familia de éste habían tenido un grave accidente automovilístico por el que los niños y la esposa habían sufrido lesiones muy serias. Esta última tenía fractura pélvica, y el varoncito de la casa sufría fractura abierta en la tibia derecha así como traumas severos en el tórax y el abdomen. La situación del niño era muy crítica por lo que su abuela estaba desesperada, algo irregular estaba ocurriendo con las reacciones de ella. La crisis de su nieto la llevó a enfermarse, su canal esofágico se inflamó al punto de no poder tragar los alimentos; su tórax aparecía inflamado como si hubiera sufrido algún golpe fuerte. Además, en las conversaciones hacía referencia a su nieto, pero con características y vocabulario que a todas luces describían otra persona y otra situación.

La referí a un médico de familia para una evaluación y este confirmó lo que se sospechaba. Esta hermana hacía veintinueve años había experimentado la pérdida de una bebé que enfermó y murió en sus brazos cuando cumplió seis meses de edad. El proceso de angustia y luto no fue normal. Ella no se permitió a sí misma llorar como hubiese deseado, tratando de no lastimar aun más la fe de su esposo, quien para entonces no conocía al Señor. Después de esta nefasta situación ella sufrió la pérdida de su grupo de apoyo al tener que trasladarse a vivir a otra comunidad. El resultado de esto es lo que se conoce como «angustia pospuesta». [4]

Quiero señalar que esta mujer presentaba un comportamiento ejemplar y muy normal antes de este incidente. Durante veintinueve años ese lastre estaba con ella sin que lo hubiera notado. Casi tres décadas llevó consigo un dolor venenoso que la estaba privando de disfrutar la totalidad de las bendiciones hermosas del Señor. De esto se dio cuenta luego de comenzar a deshacerse de esta carga. Hoy en día es una mujer en vías de una perspectiva exquisita de la gracia y la misericordia de Dios. Reconoce que el proceso no ha con-

---

4    W.E. Oates. *Pastoral Care and Counseling in Grief and Separation* [Cuidado pastoral y consejería en medio del dolor y la separación], Fortress Press, Philadelphia, 1976, pp. 51-61.

cluido, que será largo y lento, pero que es el proceso de Dios para renovarla. Cómo ella misma ha declarado, Dios comenzó de nuevo con ella.

Toda la familia de su hijo está en franca recuperación y ella ha sido devuelta a la rueda, para que el Gran Artista reinicie su labor, después de que el accidente automovilístico «aplastara» en ella sus viejos esquemas y estructuras.

Para concluir, existen otros materiales ajenos y mortales para los propósitos divinos en cada uno de nosotros. Estos se dan en los adoradores amargados, odiadores maledicentes, airados y enojados. Este comportamiento es responsable de que muchas bendiciones del cielo se queden en las puertas de los templos en los que nos congregamos. Debemos entonces tratar de ceder ante la voluntad de Dios, aunque esto represente ser aplastados y recomenzados por Él.

# Capítulo 5
# MOLDEADOS POR EL FUEGO DE DIOS

La ARQUEOLOGÍA ES UNA DE LAS RAMAS del saber que más nos ha enseñado acerca de la veracidad y profundidad de las Sagradas Escrituras. También nos ha enseñado que a través del análisis de los utensilios y productos de la alfarería, podemos determinar las siguientes características de la sociedad o pueblo que estudiamos:

- Época y lugar
- Patrones culturales
- Economía y estructuras comerciales
- Patrones alimentarios
- Relaciones con otros pueblos, cercanos y/o lejanos

Por ejemplo, piezas de alfarería encontradas en el área de Beerseba hablan de una población existente entre 5000 y 3000 años a.C. que practicaba el comercio de productos secos y líquidos con poblaciones circunvecinas, y que hacía énfasis en los productos para el consumo en el hogar. Las vasijas están hechas con un barro y un estilo claramente fechable. Las agarraderas para amarrar estos envases con sogas y cuerdas hablan de transporte interciudades, y la identificación de las partículas de los residuos hallados en ellas identifican sus usos.

Tomemos en cuenta esto al analizar el cuidado que el

Gran Artista pone en nosotros. El mundo a nuestro alrededor dirá de Él en base al examen que haga de nosotros. El fruto de cada cristiano, uso, estilo y características de cada adorador moldeado por Dios revelará al mundo parte de la personalidad de Dios y de sus patrones. Le hablará de la «economía divina», de las costumbres de la comunidad de creyentes, de los patrones «alimentarios» que tenemos y de nuestras relaciones con otros pueblos.

El tiempo que llevamos en las manos del Alfarero es identificable por aquellos ante quienes somos cartas abiertas. Es por eso que es muy doloroso encontrar adoradores que parecen que nunca van a madurar en el evangelio. Cuando estos son examinados por sus contextos y entornos respectivos generan toda clase de preguntas, especialmente aquellas interrogantes sobre el comportamiento y testimonio que debían tener. Es imposible negar esto; la mayoría de la gente que no conoce al Señor tiene un cuadro bien claro de cómo debe comportarse un cristiano.

Es evidente también la «cultura del cielo». Debemos recordar que somos ciudadanos de ese lugar (Filipenses 3). Los problemas comienzan a surgir cuando evidenciamos mensajes cruzados. No definimos nuestras prioridades frente a las exigencias del cielo. Los adoradores deben tener cuidado de no querer estar simultáneamente con Dios y con los dioses del mundo.

Lo que llevamos en nuestro ser interior se descubrirá en algún momento. También lo será la definición real de lo que es la «oikonomía» divina. Sería muy triste que alguien que no conoce al Señor fuera el que nos lo recordara. Nuestros pactos y relaciones con el entorno son evidentes en la vida de todo creyente. Si nos hemos amistado con Dios, se notará. Si nos hemos amistado con el mundo, también se notará.

Los usos que tengamos son parte fundamental del servicio a Dios. Aquello que representemos de parte de Dios será vital para que Dios sea glorificado. No debe quedar duda alguna, el Gran Artista estima y precia su obra como ninguno. En Lamentaciones 4.2 está claramente establecido: «Los hijos de Sión, preciados y estimados más que el oro puro, ¡Cómo son tenidos por vasijas de barro, obra de manos de alfarero!»

Los vasos de barro aparecen en la Escritura con una gama de usos: por ejemplo, en Génesis 24.14 sirven para cargar agua; en Éxodo 16.3, para colocar la carne; en Números 7.85, como utensilio ofrendado a Dios para estar en el altar; en 1 Samuel 10.1, para aceite de unción; en 1 Reyes 17.14, para aceite comestible y para harina; en Jeremías 32.14, para guardar un mensaje sellado de parte de Dios.

¿Puede usted inferir algunos usos que sean paralelos a los antes descritos? Los nombres son variados: cántaro, olla, jarro, redoma, tinaja y vasija. Pero el Gran Artista es uno solo. Él puede determinar e implementar una variedad de técnicas y mecánicas en los adoradores, y puede decidir crear una multiplicidad de piezas de alfarería. Pero hay algo que jamás cambiará: el Dios que hizo los cielos y la tierra será siempre fiel a sus promesas. Él ha prometido derramar su Santo Espíritu sobre sus siervos y lo seguirá haciendo. Él ha prometido usar esos siervos como vasos de honra, y lo seguirá haciendo. Él ha prometido que la fusión de ambas promesas resultará en que nuestras copas rebosarán de gozo y de su presencia, y lo seguirá haciendo.

Algunos de los adoradores-barro serán usados como canales de bendición para llevar refrigerio del Espíritu a miles de hombres y mujeres que están sedientos de la presencia de Dios. La mayoría de ellos andan temerosos de comprometerse con el Señor. Sus temores han surgido de la ignorancia en la que están sumidos. Necesitan de adoradores-barro que estén dispuestos a tolerar con alegría y gracia, «exigencias» e interrogantes humanas que ellos plantearán desde su miopía espiritual: incapacidad óptica de espíritu que no les ha permitido contemplar la gloria del Gran Alfarero.

Como Rebeca e Isaac, hay que permitir que Dios nos moldee, hay que asegurarse de que nuestro ser rebosa Palabra buena (Salmo 45), y hay que estar preparados para dar desde lo profundo de nuestro ser aquello con lo que hemos sido llenos. ¿Es su vida un refrigerio espiritual para otros? Como adorador-barro, ¿está consciente de sus responsabilidades ante Dios? ¿Se ha examinado y le ha permitido a Dios hacerlo de modo que no haya duda de que conoce lo que está llenando su ser interior? ¿Es usted instrumento de bendición para otros?

La peor respuesta que se puede dar a preguntas de este tipo no es la negativa. Quien responde de manera negativa a estas preguntas al menos conoce su situación y está consciente de que tiene que hacer algo para resolverlo. La peor respuesta a preguntas como estas la esgrimen aquellos que dicen aún no saber cuál es su misión, y pretenden descubrirlo en la inercia espiritual. Esto es, no preocuparse por participar en actividades y procesos que Dios nos presenta para que podamos estar listos a responder a su llamado.

Otros adoradores-barro son comisionados por Dios para «alimentar» y llevar «alimento» de todo tipo a los lugares en los que hay necesidad. Recordemos que la Palabra señala una bienaventuranza para aquellos que tienen hambre y sed de justicia (Mateo 5.6). ¿Cómo Dios saciará esta hambre y esta sed? ¿Qué mecanismo o procedimiento empleará para conseguir cumplir esta promesa? ¿No le parece que en tanto y en cuanto estemos listos para hacer su voluntad, Dios optará por usar a sus siervos?

No creo que Dios se regocije más que cuando puede ver que una de sus «ollas» está cumpliendo con las especificaciones y expectativas para las que fue creada. Hemos sido llamados a llevar Pan de Vida y Agua que salta para vida eterna, a fin de satisfacer el hambre y la sed de aquellos que necesitan a Dios.

Dentro de todas las funciones que podemos seguir enumerando hay una que reviste importancia suprema para las necesidades de este tiempo. Estoy convencido de que Dios está comisionando muchas vasijas, ánforas y cántaros para que lleven aceite de unción de parte del Espíritu a tantos que necesitan ser ungidos. Nuestra generación ha sido testigo de una de las ofensivas más despiadadas por parte del enemigo, desatada con el propósito de fragmentar el Cuerpo de Cristo.

El resultado es obvio: miles de heridos y lesionados en el alma, el entendimiento, el corazón y en sus ministerios. Hace falta aceite fresco que pueda ser derramado sobre las heridas de todos y cada uno de ellos. El cielo ha puesto a nuestra disposición esa gracia divina. Ahora son necesarios los instrumentos para llevarla doquier haga falta.

Estoy hablando de un ejército de adoradores-barro dispuestos a ungir con sus testimonios las vidas y corazones de los abatidos del corazón y heridos del alma. Adoradores-barro que estén dispuestos a pensar menos en las bendiciones que pueden alcanzar a través de los ministerios que les han encomendado. Que piensen menos en «lo grandes» que serán esos ministerios y se lancen sin temor a gastarse por el Señor, ungiendo con sus vidas y testimonios a miles de personas que yacen heridas por las experiencias acumuladas al seguir modelos equivocados.

Sé que muchos lectores expresarán que estos serán siempre los resultados que se obtendrán al seguir modelos humanos. Estoy convencido de que están en lo correcto. Pero como pastor no puedo minimizar el grado de responsabilidad que tenemos como iglesia al conceder un alto nivel de permisividad al desarrollo de enormes campañas publicitarias que promueven filosofías evangélicas que giran alrededor de modelos humanos y no del cristocéntrico. No sólo les concedemos un alto grado de permisividad, sino que muchas veces intentamos pasar por alto hasta los efectos. Es por esto que debemos ser tiernos y sabios con todos los sectores en los que puedan haber gente afectada.

La actividad creadora de Dios con el adorador-barro no concluye con la formación de la vasija. *En el momento en que concluye la parte manual, se comienzan a dar los primeros pasos para lo más difícil de esta jornada: el horno de fuego.*

En el caso de la porcelana, el horno a usarse deberá tener unas especificaciones algo complicadas. Por ejemplo, la porcelana china que hemos usado de referencia en este trabajo tiene que quemarse en un horno que alcance 2.650°F (1.450°C).

Es curioso, pero al realizar la investigación para este libro encuentro que existen tres tipos principales de porcelana a saber:

- De pasta dura, hecha de una roca china llamada *petuntse*, molida y mezclada con kaolina
- De pasta suave, llamada artificial
- De «hueso chino» («bone china»)

La porcelana artificial llevó al descubrimiento de un método que permitía bajar la temperatura del horno. La mezcla de vidrio con barro hace eso posible. El problema reside en el producto final. A diferencia de la porcelana dura, esta mezcla y esta «baja» temperatura harán que el producto final pueda ser cortado con casi cualquier objeto filoso, de modo que las manchas y el polvo sólo podrán moverse con mucho trabajo y esfuerzo. Tal situación no le acontece al producto genuino. Nada lo corta con facilidad y las manchas en su superficie se remueven con una facilidad impresionante.

Veamos esto en detalle. La porcelana dura se beneficia de que la roca molida se convierta en una capa vidriosa sólida al exponerse a esas temperaturas. Y la kaolina asegura que el producto mantenga el ciento por ciento de su forma.[1] Es mejor pasar un poco más de trabajo y que el producto final sea una obra de arte en todo el sentido de la palabra. Arriesgarse a lo otro puede significar una obra de arte demasiado susceptible al ambiente y un poco distorsionada, pues no garantiza que mantendrá la forma exacta que le dio el artista.

Lo diremos en una sola frase: *Es menester ir al horno de fuego*. Algunas personas que han sido expuestas a este material me han confesado haber experimentado un grado de temor junto con la presencia edificante del Dios vivo. Luego han llegado a la conclusión de que se trata de ser confrontados realmente con la pérdida del autocontrol y el requerimiento divino de tener que cederlo todo al Alfarero. Si este fuera su caso, le invito a orar antes de seguir adelante. En su oración

1  Enciclopedia Británica, Vol. 17, p. 102.

pídale a Dios que alumbre los ojos de su entendimiento y el de los otros lectores. Pida también convencimiento para cederle completamente al Alfarero su vida entera, sin reserva. Le puedo adelantar el resultado: usted se preguntará más de una vez por qué no lo hizo antes.

El adorador-barro ya moldeado tiene que ir a los hornos de Dios. La frase está en plural, pues como veremos en el transcurso de este capítulo, hay más de un fuego divino descrito en las Sagradas Escrituras. Lo que es seguro es la necesidad que tenemos de ir a esos hornos. Si decidiéramos no hacerlo, habremos echado a la basura todo el esfuerzo del Gran Artista. Nuestra capacidad para el servicio, la capacidad para contener sustancias y materiales difíciles para hacerlo, la durabilidad, la belleza y la duración de la vasija se habrán reducido drásticamente. Nuestra fragilidad no nos permitirá ser útiles. Créame, hay adoradores así en nuestras iglesias. No pueden ser usados por Dios. Su fragilidad no se lo permite, es decir, el producto de no querer aceptar los fuegos de Dios y de no poder «leer» la voluntad agradable y perfecta de Dios en cada uno de esos «hornos».

Con el propósito de mantener el control de esta área del libro, nos limitaremos a considerar seis tipos de fuegos divinos que considera la Palabra de Dios.

El primero de ellos lo encontramos en la lectura de Isaías 64.1-2:

> ¡Oh, si rompieses los cielos y descendieras, y a tu presencia se escurriesen los montes, como fuego abrasador de fundiciones, fuego que hace hervir las aguas, para que hicieras notorio tu nombre a tus enemigos, y las naciones temblasen a tu presencia!

Esta lectura describe uno de los fuegos divinos más poderosos y efectivos: *la presencia de Dios*. Creo que no existe elemento alguno en todo el universo que pueda comparársele. No existe criatura que pueda permanecer en pie frente a ella. Veamos algunos ejemplos bíblicos. Uno de los personajes más interesantes de las Sagradas Escrituras es Moisés. Este siervo de Dios tenía muy claro lo que significaba la presencia

de Dios. Aun más claro tenía su necesidad de ella. En Éxodo
33.14 Jehová Dios se compromete con Moisés a mantener su
presencia junto a él y a darle descanso. La respuesta de Moisés
en el versículo 15 parece más un grito que una frase calmada:
«Si tu presencia no ha de ir conmigo, no nos saques de aquí».

En ese mismo capítulo se nos hace saber acerca de la
petición atrevida que este siervo de Dios se arriesga a hacer.
Él quería ver la gloria del Dios de Israel. Esta es una petición
que sólo puede hacer alguien que habla con Dios de la manera
en que Moisés lo hacía. El resultado de esa petición contestada
aparece en Éxodo 34.29-33. El rostro de este hombre brillaba.

La enseñanza que reside detrás de esta experiencia es:
todo el que está al alcance de la presencia de Dios será
transformado. En otras palabras, nadie que haya estado en la
presencia de Dios podrá seguir siendo el mismo. Y es que la
presencia de Dios es como un fuego que quema mientras nos
confronta.

Para intentar tener una idea un poco más concreta, recordemos las palabras que le dijera el rabino Yeshua ben Chaya-
na al emperador Adriano cuando este le pidió que le dejara
ver a Dios. La respuesta del rabino fue invitarle una mañana
a mirar el sol. Cuando el emperador le dijo que no podía
hacerlo, el rabino inmediatamente le dijo que cómo era posible que Adriano quisiera ver a Dios si no era capaz de mirar
siquiera una de las creaciones divinas.[2]

Así es la presencia de Dios. Es quemante, es abrasadora.
Acercarse a ella es como haberse vestido en un cuarto oscuro
y de pronto salir a la claridad del sol. Allí nos damos cuenta
de todas las imperfecciones que tiene nuestro ropaje. Así es
la presencia de Dios. Nos confronta con nosotros mismos. Nos
vemos tal y cual somos.

Pero también nos vemos tal y como Dios quiere que
seamos. Eso es realmente impactante. Le concede al adorador-barro un derrotero, una meta que alcanzar. Le provee al
adorador-barro conocer las expectativas que Dios tiene con

2  A. Cohen, *Everyman's Talmud* [El Talmud de cada hombre], Schocken Books,
   Nueva York, 1949, p. 3.

nosotros. Digo nosotros, pues veremos que la revelación divina siempre privilegia la edificación de la comunidad de fe por encima de las expectativas individuales. Y el que «choca» con la presencia de Dios lo acepta con gran gozo y alegría.

Es importante subrayar que no pretendemos dibujar una imagen de Dios que resulte amenazante para los creyentes. Como cristiano y como pastor estoy seguro de que una de las premisas básicas del evangelio es que la presencia de Dios es atractiva. Creo que es correcto decir que es una presencia «atractivamente quemante». Para demostrar este punto, imaginemos que podemos entrevistar a Juan en la isla de Patmos, luego de la visión del Apocalipsis. ¿Cómo contestaría una pregunta acerca de las características e impresión que tuvo al contemplar a Aquel que se llamó a sí mismo Alfa y Omega?

Estoy seguro de que veríamos cambiar la expresión de su rostro y para la mayoría de nosotros sería suficiente que dijera que lo vio en medio de siete candeleros. Suficiente como para que empezáramos a recitar los versículos de Apocalipsis 1.13-19. Es importante destacar que por razón de nuestras limitaciones lingüísticas, Juan sólo ha podido describirnos muy bien una fracción de la visión en su totalidad. Aun así, me resulta interesantísimo la cantidad de elementos que él ve que son como el fuego. Aquello de lo que el Señor se rodea, sus ojos, su rostro, y aun sus pies como bronce bruñido hablan de altas temperaturas y de calor.

Es glorioso que la reacción del vidente de Patmos confirme la tesis antes expuesta. La presencia del Señor le habrá hecho desvanecer y caer como muerto, pero la diestra de Aquel que vive para siempre se puso sobre él inmediatamente y le dijo: «No temas».

Este análisis no es nuestro en su totalidad. Parte lo hemos pedido prestado a un cantor de Israel, el compositor del salmo 16, cuyo versículo 11 dice: «Me mostrarás la senda de la vida; en tu presencia hay plenitud de gozo; delicias a tu diestra para siempre».

Entonces, es correcto afirmar que la presencia del Señor es un fuego agradable. Que de cierto quema y nos hace desmoronar frente a Él, *pero al mismo tiempo nos levanta, nos anima y nos estimula a no perder la confianza, a no temer.* Y es de esto que se tratan los procesos que vienen de parte de Dios: son siempre edificantes. No quiero que entienda que estoy defendiendo un evangelio sensorial, un evangelio de sentir para entonces actuar. Personalmente he atravesado por situaciones en las que no he «sentido» a Dios. Pero estoy seguro de que ha estado allí conmigo.

El propósito de hablar de esta presencia santa es subrayar la necesidad de estar conscientes de que el Señor siempre estará con nosotros, y de que su obrar en nosotros nunca se detiene. Entonces, la proposición es que esa presencia constante tiene que provocar transformaciones tan hermosas en todos los creyentes, que reafirmo las palabras del apóstol Pedro en Hechos 3.19:

> Así que, arrepentíos y convertíos, para que sean borrados vuestros pecados; para que vengan de la presencia del Señor tiempos de refrigerio.

Otro fuego que usa el Señor para procesar las vasijas que ha creado son sus juicios. Del profeta Malaquías 3.2 leemos: «¿Y quién podrá soportar el tiempo de su venida? ¿o quién podrá estar en pie cuando Él se manifieste? Porque Él es como fuego purificador, y como jabón de lavadores».

Para el pueblo de Israel este concepto estaba muy bien definido en las Escrituras. El *mishpat* divino habla del Dios que rige y juzga a su pueblo. Es por esto y para esto que ha instituido su ley y emite sus juicios a base de ella. A esto se suma que Dios ha separado un día en el que efectuará un juicio universal. Para el israelita ese juicio será de tal magnitud, que hasta incluirá los ángeles en él. En el Nuevo Testamento el panorama no cambia sustancialmente. Sólo un «detalle» hace significativa la diferencia: la presencia de un Abogado defensor (Cristo).

La alternativa de los juicios de Dios como fuego surgen de las exigencias divinas que plantean las Escrituras. Por ejemplo, se nos pide vivir separados para Él (1 Pedro 1.16-17). Exigencias de este tipo se han formulado para que seamos transformados a la medida de Dios. Sólo piense en esto: el planteamiento de vivir separados para Dios señala que si no lo hacemos, no le veremos (Hebreos 12.14). El significado de «vivir separados» para Dios es algo que he aprendido a dejar que los pastores definan en sus congregaciones. Lo que la Biblia no deja tan solo en esas manos son los versículos 10 al 13 de ese mismo capítulo 12. Allí se afirma que la disciplina en la casa del Señor es provechosa para conseguir que participemos de la santidad, para que demos fruto de justicia y para la sanidad integral. La Biblia presenta varias demandas de esta magnitud. Todas y cada una de ellas son exigencias de la justicia divina para garantizar la excelencia del servicio a Dios y a los hombres. Ser sal de la tierra, ser luz del mundo, ser fieles y mantener el gozo son sólo algunas de ellas. Ninguna puede sostenerse indefinidamente sin la ayuda del Espíritu Santo. Todas y cada una requieren sacrificios. Nuestra conducta ante ellas es evaluada constantemente por el Señor, pues no sería justo que nos presentáramos ante el gran trono (2 Corintios 5.10) sin haber recibido las oportunidades correspondientes para enmendarlas. Este es un fuego muy intenso, pero necesario. Después de todo, los juicios de Dios son verdad y todos justos (Salmos 19.9).

Desde esta perspectiva Dios estará haciendo revisiones, evaluaciones y adjudicaciones constantes con el propósito de perfeccionar y refinar su creación. Esta proposición o conceptualización tampoco es nueva, está surcando la idea israelita de las intervenciones de Dios desde bien temprano en la historia de ese pueblo. Me parece que de esto nos habla el proverbista cuando nos dice: «Todo camino del hombre es recto en su propia opinión; Pero Jehová pesa los corazones» (Proverbios 21.2).

Es por esto que las escuelas rabínicas enseñan que el primer gran patriarca se refirió a Dios como Juez de toda la tierra (Génesis 18.25).Es más *para el rabinato el nombre Elohim denota el aspecto judicial de Dios y el nombre Yaweh su misericordia.*[3] Lo hermoso es el hecho de que desde esta época de la

3 *Ibid.*, pp. 16-17.

historia de Israel ya encontramos maestros de las Escrituras señalando que la misericordia de Dios es la que mueve sus juicios y no a la inversa.[4] La manifestación que ve Moisés en el Sinaí es la de Yaweh: el Dios cuya misericordia arde en su presencia en la zarza que no se consume. De este postulado surge la doctrina profética del arrepentimiento, aquella que muy bien recoge el profeta Ezequiel (33.11). *En otras palabras, es una experiencia preciosa exponerse a este fuego de Dios, pues su misericordia estará sobre el juicio.*

El tercer tipo de fuego en los hornos de Dios es su celo. En el salmo 79.5 leemos: «¿Hasta cuándo, oh Jehová? ¿Estarás airado para siempre? ¿Arderá como fuego tu celo?»

La experiencia vivida con este análisis ha sido sensacional. De primera intención llegué a pensar que este fuego sería igual de incómodo que los anteriores, y en verdad lo es. Pero no es tan árido como parece. Es más, creo que es disfrutable. Hago este señalamiento, pues el término está cargado de un sentido peyorativo del que debemos separarnos antes de acercarnos a su análisis y función. Jamás piense que el celo bíblico usado aquí es similar a la conducta observada en los seres humanos que demuestran un grado altísimo de inseguridad en ellos mismos y en sus relaciones sentimentales, celo este que genera conductas patológicas. El celo bíblico y espiritual se define como un intenso entusiasmo por algo espiritual.[5]

Cuando analizamos el concepto celo de Dios, una de las primeras cosas que hay que hacer es inventariar el producto de este. *La iglesia del primer siglo realizó este ejercicio y descubrió que el celo de Jehová nos regala bendiciones como las que siguen a continuación:*

- Cristo como Dios encarnado.
- El reino de Cristo.
- El nombre admirable de Jesús.

4  *Ibid.*, p. 20.
5  J. Strong, *Strong's Exhaustive Concordance of The Bible* [Concordancia completa de la Biblia], «Zeal», Thomas Nelson Pub., Nashville, TN, 1990.

- Cristo como Consejero.
- Cristo como Dios fuerte.
- Cristo como Padre eterno.
- Cristo como Príncipe de paz.
- El imperio del cielo.
- El restablecimiento del trono de David.
- La confirmación de Dios el Padre.

Este listado se extrajo de la lectura de Isaías 9.1-8. Si estas son las bendiciones que nos regala el celo de Jehová, entonces ese es el fuego que yo quiero que me queme. Es esa la llama que quiero sentir ardiendo en mí. Este es el fuego que llega a nosotros señalando que Dios no patrocina que la atención de los creyentes hacia Él se prese a ningún otro. Es por esto que la oferta es tan buena, para que nadie tenga la necesidad de buscar alternativa alguna fuera de Dios.

Este es el matiz que le da Ezequiel 36.5 cuando nos señala que Dios hablará en el fuego de su celo contra aquellas naciones que le disputan su heredad. *El celo de Jehová es fuego que quema la infidelidad* y nuestra tendencia a buscar otros dioses. El dios «yo-yo», la diosa riqueza, la diosa lujuria, los dioses humanismo y materialismo son sólo algunos de ellos. El adorador-barro debe saber que nuestro Dios es un Dios celoso, y su celo debe quemar nuestro ser interior.

Este fuego es contagioso. En la Biblia se señalan varias ocasiones en las que los adoradores-barro se contagiaban con ese celo de Dios. El rey David declara tenerlo por la casa de Dios (Salmos 69.9), diciendo así que la posición que tiene la casa de Dios en su corazón no será compartida con nada ni nadie. ¡Qué hermoso es poder saber que se puede amar así a la casa de Dios! Pero es más hermoso saber que Cristo Jesús sintió el mismo celo e hizo suyas estas palabras del rey David (Juan 2.17). David hace una declaración similar sobre su celo por la Palabra del Dios vivo (Salmos 119.139). Encuentro que es Pablo el que utiliza este concepto de la manera más intrigante. Este apóstol señala que ese fuego de Dios, contagiado a los creyentes, puede lograr que estos sean una fuente de inspiración y estímulo a otros (2 Corintios 9.2). ¡Insondable sabiduría del cielo que consigue que la vida del adorador-barro se convierta en «combustible» para mantener ardiendo la llama del celo divino!

El cuarto fuego de los hornos de Dios es su amor. Este símil es uno de esos motivos que adornan la poesía romántica de casi todos los pueblos de la tierra. El poeta de Israel ya lo había dicho: «Sus brazas, brazas de fuego, fuerte llama. Las muchas aguas no podrán apagar el amor» (Cantar de los Cantares 8.6b-7a).

*Me parece que este fuego es el que quema convenciéndonos de lo indignos que somos del amor de Dios.* Es el fuego que me inunda al mirar el Calvario. Es el fuego que llenó el pecho de los caminantes de Emaús, luego de que Cristo se les desapareciera de la vista. Indignos seres humanos a quienes se les ha aparecido el Resucitado, les ha declarado las Escrituras y hasta ha compartido la cena con ellos. Este testimonio se ha repetido en miles de ocasiones con miles de adoradores-barro. Entre ellos, el testimonio de una de las figuras más importantes de toda la historia del cristianismo: Juan Wesley, padre del metodismo. Su «*Arder's Day*» es vital para su entrega al servicio cristiano. Se me antoja pensar que muy pocas personas han podido recoger esta experiencia con más lirismo que el doctor Enrique González Martínez. Este médico y poeta mexicano de la primera mitad del siglo veinte dejó en su legado un poema titulado *El forastero*. Algunas de sus estrofas parecen hablar de este encuentro, de la siguiente manera:

> Desde entonces, aquel forastero
> de miradas hondas, me hace compañía.
> ¡Y qué viejas historias me cuenta,
> olvidadas de puro sabidas!
> ¡Cómo sabe endulzar el relato
> con néctares suaves de melancolías,
> y qué paz austera
> hay en sus pupilas!
> Cómo me habla de cosas pequeñas

de seres humildes que encontré en la vida,
de anhelos informes que no alcancé nunca,
de amores difuntos, de penas exiguas;
cómo va tendiendo sobre lo pasado
su misericordia como una caricia,
¡cuántas cosas sabe
que yo no sabía!
Qué bien me trae el camino largo
los fugaces besos, las cosas perdidas,
los afanes rotos y la paz aquella
que me deja el alma sosegada y limpia.
Cómo lleva las manos cargadas
de mansos perdones para las insidias,
y de añejos odios
¡cómo están vacías!
Buen otoño de grises cabellos,
de miradas hondas y de faz tranquila,
que tan paso llegaste a mi vera
que no me di cuenta de que ya venías;
no me dejes solo, tiende en mi pasado
tu misericordia como una caricia,
y pon en mi alma
tu sabiduría.[6]

Este fuego del amor de Dios quema intensamente. Me parece que su intensidad es mayor que la de los otros fuegos divinos. Este es el fuego que nos obliga a mirar la bajeza humana, nuestra bajeza. No hay nada más estremecedor que mirarnos tal cual somos y saber que aun así Dios nos ama. Esta es la experiencia del himnólogo cuando escribe: «¡Maravillado estoy que Dios me amara, tan pecador cubierto de maldad!»

Este es el fuego del amor de Dios, el fuego que llevó a Cristo al Gólgota cruel. Un fuego que provocó que se quemara la miopía espiritual de un criminal convicto, al punto de que muriendo al lado de uno que sólo parecía un estropajo humano, pudo ver en ese de la cruz del centro al Dador de la vida.

6   E. González, *Antología de la poesía modernista*, 1980, editado por Ángel Crespo, Ediciones Tarraco, Tarragona, p. 270.

*El fuego del amor de Dios le abrazó la «epidermis» del pecado y de su maldad, exponiendo a la intemperie espiritual su alma necesitada de la salvación divina.* Es entonces cuando tiene que gritar. Es allí donde se expone a hacer el ridículo frente a sus verdugos. Es allí que no tiene reparos en pasar por alto la fiebre y el tétano que padecía el de la cruz del centro. Ignorar los dolores, calambres y espasmos que sufre Aquel en el que «no había parecer para que fuese deseado». Ignorar el estereotipo que se dibujaba ante sus ojos, y mirar tras las llamas del amor del Padre hasta poder ver que a su lado estaba el León de la tribu de Judá, el Cordero de Dios que quita el pecado del mundo, la esperanza de Israel, la encarnación del fuego que le quemaba, el amor de Dios hecho carne.

Un fuego de los hornos de Dios que por su efectividad se usa constantemente son las Sagradas Escrituras. Es emocionante saber que cada vez que tomo la Biblia en mis manos estoy abriendo espacio para los fuegos del cielo. Cada vez que leo, estudio o reflexiono sobre la Palabra de Dios me coloco en uno de los procesos de refinación más efectivos que señala la misma Escritura. En el libro del profeta Jeremías (23.29) se nos dice:

> ¿No es mi palabra como fuego, dice Jehová y como martillo que quebranta la piedra?

Es curioso el hecho de que la versión bíblica del Antiguo Testamento que ha sido autorizada por el pueblo judío para ser leída en inglés, *Tanakh*, no se refiere a este versículo como a una pregunta sino como a una aseveración y exclamación.

Este fuego de Dios merece discutirse con mucha delicadeza, pues estoy convencido de que lecturas como estas (Jeremías 23.29) se han utilizado mal, especialmente en nuestra generación. A esta se le ha otorgado la licencia de patrocinar atropellos y sancionar violaciones a la cordura ética y espiritual del creyente.

Ni este fuego ni ningún otro podrá validar el que se pisotee la autoestima del creyente. Tampoco han sido provistos por la mano de Dios para obligar el patrocinio de conductas enfermizas y deshumanizantes. Este fuego ha sido creado para quemarnos mediante el ejercicio de dejarnos conocer el plan de Dios para con la humanidad, hacia dónde se dirige Él y todo aquello que es necesario hacer y vivir para llegar hasta allí. Me parece que son las palabras de Wolfhart Pannenbergh, excelente teólogo alemán, unas de las más sucintas para describir lo que aquí se expone:

> Si Dios no fuera el creador, su voluntad no podría imponerse en el mundo más que a base de puros milagros, a base de desconectar todas las demás fuerzas que actúan en la historia. Pero no es así como acontece su voluntad, a costa de la actividad humana, sino que se realiza precisamente a través de las experiencias, la planificación y la actuación de los hombres en y a pesar de su perversión pecadora. [7]

Es por esto que la Palabra Santa es como el fuego. Es la Palabra del Creador, esa revelación divina que siempre nos está recordando la meta divina, el lugar hacia donde Dios dirige a su creación. Es cierto que nos confronta, mas siempre nos recuerda ese «allí» en donde el adorador-barro desea estar. Pannenberg me parece fascinante, pues para él, Dios se revela como historia y no sólo en la historia. Es decir, la revelación de Dios es verificable. Sólo hace falta colocarse en el lugar donde concluirá la historia de la humanidad y desde allí mirar hacia atrás.

Ese final (o principio) está descrito en la Escritura Sagrada. Es desde ella que todos miramos. Es desde allí que sabemos el final de «la película de la humanidad». Este plan de Dios confronta al adorador-barro. Es cierto que esta revelación divina presenta exigencias y demandas. También es cierto que señala las especificaciones detalladas del Reino de Dios. Pero no es menos cierto que al sabernos ciudadanos del cielo y conocer lo que Dios ha preparado para sus hijos, nuestra reacción cambia de aceptación sin remedio a gran gozo y alegría.

---

7  W. Pannenberg, Cuestiones Fundamentales de Teología Sistemática, Salamanca, Ediciones Sígueme, 1976, p. 274.

Tenemos este testimonio en lecturas tales como el salmo 19.7-10:

> Los mandamientos de Jehová son rectos que alegran el corazón[...]
> Deseables son más que el oro y más que mucho oro afinado;
> Y dulces más que la miel y que la que destila delpanal.

El adorador-barro se complace en las exigencias de la Palabra de Dios. Se goza en cada una de ellas. Este no es un proceso de flagelación y sufrimiento, ni un proceso de penitencias y sacrificios inhumanos. Es un fuego; que no quede duda de ello. Pero son llamas que queman sin causar dolor, a menos que estemos demasiado apegados a la vida terrenal y mundana.

Posiblemente el mejor ejemplo de este tipo de «fuego» lo tenemos en unos tipos de radiaciones que emite el sol. Este astro de mediana magnitud sideral ha probado que logra las quemaduras más serias que puede producir, con rayos gamma, rayos ultravioletas y rayos X. No son pocos los que han sufrido de retinas quemadas al mirar directamente al sol durante un eclipse. Lo que no se explican es que no sintieron la quemazón ni dolor alguno durante su exposición a las radiaciones que emite este astro. Pero los efectos son evidentes: se les quema la retina como cuando se aplica fuego.

Me parece que así obra la Palabra de Dios. Son muchos los que se han dado cuenta de los cambios que han experimentado en todas las áreas de sus vidas, después de un tiempo de ocurrir estos. El proceso de cambio, transformación y refinación ha sido tan delicado que ni ellos mismos se han dado cuenta de él. Casi siempre son los observadores externos los primeros que dan el testimonio de esto. Y es que la Palabra de Dios es así. «Es viva y eficaz y más cortante que toda espada de dos filos» (Hebreos 4.12).

Se me antoja pensar en el rayo láser, uno de esos nuevos instrumentos que hasta hace unos años era sólo material de la ciencia ficción, y hoy día es una realidad a la disposición de cirujanos que lo están utilizando para realizar procedimientos delicadísimos. Procedimientos que requieren una precisión micrométrica y ofrecen la reducción de los períodos de recuperación posoperatorios. La Biblia dice de sí misma que es capaz de penetrar hasta «partir» el alma y el espíritu, las coyunturas y los tuétanos. Es más, puede hasta discernir los pensamientos y las intenciones del corazón. A esto llamamos confrontación.

Continúa diciendo que no hay cosa creada que no sea manifiesta en su presencia. A través de ella nos hace saber que las cosas están desnudas y abiertas a los ojos de Aquel a quien tenemos que dar cuenta. Esa totalidad de la perspectiva bíblica no tiene una mejor comparación que la que se nos da en Jeremías 23.29: ¡Fuego de Dios!

Hasta aquí hemos sido confrontados con el fuego de la presencia divina, que quema demostrando la grandeza de Dios. Hemos visto el fuego que quema mediante los juicios, la evaluación, la adjudicación y la misericordia divinos. Hemos visto el fuego del celo de Dios, fuego que quema mediante el compromiso de no compartir con nada ni nadie el lugar de Dios, el lugar de su Iglesia y el de su Palabra. Hemos visto el fuego del amor de Dios. Aquel que quema mediante el convencimiento de que sin merecerlo, el Creador de todo el Universo haya podido dejar su trono de gloria para demostrarnos su amor. Hemos contemplado el fuego de la Palabra de Vida. *Queda un fuego en el tintero bíblico: el de las pruebas.*

El último de los hornos divinos es explicado de manera magistral por Pablo y Pedro. El primero ha dicho que todas nuestras obras se harán manifiestas y serán declaradas por el fuego (1 Corintios 3.13). El segundo ha dicho que nuestra fe debe ser probada como el oro por el fuego, para que el testimonio de ella consista en ser hallada en alabanza, gloria y honra cuando Jesucristo se manifieste (1 Pedro 1.7).

Un anciano de la iglesia que pastoreo me dijo algo que quiero contar: «Es mejor ser quemados por Dios con su fuego que construye, que ser quemados por Dios con su fuego que destruye». La experiencia de este siervo de Dios no ha sido en balde.

La experiencia de todos aquellos que han pasado por esta llama es de crecimiento. Retratémonos en el caso de los jóvenes hebreos de Daniel 3.1-30. No debe quedar duda de esto, su prioridad inicial debe haber incluido como agenda salvar la vida. Esto se desprende del estilo del relato. Luego, a medida que el horno se hacía inevitable, la salvación física perdió preponderancia y toda la agenda se volcó en testificar que Dios es Dios, salve o no salve. El testimonio final es que Dios no evitó el horno, pero fue al horno con ellos. Este es el mensaje más grande de esta jornada: aunque pasemos por el fuego o por el agua Él estará con nosotros. ¡Alabado sea su nombre!

Volvamos a la fe testificando como expresión de alabanza, gloria y honra para nuestro Señor y Salvador. Estoy consciente de que quizás sea este el más «antipático» de los fuegos del horno de Dios. Pero definitivamente es el que más alabanzas, cánticos espirituales y adoración produce. Sé que a veces nos parecerá estar en el mismo infierno, pero recordemos que parezca lo que parezca, Dios ha prometido estar con nosotros. *Ninguna otra experiencia arrancará alabanzas y nos acercará al sentido correcto de lo que es la adoración, como el fuego de la prueba.*

En abril de 1981 mi esposa Edith dio a luz nuestro segundo bebé: una hermosa niña de ojos brillantes y mirada profunda. A las cuarenta horas de haber nacido, un infierno se desató sobre ella y sobre nosotros. Una bacteria inmisericorde se había alojado en sus meninges, haciendo que se inflamaran y que dolieran de forma brutal y despiadada. En cuestión de horas la hidrocefalia (líquido que se retiene en la cabeza) alcanzaba cuatro centímetros. Neonatólogos (expertos en recién nacidos), neurólogos pediátricos y otros especialistas de la medicina hacían todo lo posible por salvar esa criatura que no había vivido lo suficiente como para tener activo todo su sistema de defensas (inmunología).

Recuerdo que fue un viernes (10 de abril) en que el neonatólogo se acercó a la habitación del hospital en la que convalecía mi esposa, y me dijo que se había hecho todo lo que se podía hacer; «ahora depende de Dios». El mundo se nos vino encima. Fueron nueve meses de espera por esta criatura. Nueve meses en que mi esposa decoró la habitación, bordó y tejió piezas bellísimas, hechas con el cariño único de la mano de «mamita». Nueve meses preparando al hijo mayor para que estuviera listo para recibir lo que ya sabíamos sería una hermanita. Respiré profundamente y entonces me dirigí a la sección de cuidado intensivo para niños.

Una «cajita de cristal» (incubadora) servía de cunita a nuestra bebé: catéteres, sondas, máquinas por doquier. Tuve que vestirme con una bata que sólo permitía los ojos al descubierto, para poder tocarla solo a través de unos guantes que luego había que desechar como quien toca una sustancia letal, con la gran diferencia de que era nuestra hija la que no podía ser bendecida con el toque directo de las manos de mamá y papá. Recuerdo haberla tocado con ternura mientras oraba y le decía: «Hija, sostente firme, la ayuda viene en camino». Pero, ¿de dónde? Los doctores no habían dejado alternativa alguna. La ayuda tendría que venir del cielo.

Sí, del cielo. De ese mismo sitio de donde parecía venir ese infierno, o al menos le habían dado permiso para volcarse encima de nosotros. Sí, del cielo. De ese lugar que parecía haberse olvidado de nosotros. No le parecía suficiente que yo estuviese enfermo de muerte; ahora quería arrebatar a mi hija. «¿Acaso no eres tú rico y todopoderoso? ¿Para qué necesitas a mi hijita allá arriba si lo tienes todo?» Por un instante pensé que sería un pecado reaccionar así. Más tarde descubrí que Dios espera esas reacciones que son muy naturales en cualquier ser humano. Hay que exteriorizar ese «veneno» y no permitir que se nos quede adentro, ya que puede convertirse en una herramienta en contra del plan de Dios. Lo que no sabía yo era el plan excelso que fraguaba Dios a través de ese fuego de prueba.

Mi esposa fue dada de alta esa mañana, y ya en casa oramos y lloramos juntos. Mientras la abrazaba recuerdo haberle dicho que Dios debía tener algún plan con todo esto.

Esa noche me desvelé orando a Dios por la salud de la recién nacida. Recordaba las palabras de mi padre al notificarle lo que estaba sucediendo: «Hay que sostenerse firme, la ayuda de Dios viene en camino».

Fue una noche larga, los pasillos de la casa se hacían eternos. Oraba y caminaba de un lado a otro, y mientras lo hacía el retrato de aquella «cajita de cristal» seguía vivo en mi cabeza. Las paredes parecían querer cerrarse unas contra otras encima de mí. Si yo me sentía así, no podía imaginar cómo se sentiría mi esposa. Luego de un rato me postré en el suelo y pude llorar como sólo Dios sabía que necesitaba hacerlo. Mientras lloraba muchas promesas de la Palabra comenzaban a salir por mis labios. Por momentos pensé que eran el producto de mi deseo de que Dios hiciera un milagro. Más tarde pude comprender que todo esto formaba parte del programa de Dios. Proceso divino para hacerme comprender que yo-adorador debía aprender a depender enteramente de Él; aun a costa de mi vida o de la vida de los míos. Las palabras de Job resonaron en mi corazón:

Aunque Él me matare en Él confiaré.

Recordé a Jesús. Él también estuvo en «la prensa de aceite», ese Getsemaní que sólo queremos mirar a la distancia, pero Él no tenía razón alguna de sufrir ese dolor; no había pecado en Él. En cambio sí en mí, un pecador que depende de la misericordia divina.

Cuando comenzó a amanecer, un rayo de sol comenzó a «azotar» mi rostro, se colaba a través de una ventana. No sé por qué (aunque creo que sí sé) decidí dialogar con Dios mirando ese rayo que ahora daba en el frío suelo, recordando una de las preguntas que Jehova le hiciera a Job (38.4,7). «¿Dónde estabas tú cuando yo fundaba la tierra?[...] Cuando alababan todas las estrellas del alba, se regocijaban todos los hijos de Dios?»

Le señalé al Señor que yo sabía muy bien que el astro-rey estaba cantando esa mañana. Que cantaba sin importarle lo que estuviese sucediendo debajo, encima o alrededor de él.

Le pedí entonces que me permitiera cantar así, como canta el sol. Cantar con calor, con el corazón; sin pensar en lo que vendría después. Saber que Él me formó y que en Él confiaré. Confiar que la vida es Él, y eso es más que razón para alabarle. Aun el fin es su principio.

Al cabo de unos minutos estaba sentado frente a uno de los teclados diciendo que podía renunciar a la tristeza, pues Dios se había convertido en mi consuelo y mi gozo. En su presencia hallé consolación, y el único tributo que podía rendirle a cambio era darle toda gloria y todo honor.

> Cantaré como canta el sol,
> le diré que es suyo mi amor.
> Marcharé con el corazón
> Y en mi voz siempre habrá canción.
> Es así privilegio que da al corazón
> El cantar al Señor.
> (*Cantaré*)

Salimos de ese horno de fuego sin olor a quemado en nuestras ropas. El Dios del cielo se manifestó con poder y gloria, y descendió al horno de fuego. No sólo sanó completamente a la niña (que ya es una señorita) y no le permitió defecto alguno, sino que me dio una canción. *En el horno, la fe pequeña se convirtió en alabanza para Dios.*

## Resumen

Cuando el artista de porcelana china concluye su obra de arte es porque ya la ha quemado todas las veces que sean necesarias. La obra de arte resuena como música (recuerde la definición china de porcelana); puede firmar su nombre con tinta de oro en la base. En tiempos de la Dinastía Imperial Ming podía exhibirse en el «Chung Ho Tien» (Salón de la Armonía Completa).[8]

Cada adorador-barro debe entender que el propósito de

---

8  *Enciclopedia Británica*, edición 15, volumen 17, «East Asian Arts» [Artes en el este de Asia], p. 649.

todos estos procesos divinos es crear una vasija de tal calidad que permita al Gran Artista estampar su firma en la base de cada uno de nosotros. Ese es su plan desde el instante en que nos exige pagar el precio y nos saca las burbujas, hasta que nos mete al horno.

Estemos pues dispuestos a hacer nuestras las palabras del apóstol Pablo en 2 Corintios 4.7:

> Pero tenemos este tesoro en vasos de barro, para que la excelencia del poder sea de Dios, y no de nosotros.

# SEGUNDA DIMENSIÓN:

# *LAS HERRAMIENTAS*

# Capítulo 6
# LA PALABRA DE DIOS
## (Modelos del proceso de adoración)

PARA DIOS, EL PROCESO DE LA ADORACIÓN es algo que hay que tomar muy en serio. Es por esto que el Señor ha entendido que el adorador-barro necesita unas herramientas básicas para poder desarrollar este proceso responsablemente. Esas herramientas no son humanas, pues forman parte de la estructura básica del «producto del Espíritu» que llamamos Iglesia del Señor.

Todo adorador debe reconocer que la Biblia es el único manual autorizado por el cielo para describir lo que es la adoración. Sólo la Biblia tiene las especificaciones divinas para la adoración que busca el Dios todopoderoso. No existen combinaciones de métodos humanos con programas divinos que se hayan aceptado para adorar a Dios. Las especificaciones son claras y los requisitos ya están establecidos. El más importante de ellos: Hay que adorar en espíritu y en verdad, tales adoradores busca el Padre que lo adoren (Juan 4.23b). En base a esto, y usando como premisa la declaración de que la adoración requiere conocimiento, todo adorador-barro debe procurar conocer lo que es la adoración de acuerdo a lo que enseña la Palabra de Dios. El adorador-barro que no conoce las Escrituras corre el riesgo de tener un buen ritual y una buena estructura programática y aún así no cumplir con el deseo de Dios. Corre el riesgo de tener un montaje musical y artístico de calidad, pero sólo será eso, un montaje artísticomusical.

Conocer las Escrituras incluye tener un cuadro claro de lo que es el plan de Dios para la humanidad y poder estructurar una teología básica para ello. El propósito de esta dimensión es despertar en cada adorador-barro el deseo y la conciencia de la necesidad de ese cuadro y de esa teología. Para que no se convierta en un ejercicio de proposiciones y análisis de teología sistemática, nos hemos propuesto presentar la dimensión a base de modelos bíblicos ensayados por personajes de la Palabra de Dios. En esos modelos tendremos la oportunidad de contemplar diferencias y convergencias existentes entre ellos, y nos expondremos a la confrontación que siempre se genera al hacer este tipo de ejercicio.

Los primeros modelos que veremos se encuentran en los salmos. Casi todos los ejemplos que usaremos forman parte del salterio davídico. Ellos nos permitirán contemplar que un mismo ser humano tiene diferentes alternativas y mecánicas para acercarse a adorar a Dios. Nos permitirán también identificarnos con las situaciones contextuales de los que adoran a Dios. Nos retrataremos en las experiencias que vivían y sufrían en el momento en que decidieron adorar a Dios, y durante su adoración al Todopoderoso.

Además, estos ejemplos nos servirán de guía para entender mejor la Palabra de Dios, al mismo tiempo que nos proveerán de «sustancia teológica» para diseñar una teología sistemática básica de la adoración.

## a. Salmo 63

El salterio está lleno de expresiones que significan adoración a Dios. Me parece correcto decir que sólo el libro de Apocalipsis se le compara en esto. Los salmos cumplen un doble papel: son Palabra de Dios con autoridad canónica y liturgia para la adoración que efectúa el pueblo de Dios. Una de las expresiones que más se usa en el salterio es la palabra *Todah* que significa literalmente levantar las manos a Dios.[1] Esta expresión denota una rendición a Él. Es la expresión usada

---

1   J. Strong, Strong's Exhaustive Concordance of the Bible, Thomas Nelson Publications, Nashville, TN, 1990, p. 8426.

por David en Salmos 63.4, cuando era perseguido por su hijo Absalón y decide abandonar Jerusalén para proteger su vida y luego reconquistar su cetro (2 Samuel 15-16). Le invito a leer ese salmo, y retomar luego este análisis.

El salmo 63 es impresionante. En él, el cantor de Israel comienza haciendo una declaración muy poderosa. Una declaración que contesta la pregunta: «¿Quién es ese a quien adora mi alma?» Ese es *mi* Dios. Una expresión que denota el sentido de pertenencia que tiene este adorador que canta al Señor. No se refiere a Dios como una experiencia esotérica, ni habla acerca de Él como si fuera un ser del espacio sideral. Habla de Dios en un sentido muy personal y propio.

Dios, Dios *mío* eres tú; de madrugada te buscaré

*La primera clave bíblica básica para la adoración a Dios es la relación existente entre el adorador-barro y Dios*: sólo adorará aquel que sabe que Dios es suyo. La segunda es igual de importante: la adoración a Dios es y debe ser una prioridad en la vida de cada adorador-barro. Y Dios no tiene que recordarle esto al adorador-barro. Adorar es lo primero que hará el salmista, aun antes de que salga el sol. Si tomamos en cuenta que el que está escribiendo es un hombre perseguido por uno de sus hijos, tendremos que concluir que tenía un concepto muy profundo acerca de la adoración a Dios.

Para el salmista, la relación Dios adorador no admitía competencia. Había que buscar a Dios aun en tierras secas y áridas, con la seguridad de que se podría ver el poder y la gloria de Dios como si se estuviese en un templo. ¡Qué relación tan hermosa! Veamos algunos detalles de la situación por la que atravesaba el salmista: perseguido por un hijo, depuesto del trono, rechazado por muchos de los que antes se contaban entre sus amigos cercanos, sin mucho que comer y beber, en medio de un desierto árido. A esto sumémosle que ya no estaba tan joven y dinámico como cuando se atrevía a pelear con leones, osos y gigantes. Y en el mismo medio de esa situación, un alto en la marcha.

Alguien llamado Itai (2 Samuel 15.21-22) ha querido testificarle su fidelidad al rey. Este geteo está dispuesto a morir por él, peleará por él en las batallas y estará a cargo de una tercera parte de las tropas reales. David cruza el torrente de Cedrón, y en medio del llanto del pueblo se queda sólo. ¿Para qué? Para adorar a Dios. Sí, leyó bien, para adorar a Dios.

Había que adorar a Dios porque en medio de la gravedad de la situación por la que atravesaba, Dios había suplido gente fiel, amigos leales, compañeros para el camino. Había que adorar a Dios, pues no había mejor oportunidad para adorarle que esa de estar en el centro de un gran problema. No había mejor momento para declarar que tenía sed de Dios en su alma y necesidad de Dios en su carne. ¡Esto es monumental! Aun aquella que más tarde el apóstol Pablo habría de señalar como enemiga de Dios (Romanos 8.7), aparece aquí anhelando a Dios.

Es fácil suponer que más de uno quiso acercársele pensando que tal vez estaba deprimido para conminarlo a levantarse. Me los imagino diciéndole que él era el rey, que no era apropiado verlo postrado con las manos en alto. Que ante él era que la gente debía venir así.

Cualquier parecido a situaciones que hayamos experimentado no es coincidencia. El modelo bíblico está allí precisamente porque Dios sabe muy bien que los adoradores-barro muchas veces serán perseguidos, destituidos y rechazados por los que antes eran amigos de confianza, y aun así Dios se las arreglará para hacernos saber que ese momento es más que apropiado para adorar su santo nombre. Será uno de los momentos más excelsos para hacerlo. ¡Por cuántos desiertos transitamos en nuestra vida! Y saber que todos y cada uno de ellos son apropiados para experimentar la presencia de Dios, y disfrutar con ella una sublime vivencia de adoración.

Muchas veces los adoradores-barro serán llevados a desiertos áridos, y Dios quiere garantizarles que este es posiblemente el mejor lugar para adorarlo. El adorador-barro anhela estar en la casa de Dios para contemplar la hermosura de su santidad, pero sabe bien que se puede adorar desde el desierto de la enfermedad, en las tierras secas y áridas del desprecio, de la desintegración familiar y de la crisis económica. Son experiencias que nos desnudan ante Dios, y que no podemos enfrentar montados sobre las cabalgaduras de nuestras predisposiciones ni presuposiciones teológicas. ¿Será por esto que el dolor es tan buen maestro para acercarnos a Dios?

Aquellos que se atreven a proclamar que no se supone que los adoradores deban enfrentar experiencias de este tipo son irresponsables y no se les debe prestar atención. Los adoradores-barro llegarán a experimentar y sentir que la vida se les apaga y que les faltan fuerzas para seguir adelante. Este modelo dice que ese tipo de experiencias y situaciones son perfectas para adorar a Dios.

Cuando parece que el salmista ha cumplido con Dios, y ha podido satisfacer las demandas que le ha hecho su propio corazón, entonces surge con una práctica impresionante: adorar a Dios con las manos en alto.

En un ejercicio de fe, este hombre levanta sus manos en alto y le dice al Señor:

Tu misericordia es mejor que la vida...

¡Se estremece el corazón al imaginar ese cuadro! Un hombre entrado en años, a la distancia, vestido con ropajes reales, a la orilla de un arroyo, con sus manos en alto diciendo a Dios que le adoraba por su misericordia.

Analicemos las expresiones que usa el salmista. Existen varias palabras hebreas que se usan para hablar de misericordia. Una de ellas es la palabra *racham*, que está relacionada con la que se usa para hablar del vientre materno, y que lleva entonces esa connotación de amor y compasión maternal.[2] Es la palabra usada para hablar de la compasión materna en 1 Reyes 3.26, del amor de Dios hacia sus hijos en Salmos 103.13, en Isaías 63.15-16 y en Jeremías 31.20. Pero también se usa para describir la experiencia entre hermanos en Amós 1.11.

Otro término hebreo es *chesed* que se usa 245 veces en el

---

2  *Holman Bible Dictionary*, «Mercy» [Misericordia], Trent C. Butler, Holman Bible Pub., Nashville, TN, 1991.

Antiguo Testamento; 127 de ellas en los salmos.[3] Es el equivalente al *eleos* usado en la septuaginta.[4] Es el que habla de la fidelidad de Dios a sus promesas. Es importante señalar que en las Sagradas Escrituras, la misericordia de Dios no es un sentimiento sino una acción. En otras palabras, Dios hace misericordia y nosotros la sentimos y la vivimos. Este es el término usado en este salmo.

Pero este vocablo es mucho más fácil de entender cuando se le mira en el latín. Es de allí que las versiones en castellano obtienen el término que usamos. La palabra misericordia se compone del latín *miserere* y *cardio*. Del primero derivamos el concepto miseria. Del segundo derivamos el concepto corazón. Las palabras cardiología y cardiovascular son un buen ejemplo de esta raíz.

Entonces, *la palabra misericordia no es otra cosa que «el corazón que conoce y se identifica con la miseria del otro».*

Veamos pues lo que le dice el salmista a Dios. Le expresa que tiene una relación personal con Él. Le dice que esa relación es primordial en su vida, hasta el punto de que lo buscará antes que nada. Le confiesa la necesidad espiritual y física que tiene de su presencia. Le declara su fe diciendo que su desierto es tan bueno como el templo para ver su poder y su gloria. Le señala que resulta mejor que la vida misma saber que Dios tiene un corazón que comprende las miserias del ser humano. ¡Alabado sea el Dios de la misericordia! Su corazón se identifica con nuestras miserias.

Acto seguido, este hombre alaba y adora a Dios. Canta alabanzas, realiza un *berek* (postrarse de rodillas),[5] pues le dice que así le bendecirá en su vida y hace un *todah* ante Él. Es impresionante que los versículos que están a renglón seguido son de alabanza, y no es hasta el versículo 9 que recuerda que tiene un problema y le habla a Dios acerca de él. Cuando lo hace, demuestra una profunda seguridad y la convicción de que Dios está de su lado, peleando a favor suyo.

3  *Ibid.*
4  Traducción griega del Antiguo Testamento hecha en el siglo III a.C. Nota del autor.
5  J. Strong, *Strong's Exhaustive Concordance of the Bible*, Thomas Nelson Pub., Nashville, TN, 1990, pp.1289-90.

Este es uno de los modelos más claros que presenta la Palabra de Dios para describir lo que es la adoración bíblica. Adoración a Dios en el tiempo del desierto, de la soledad, del abandono y de la persecusión.

## b. Salmo 119

Casi todos los cristianos saben que el salterio está dividido en cinco secciones (I. Salmos 1 al 41; II. Salmos 42 al 71; III. Salmos 73 al 89; IV. Salmos 90 al 106; V. Salmos 107 al 150). Cada una de esas divisiones concluye con una doxología o fórmula de alabanza. Se han hecho otras clasificaciones de esta hermosa colección bíblica. Por ejemplo, se habla del salterio Elohístico (Salmos 42 al 83), por el uso frecuente del *Elohim*. Se habla de la colección de salmos de los hijos de Coré (Salmos 42 al 49) y de la de Asaf (Salmos 73 al 83). Esto último establece las bases para decir que no todos los salmos son de David. Es más, en uno de los mejores trabajos que existen sobre esta colección bíblica, el doctor James L. Mays sólo identifica dos colecciones davídicas, los Salmos 3 al 41 y 51 al 72.[6] Pero lo que pocos cristianos llegan a comprender es la gran variedad de tipos y clases de salmos que existen. Esta variedad se debe a que el libro de los salmos que llegó hasta nosotros es tan solo una «ensalada» representativa de la gran cantidad de salmos que existen en la tradición israelita. La misma fue puesta en la forma en que la conocemos después del exilio babilónico. Es más fácil imaginarlo si tomamos en consideración que un solo escritor, Salomón, llegó a escribir 1.005 de ellos (1 Reyes 4.32).

En los salmos se usa una serie de expresiones que significan y tipifican adoración. Por ejemplo, el salmo 47 nos enseña lo que es un *Yadah* al Señor: las manos que se alzan y se baten ante Él.[7] Algunos, clasificados como *mizmor* (acompañamiento de cuerdas), necesitan de un grupo de cuerdas.

---

6  J.L. Mays, *Interpretation: Psalms* [Salmos, su interpretación], John Knox Press, Louisville, 1994.

7  J. Strong, *Strong's Exhaustive Concordance of the Bible*, Thomas Nelson Pub., Nashville, TN, 1990, p. 3034.

En otros se nos enseña el origen y el uso de la palabra universal del cristianismo; *halleluyah* (*Hallel*, alabanzas y celebración; *Jah*, Jehová Dios).

Muchos especifican las instrucciones musicales que hay que seguir. Por ejemplo, *gittith* (instrumento de Gat, Salmos 6.12), *nehiloth* (instrumentos de vientos, salmo 5) y *selah* (posiblemente una pausa para meditar). En ellos, también podremos encontrar momentos de adoración instrumental: «Zammar».[8]

Es importante saber que algunas categorías que encontramos en esa compilación que conocemos como el libro de los Salmos, en español y *Tehillim* (que significa alabanzas), en hebreo, son las siguientes:

* lamentos comunitarios (Salmos 44; 74; 79)
* lamentos individuales (Salmos 22; 38; 39; 41)
* acción de gracias (Salmos 106; 124)
* himnos (Salmos 8; 19; 29)
* de la realeza (Salmos 2; 18; 20)
* del santuario (Salmos 120—134)
* de entronización de Dios ( Salmos 96—99)
* de confianza (Salmos 4; 11; 16; 23; 27; 62; 125; 131)
* proféticos (Salmos 50; 52; 58; 81; 82; 91; 95)
* litúrgicos (Salmos 67; 68; 75; 106; 108; 115; 121)
* de la Palabra de Dios (Salmo 119).

Este último, el salmo 119, es un acróstico muy simpático. Está dividido en veintidós secciones de 8 versículos cada una. Hay una sección por cada letra del alfabeto hebreo. Aún más, este salmo fue escrito en hebreo de modo que todos los versículos de cada sección comenzaran con la letra para la que fueron dedicadas. Esto es, si vemos la primera sección, la de la letra *aleph*, que es la primera del alfabeto hebreo, observaremos que todos esos ocho versículos comienzan con *aleph*. Veremos el mismo patrón con todas las letras de ese alfabeto.

8   J.Strong, *Strong's Exhaustive Concordance of the Bible*, Thomas Nelson Pub., Nashville, TN, 1990, p. 2168.

Para los amantes de la gematría, la ciencia del uso de los números en la Biblia, este salmo resulta un banquete. Para ellos, ocho es número de cambio, es el número que representa la salvación. Es por eso que se salvan ocho en el arca de Noé. Según la gematría, es por eso que cuando sumamos las letras de todos los textos que tienen que ver con Jesús y con la salvación, el producto siempre será un múltiplo de 8. Una curiosidad del salmo 119 es que la palabra «vivifícame» se usa ocho veces (vv- 25, 40, 88, 107, 149, 154, 156 y 159). El pueblo de Israel favorecía el uso de acrósticos con estructuras similares, porque estas mecánicas literarias facilitan la memorización del estudiante bíblico. La inspiración del Espíritu Santo, sin duda alguna, está detrás de esta joya literaria.

Pero este salmo es más que números y análisis gemátricos. Para «saborearlo» es necesario saber que este alfabeto hebreo tiene su base en la escritura sinaítica, escritura que usaba símbolos y no letras. Por ejemplo, la cuarta letra del alfabeto hebreo, *dalet*, proviene del símbolo sinaítico del pez. Para ver lo que esto puede representar en el análisis de este salmo, me parece que debemos *problematizarlo*, de modo que se puedan producir conclusiones sólidas.

La letra «dalet» se usa en el hebreo para escribir los siguientes términos: «daraek»(camino), «dam»(sangre) y «dabar» (palabra que está detrás).[9] Tan solo hay que contestar una pregunta para completar la *problematización*: ¿en qué lugar de la Biblia aparecen ligados los conceptos «camino», «sangre» y «palabra»? En la vida, muerte, pasión y resurrección de Jesucristo.

Ahora bien: ¿Es casualidad que el símbolo escritural sinaítico de donde surge esta letra sea un pez? Es importante señalar que el símbolo usado por la iglesia del primer siglo era precisamente ese, el pez. El término griego para la palabra «pez» es *IXTHUS*. Este se usaba como un *acrónimo* para describir a los que declaraban que Jesucristo es el Hijo de Dios.[(Iesus) Jesús (**X**ristós) Cristo (**TH**eós) Dios (**U**ios) Hijo,

---

9  *Diccionario Teológico Manual del Antiguo Testamento*, volumen I, editado por Ernst Jenni, Madrid, Ediciones Cristiandad, términos #645, 635 y 614.

(Soteros) Salvador]. Nuestro propósito al señalar estas curiosidades no es otro que el de puntualizar lo evidente que es el hilo de Dios que se extiende en su Palabra desde Génesis hasta Apocalipsis. No intentamos desarrollar un culto a este tipo de análisis.

Este salmo está lleno de esta clase de experiencias. Encontramos un testimonio al ver que el salmista intuye que en su tiempo, la *palabra está detrás*, aún no se ha revelado. Aunque él no lo supiera entonces, el Verbo de Dios se revelaría algunos siglos después, desgarrando el velo del templo.

Este salmo enseña el valor que debe tener la Biblia en el corazón y en la mente de los adoradores-barro. Es una oda a las bendiciones que provee la Palabra de Dios, y un ejercicio consciente que denota la influencia que ha tenido la Palabra de Dios en la vida del adorador.[10] Este salmo resalta que todo adorador-barro, que se considere peregrino y extranjero en esta tierra (Hebreos 11.13), tiene que considerar encontrarse en la Palabra de Dios, pues ella es «lámpara a nuestros pies y lumbrera a nuestro camino» (Salmos 119.105).

## c. Salmo 34

Este modelo de adoración utiliza imágenes poéticas de la naturaleza y de la vida diaria. Esta es una de las formas en que se hace poesía en Israel, a base de ritmo o paralelismos.[11] En este salmo se usan estas imágenes para destacar aquellas razones por las que adoramos al Señor. Es un salmo de acción de gracias que comienza con una expresión de adoración que señala que en todo tiempo el adorador se postrará delante del Señor y su alabanza fluirá como un manantial continuo en su boca. Este adorador sabe alabar a Dios con su boca. Esa alabanza para Dios no está condicionada a las situaciones que esté viviendo el adorador. Él se postrará ante el Señor en todo tiempo y alabará al Señor sin cesar. Lo invito a leer este salmo y luego a retomar la lectura del análisis que haremos del mismo.

¡Sorpresa! Este salmo es también un acróstico; un ver-

10 J.L. Mays, *Interpretación: Psalms*, John Knox Press, Louisville, 1994, p. 384.
11 *Ibid*, p.5.

sículo por cada una de las letras del alfabeto hebreo. Después de adorar al Señor, el salmista declara que se gloriará en Jehová y procede a invitar a la adoración comunitaria. Que le acompañen a adorar los mansos, que lo hagan en unidad de propósito y de espíritu. ¡Poderosas enseñanzas! *La adoración que se da en la Iglesia del Señor necesita la unidad de propósito y de espíritu del pueblo que adora.* En otras palabras, si la Iglesia que pretende adorar a Dios no está unida, nunca logrará adorarlo.

Inmediatamente comienza un listado de las razones por las que se adora al Señor y se le reconoce como único Dios. Primero, porque Él nos libra de todos los temores. Es impactante este salmo cuando *nos hace reconocer que las peticiones contestadas y los problemas resueltos no forman parte de las razones que da este salmista para adorar a Dios.* Él buscó a Jehová y reconoce que el Señor lo oyó. ¿Por qué? Porque lo libró de su peor enemigo: el temor.

Esta es una de las verdades más grandes que revela este salmo. El peor enemigo que tiene el ser humano no es el diablo. Este ya fue derrotado en la cruz del Calvario. Tampoco lo es el mundo, pues el mundo pasa y sus placeres con él. El peor enemigo que tiene el ser humano lo llevamos metido en la piel: el temor. Temor al cambio, al fracaso, al futuro, a lo que pueda decir el medio que nos rodea. Uno de mis escritores favoritos es Max Lucado. En uno de sus libros, *Todavía remueve piedras,*[12] hace una presentación inigualable acerca del temor en el ser humano.

El salmista declara que está seguro de la respuesta divina, pues sus temores desaparecieron. ¿De qué vale que Dios supla las necesidades, sane la enfermedad, desate las ataduras o calme la tormenta, si nuestros temores siguen dominando nuestra vida?

La Biblia dice que el que teme es víctima de la ausencia de una «dosis» completa del amor de Dios (1 Juan 4.18). Basado en esta declaración joanina, entonces lo que el salmista ha dicho es que recibió una dosis doble del amor de Dios.

---

12  M. Lucado, *Todavía remueve piedras, cap. 17* «Ver lo invisible», Editorial Betania, Miami, FL, 1994, pp. 167-176.

¡Se sintió cubierto completamente por el poderoso testimonio del amor de Dios! Ese bautismo de amor es la razón más poderosa para la disipación del temor.

Para este escritor bíblico esto es similar a recibir la iluminación de Dios. Es un preludio a la declaración de Efesios 1.18: Al ser alumbrado en los ojos de su entendimiento puede comenzar a comprender la esperanza a la que ha sido llamado, las riquezas de la gloria y la grandeza del poder de Dios. ¿Qué más se puede pedir?

A continuación el salmista dice que adorará a Dios porque lo libró de todas sus angustias. ¡Alabado sea el Señor! ¡Dos liberaciones con tan solo buscar y clamar! Esta es la segunda liberación, la de aquello que nos roba el gozo y la paz. La liberación de los niveles de dolor que pretenden nublar nuestra visión de Dios.

Quienes han experimentado la angustia saben que en el proceso de enfrentarse a ella y a sus causas, tuvieron que vivir varias etapas muy difíciles. Generalmente, la primera de ellas es la *negación*. Intentamos negar que nos pueda estar ocurriendo lo que nos angustia. Esta es la etapa en la que buscamos segundas opiniones médicas o nos aliamos con aquellos que nos dicen lo que queremos oír. La segunda etapa es la *ira*. Surge cuando ya no podemos negar lo que nos ocurre. Muchas veces nos da ira con los amigos, con los médicos, con aquellos a quienes hacemos responsables de esa situación y podemos airarnos hasta con Dios. La otra etapa casi siempre es la *negociación*. ¡Cuántas cosas le prometemos a Dios en esa etapa! En la mayoría de los casos la negociación está seguida por la *depresión*. Esta no es producto de los demonios, es una reacción física y mental del cuerpo buscando protegernos del daño que estamos sufriendo. En esa etapa, entre otras cosas, queremos seguir durmiendo todo el día, se nos afectan los patrones de alimentación y nos puede molestar hasta bañarnos. No nos afeitamos o no sentimos el deseo de quitarnos la ropa de dormir. Podemos estar frente a un aparato de televisión todo el día y no nos motiva la oración ni la lectura bíblica. A muchas personas les da por llorar. La última etapa es la *aceptación*. Usualmente llegaremos a ella drenados por las etapas anteriores que hemos experimentado.[13]

Es importante que los ministros y los consejeros estemos conscientes de esto para poder así prestar una mejor ayuda a todos los que se nos acercan sufriendo severos casos de angustia.

El salmista ha dicho que el Señor lo libró de todas sus angustias. Me parece que hay que señalar dos cosas para obtener la mejor interpretación de esta expresión. La primera es decir que algunas angustias desaparecen porque Dios elimina sus causas de forma milagrosa o convencional. La segunda, que desaparecen porque Dios nos enseña a aceptar nuestras situaciones.

Hasta aquí el salmista nos ha enseñado que el adorador-barro no es materialista. Sus prioridades no son dictadas por las necesidades materiales que pueda tener. Dios es su entera prioridad. También lo será el poder liberarse de todo lo que pueda impedir tener una relación profunda con Dios.

El salmista comienza entonces a dar detalles de cómo entiende esa presencia divina, cómo ha disfrutado de ella y las cosas que ha aprendido durante el proceso de exponerse a ella. Exclama que comprobó que Dios construye un campamento angelical alrededor de los que lo aman, lo respetan y lo reverencian.

Me parece que la expresión bíblica que da origen a este comentario es posiblemente muy subestimada por el pueblo de Dios. Muchos de los temores que nos atacan a diario podrían fácilmente perder su influencia en nosotros con solo entender este versículo. Es comprender que el milagro que Dios hizo con Eliseo y su siervo (2 Reyes 6.8-23) fue sólo el cumplimiento de una promesa divina que se ha dispuesto para usted y para mí: un campamento angelical, el establecimiento de un «perímetro divino» al que no tiene acceso el enemigo, porque está protegido y defendido por los ángeles

---

13 Howard Clinebell, *Basic Types of Pastoral Care & Counseling*, Abingdon Press, Nashville, TN, 1992 y H. Stone, *Crisis Counseling*, Fortress Press, Philadelphia, 1989.

del cielo. El ángel de Jehová que está sobre los que le temen. ¡Esta es otra razón poderosa para que se disipe el temor!

De inmediato el salmista recurre a una expresión literaria que se puede comprender al máximo si se analiza como una imagen culinaria, relacionada al arte del buen comer:

> Gustad y ved que es bueno Jehová; dichoso el hombre que confía en Él.

Hace algunos años, como parte de mis obligaciones industriales, tenía que visitar algunos países caribeños, con frecuencia. Recuerdo con mucho placer las visitas a la isla de Barbados. Una pequeña y encantadora nación. Dios ha bendecido ese pueblo con una gente especial y una geografía exuberante. En uno de esos viajes se me invitó a cenar a un restaurante encantador en que la comida exótica era la atracción principal. Como el atrevimiento ha sido una de mis virtudes o defectos, dependiendo del resultado, se me ocurrió pedir un plato del menú que nunca había probado.

Confieso que su apariencia no era precisamente la más atractiva. Hasta hoy no estoy seguro de qué se trataba. Era algo así como una preparación de pescado en leche de coco con muchas especies y algunos vegetales típicos. Lo estuve contemplando por varios minutos antes de recurrir a una promesa bíblica y comer «mi atrevimiento».

La sorpresa fue más grande que la experimentada al ver el plato. El sabor era extraordinario. Dudo mucho haber comido algo tan sabroso en toda mi vida. Lamenté no haberme arriesgado a «gustar» esa exquisitez mucho antes.

Me parece que de esto se trata la expresión del salmista. Es una invitación a «gustar» (el texto original dice «saborear») y luego observar lo bueno que es el Señor, lo buena que es su voluntad, lo «sabrosas» que son sus «recetas» y «platos» para nuestra vida, y lo mucho que alimentan nuestro espíritu y corazón. El gran problema comienza a surgir cuando invertimos las instrucciones que da el salmista y queremos «ver» antes de «gustar» las bondades de nuestro Dios. Muchas veces lo que nos «sirve» el Señor como parte de su voluntad puede parecer muy poco agradable a nuestra vista. Ese sentido, que aquí se usa para describir la totalidad de nuestros análisis racionales, resulta ser traicionero en momentos como el que estamos describiendo. Estoy convencido de que es por esto que el apóstol Pablo señaló en 2 Corintios 5.7 que en Cristo andamos por fe y no por vista; confiando más y controlando menos. Este es un consejo vital para los adoradores: «Confíen y gusten la voluntad de Dios, dejándose llevar más por la fe y menos por el puro racionalismo».

La limitación del espacio me obliga a tener que considerar sólo un punto adicional para entonces presentar algunas conclusiones que se derivan de este salmo. El salmista no puede perder la oportunidad de darle otro consejo a los adoradores-barro:

> Busquen la paz y síganla.

No basta encontrarla, hay que seguir en pos de ella. Esto quiere decir que la paz es un concepto dinámico, que tiene movimiento, que no es estática ni reflexiva. Los adoradores deben entonces ser también dinámicos y estar dispuestos a hacer los ejercicios y sacrificios necesarios para seguir el «shalom» de Dios, hacia donde este se dirige. Esta es una de las razones por las que la adoración también es dinámica, porque se da en el proceso de seguir el «shalom» de Dios y dondequiera que este se encuentre.

Algunos movimientos religiosos han querido ver en estos versículos lecciones políticas del evangelio. Aunque me parece que cada cristiano tiene la oportunidad y el privilegio de realizar su propia interpretación de los textos bíblicos, también me parece que intentar encajonar una expresión tan grande, en una posible y simple expresión política, es como pretender que el sol sólo brilla en una sola playa del planeta. Un ejercicio minúsculo que sólo será visto por algunos de los que estén en esa playa en ese momento.

El modelo para la adoración que presenta este salmo se puede resumir de la manera siguiente:

- Todo tiempo es apropiado para adorar a Dios.

- Los adoradores necesitan conocer la dimensión de las rodillas.
- La alabanza forma parte de la adoración; esta debe ser continua.
- La adoración en su grado último requiere la unidad de propósito y de espíritu de los adoradores.
- La adoración produce resultados, entre ellos la liberación de todo lo que nos pueda impedir una relación profunda con el Señor.
- El materialismo no forma parte de la agenda de los adoradores.
- Los adoradores caminan por fe y no por vista.
- La adoración es dinámica.
- Dios bendice a los adoradores con su presencia; esta los protege y los defiende.

## d. Salmo 103

En el salterio israelita encontraremos temas teológicos y doctrinales que sirven de base para la construcción, elaboración y presentación de muchos salmos. Algunos ejemplos son los siguientes:

- Dios (Salmos 19; 39; 89; 93).
- La enseñanza del Señor como delicia (Salmos 1 y 2).
- Dios y el hombre (Salmos 10; 100; 118; 123).
- Confianza en Dios (Salmos 68; 124; 138; 149).
- Oh Señor, mi roca y redentor mío (Salmos 18 y 19).
- La grandeza de Dios (Salmo 77).
- La piedad individual (Salmos 49; 94; 129).
- El rey de Sion (Salmo 72).
- El culto y el templo (Salmos 81; 118; 120).[14]

En los salmos también encontramos instrucciones específicas para los músicos y los instrumentistas. Los salmistas no

---

14 *Anchor Bible Dictionary, Psalms, Book of,* [libro de los Salmos], editado por David Noel Freedman, Doubledays Pubs., Nueva York, 1992.

dejaban margen alguno para la improvisación en el orden del programa de adoración a Dios. Veamos algunos ejemplos:

- *Bineginot*: tipos de instrumentos de cuerdas requeridas (Salmos 4, 6, 54, 55).
- *Nehilot*: las flautas requeridas (Salmo 5).
- *Al haggitit*: liras requeridas «lira de Gat» (Salmos 8, 81, 84).

También se señalan tonadas y melodías de referencia:

- Con la tonada de *No destruyas*» (Salmos 57; 58; 59; 75).
- Con la tonada de *La cierva de la aurora*» (Salmo 22).
- Con la tonada de *La paloma de lejanos terebintos*» (Salmo 56).
- Con la tonada de *La muerte del hijo*» muth-labben (Salmo 9).[15]

Cómo podrá notar el lector, los adoradores que quieren acercarse a la Palabra de Dios de manera responsable y encontrar bendición en ella, deberán hacer muy suyas las palabras que el Espíritu Santo inspiró al apóstol Pablo: «Examinadlo todo; retened lo bueno» (1 Tesalonicences 5.21). Sólo así podremos ampliar la perspectiva bíblica, adquiriendo información que pueda enriquecer nuestras vidas como siervos del Señor.

Pero uno de los temas teológicos de más relevancia en los Salmos, lo es la misericordia y el perdón divino, que arrancan las más grandes expresiones y experiencias de adoración. El salmo 103 es un buen ejemplo. Es recomendable leer los primeros cinco versículos de esta joya de la literatura hebrea antes de seguir adelante con su análisis. Para beneficio del lector los hemos incluido a continuación:

Bendice, alma mía, a Jehová, y bendiga todo mi ser su

---

15  H. Cazelles, *Introducción crítica al Antiguo Testamento*, Herder, Barcelona, 1981, pp. 523-575.

santo nombre. Bendice, alma mía, a Jehová, y no olvides ninguno de sus beneficios. Él es quien perdona todas tus iniquidades, el que sana todas tus dolencias; el que rescata del hoyo tu vida, el que te corona de favores y misericordias; el que sacia de bien tu boca de modo que te rejuvenezcas como el águila.

En este salmo el Espíritu Santo se las arregla para dejarnos contemplar los cambios que pueden ocurrir en quienes adoramos a Dios. David, en el salmo 34, es un elocuente exponente de la gracia de Dios, y se le puede apreciar viviendo la presencia de Dios desde la perspectiva de la protección, de la liberación y de los cuidados y favores divinos. Se le nota su juventud, su vigor, su fuerza y su esperanza casi utópica, todavía no había experimentado el fracaso. En el salmo 103 nos encontramos al salmista ya entrado en años. Los especialistas nos dicen que con toda seguridad ya había acontecido la experiencia que da origen al salmo 51. Que ese salmo ya se había «parido» desde el dolor del pecado y la gracia que viene con el arrepentimiento. No hay nada que se pueda comparar a las emociones y sentimientos que inundan el corazón cuando uno sabe que le ha fallado a Dios, se ha arrepentido y disfruta de su perdón, gracia que siempre está dispuesto a darnos.

Es por eso que este salmo es tan rico. Está escrito desde la madurez que dan las experiencias y los años en el Señor. Nos recuerda, entre otras cosas, que intentar reemplazar o desechar «las canas» del pueblo de Dios puede ser uno de los errores más grandes que se pueda cometer. La sabiduría producida por la experiencia y los años es ayuda valiosísima que no se puede relegar.

En base a los análisis anteriores podemos atrevernos a realizar una interpretación muy personal de los primeros versículos de este salmo. El salmista ha dicho que el alma hará un *berek* ante Dios, y que lo hará con todo su ser, con la parte de su ser que ama y sufre, que se cansa y se agota, que se molesta o que llora y que ríe o adora. También ha dicho que lo hará ante la revelación de Dios, *pues conocer el nombre de Dios es conocer su revelación.*

Basados en este análisis, veamos que parece una paráfrasis de ese primer versículo:

Postraré mi ser interior ante Jehová y todo mi ser se postrará ante su revelación.

¿Por qué encontramos esta adoración en un salmista ya entrado en años y experimentado en guerras? ¿Por qué esta adoración en quien ha visto realizados casi todos sus sueños y sólo le resta prepararse para la recta final?

Una de las razones es precisamente esa, por los años de relación con Dios, años que se han aprovechado correctamente. A continuación enumera más de treinta razones para la adoración. Para efectos de este análisis consideraremos las primeras cinco de ellas. Pero antes, es necesario precisar que lo que el salmista postra delante de Jehová es su alma, no basta con que postre el cuerpo. Hay seudoadoradores que pretenden cubrir todas las bases del proceso de la adoración con sólo postrar el cuerpo.

Al hacer este señalamiento, recuerdo una historia que nos relatara una profesora del Seminario Evangélico de Puerto Rico. El curso que dictaba era sobre la educación cristiana de la niñez. En una de las conferencias nos relató la historia de un niñito al que no había forma de hacerlo sentar en su pupitre o banca. Sólo bajo la intimidación de un profesor lograron que se sentara. El único inconveniente fue que cuando el niño se sentó hizo la siguiente declaración: «Por fuera estoy sentado, pero por dentro estoy de pie».

Cualquier parecido con adoradores de esta generación es totalmente intencional. Muchos adoradores se postran físicamente por intimidación. Temen que si no lo hacen no podrán formar parte del «gremio» de adoradores. Creemos que un número importante de adoradores que se arrodillan físicamente no comprenden lo que significa estar de rodillas delante de Dios. No saben los compromisos que están haciendo. Lo que es peor, algunos están de rodillas por fuera, pero por dentro están de pie.

Por favor, no me malinterprete. Fui educado bajo la enseñanza de que no hay oración que uno pudiera amar más que
aquella que se hace de rodillas. Yo amo postrar mi cuerpo
delante de Dios. Pero es algo que reservo sólo para mí y para
Dios. ¿Por qué? Piense por un instante en los inválidos, inca-
pacitados o enfermos que no se pueden arrodillar ante Dios.
¿No son ellos adoradores genuinos? La respuesta es obvia.
Son hijos del Dios del cielo y de la tierra y Él les bendice con
toda bendición. En cambio, sabemos de algunos que podrían
estar de rodillas ante Dios, mas su alma no conoce lo que es
postrarse delante del todopoderoso Dios. Si sus oídos detectan «bemoles» en la «melodía» que estamos interpretando
aquí, le invito a leer con mucho detenimiento la respuesta que
el Señor le dio a Samuel cuando este fue a casa de Isaí a ungir
un nuevo rey para Israel (1 Samuel 16.7).

La primera razón por la que el salmista decide postrar la
totalidad de su ser delante del Señor es porque:

Él perdona *todas* tus iniquidades.

¿Hará falta alguna razón adicional? No hay experiencia
más poderosa que sentirse perdonado por Dios. No hay posesión ni emoción alguna que se compare a lo que siente el
corazón del que Dios ha perdonado. En otras palabras, *la
primera razón por la que el adorador-barro adora a Dios es por el
perdón que ha recibido*. No adora a Dios por el ministerio, ni por
los dones, ni por la fama ni mucho menos por las bendiciones
que le haya dado. Todo eso es secundario. El salmista adora
a Dios porque Dios ha perdonado sus pecados.

La segunda razón por la que el salmista postra a Dios la
totalidad de su ser es porque:

Él es el que sana *todas* tus dolencias.

Por los pasados dos años y medio he tenido el privilegio
de conducir el estudio bíblico dominical de la clase de jovenes
adultos de la iglesia que pastoreo. En una de las clases,
«chocamos» con este salmo y se me estremeció el corazón al
escuchar los análisis que producían los jóvenes. Al llegar a
este versículo, uno de ellos señalaba que parecía como si el

salmista estuviese sosteniendo una conversación con otras personas. En esa conversación le señalaba a sus interlocutores lo que Dios podía hacer con cada uno de ellos. Después de todo, él era la mejor evidencia de ello. Inmediatamente añadió que le parecía que las sanidades de Dios aparecían aquí en plural, porque el salmista estaba procurando puntualizar que Dios estaba dispuesto a sanar a sus hijos en todas las dimensiones posibles. Una frase que jamás podré olvidar fue la que decía que había un alto grado de sanidad mental evidenciada en las expresiones del salmista.

Los adoradores-barro deben estar dispuestos a hacer suyas las enseñanzas de este salmo. Cada adorador debe saber que Dios está dispuesto a efectuar sanidades multidimensionales en sus hijos; especialmente sanidad interior y mental. Evidencia de esto es necesaria en nuestras experiencias de adoración.

Imagine tan solo al salmista tratando de describir estos puntos sin haber confesado sus faltas, sin haber sido perdonado, sin haberle dado a Dios la oportunidad de saldar sus deudas consigo mismo, con el pueblo y con Dios. Imagínelo sin haberse perdonado a sí mismo: *cargando el lastre de errores del pasado que no le permitirían adorar a Dios.* Una mente enferma por lastres del pasado no puede adorar a Dios en espíritu y en verdad. Debemos ser sanados para poder conocer y disfrutar las dimensiones de la adoración.

Creemos que hay demasiadas mentes enfermas en la casa de Dios. No nos referimos a pacientes siquiátricos, sino a gente cuyo comportamiento parece evidenciar cordura, pero cuya mente está enferma por deudas de amor sin saldar, faltas sin confesar, pecados sin perdonar y heridas emocionales sin sanar. Necesitan encontrarse con el Dios que sana todas nuestras dolencias. Esta es una expresión medular de este salmo; Dios quiere que experimentemos la sanidad en todas las dimensiones en que la necesitemos.

La tercera razón por la que el salmista está dispuesto a postrar la totalidad de su ser delante de Dios es porque:

Él es el que rescata del hoyo tu vida.

Hasta aquí teníamos al Dios del *todo*. Ahora se nos presenta al Dios que nos rescata del sepulcro. Esta frase genera una pregunta lógica: ¿Para qué queremos ser librados del sepulcro, si después de todo, el anhelo de cada cristiano es estar en la presencia de Dios adorándole sin las limitaciones del cuerpo y la carne? (2 Corintios 5.8).

La respuesta se obtiene de la dimensión de obediencia a Dios. Estar presentes aquí en la vida representa nuestra única oportunidad de darle testimonio a otros de lo que Dios puede y quiere hacer con la totalidad del hombre. El salmista da gracias a Dios y le adora, porque le ha permitido tiempo para realizar una labor que se ha conferido a los adoradores-barro. Ni siquiera los ángeles tienen ese privilegio. *Hay que adorar a Dios por la bendición de tener aliento de vida para proclamar su salvación y su gloria.*

Los adoradores deben tener esto muy claro. Las bendiciones que experimentamos sirviendo y adorando a Dios no son nuestras. Tampoco se nos dieron para nuestro «consumo egoísta». Una de las bendiciones más grandes que hemos recibido es la responsabilidad de proclamar el señorío de Jesucristo. Ahora es el tiempo de hacerlo, y el salmista se une a las otras voces de las Sagradas Escrituras que gritan que esto no es una opción para el adorador; la proclamación es una obligación.

Es sobresaliente el hecho de que ninguna de las razones anteriores tenga relación con beneficios materiales; debemos haber tenido una experiencia profunda con Dios para establecer así nuestras prioridades. Se requiere una profunda visión de Dios para poder orar, cantar, hablar y adorar así.

La cuarta razón por la que el salmista está dispuesto a postrar la totalidad de su alma y su ser ante el todopoderoso Dios es que:

Él es el que te corona de favores y misericordias.

El salmista ha llegado a una declaración que representará y producirá una de las confrontaciones más dolorosas que pueda tener el adorador con la Palabra de Dios. El salmista está señalando que usted y yo no merecemos siquiera que Dios cumpla sus promesas en nosotros. Todo lo que recibimos de Él son favores y el producto de sus misericordias. Para muchos lectores esta declaración forma parte de su entendimiento básico de Dios. Lo doloroso es que en la práctica muchos adoradores pretendan vivir como si Dios tuviese obligaciones con nosotros, porque somos «hijos del rey».

Creo que es necesario calificar esa declaración. De la discusión que intentamos generar con la presentación de la dimensión anterior, obtenemos la penosa realidad de las «burbujas del barro» que dificultan la adoración. Es precisamente esta la actitud que estamos identificando como nociva a la salud espiritual de los adoradores-barro. Muchas veces el adorador se creerá merecedor de la gracia divina, y para hacerlo intentará ensamblar unas seudorespuestas teológicas que se basarán más en la lógica y menos en la enseñanza de las Escrituras. Frases tales como «Dios es el rey y yo soy su hijo, por lo tanto soy un príncipe», forman parte de esta actitud. Si me permiten retomar la discusión de las diferencias entre los rituales cúlticos y la adoración, me parece que es acertada comparar esta actitud con la de que celebran culto a Dios. Esto es, buscar la manera de manipular los resultados que obtendrán de esa relación. El problema estriba en que todos sabemos que Dios no es manipulable, pero aun así, algunos continúan intentándolo.

El salmista es claro con esto. Dios es quien nos colma de bendiciones, pero ellas son favores y misericordias, no obligaciones divinas.

Permítame un punto adicional antes de presentar la quinta razón y el resumen de este análisis. Hay veces en que las burbujas en el barro se manifiestan como un severo ataque de «espiritualitis». Este es el resultado y los síntomas de una infección muy grave de la que están sufriendo muchos adoradores: una severa inflamación del espíritu. La «bacteria» que la causa es muy antigua y se llama orgullo. Casi siempre comienza cuando se nos levanta un poco la «epidermis» al escuchar los comentarios y los testimonios de hermanos que han sido bendecidos y edificados con «nuestros ministerios». Así mismo reaccionamos, testificando a viva voz que los ministerios son nuestros.

Olvidamos que dentro de las personas que han perecido a causa de esta «infección», había una a quien sus padres bautizaron con el nombre de «Alabanza a Dios». Este hermano se destacó tanto en su capacidad para el servicio, que Dios lo premió escogiéndolo para una misión reservada a muy pocos sobre la faz de la tierra. Hizo tan suyo ese llamado que cuando el líder con el que trabajaba comenzó a dar unas instrucciones que no le parecían correctas, se atribuyó la capacidad de cambiar las instrucciones. Gracias a Dios que la tormenta que levantó fue usada por Dios para bendición de toda la humanidad, pero a este hombre, esa actitud le costó la vida y su salvación. Esta historia no es reciente. El nombre «Alabanza a Dios» en hebreo se escribe *Judas*.

La quinta razón por la que este salmista se postra e invita a postrarse delante de Dios con la totalidad del ser es porque el Señor:

> Sacia de bien tu boca de modo que te rejuvenezcas como el águila.

Digamos esto de manera sencilla: cuando faltan las fuerzas para adorar a Dios, el Señor se encarga de proveerlas. ¿No es este el mensaje detrás de lo que el Señor le dijo a Israel por boca de Nehemías? «No os entristezcáis, porque el gozo del Jehova es vuestra fuerza» (Nehemías 8.10). Cuando las fuerzas faltan, «Él da esfuerzo al cansado, y multiplica las fuerzas de aquellos que no tienen ninguna» (Isaías 40.29). Ese Dios es el que adora mi alma, es ante quien se postra mi ser entero. Claro que Él es el Dios que suple mis necesidades y me provee alimento hasta estar saciado, pero ninguna de esas provisiones se compara con el poder sentir que las fuerzas se renueven, especialmente frente a las tormentas.

Este salmo posee veinticinco razones adicionales que creo que se deben descubrir y discutir en las congregaciones locales. Sus enseñanzas son vitales para el proceso de la adoración.

De este salmo se desprenden las siguientes enseñanzas:

- Hay que postrar el alma delante del Señor.
- Hay que saberse perdonado para poder ser un adorador.
- Hay que reconocer la necesidad de la sanidad mental y
- emocional como parte esencial del obrar de Dios, para que entendamos el proceso de la adoración.
- El adorador debe reconocer su responsabilidad como testigo y vocero del mensaje de salvación. Vivimos como una alabanza a Dios. Esa es la razón de la vida de todo adorador.
- El adorador debe reconocerse indigno de todas las bendiciones de Dios. No hay espacio para estar orgullosos de nuestra adoración, ni de las bendiciones que recibimos.
- Recordemos que los ministerios no son nuestros.
- Dios ha prometido fuerzas para aquellos que se encuentran a punto de desfallecer en el camino. No tener fuerzas para adorar a Dios no es un obstáculo.

Quisiera hacer un alto en este estudio para presentar algunas conclusiones clave que se destilan del análisis del salterio. Después de esto presentaré un modelo del Nuevo Testamento, y procederemos a contemplar otras razones por las que la Palabra de Dios se nos presenta como herramienta vital para la adoración.

La primera gran conclusión es esta: el salmista nos ha dejado saber que no existe un proceso de adoración en singular. *La manera correcta de hablar de la adoración es hablar de procesos de adoración.* Cada situación puede generar un proceso completamente distinto a otro e igualmente rico y edificante para el adorador. Si un adorador no se recrea en las

Sagradas Escrituras podrá cometer el error de querer «patentar» e imponer su estilo y proceso de adoración en las vidas de otros adoradores.

La segunda gran conclusión se desprende de la importancia que juega en cada uno de estos salmos darle el justo valor a las cosas materiales, sin dejar que estas le roben la atención a las necesidades más profundas que se pretenden ver y manejar durante el proceso de adoración. *Las bendiciones de Dios, por más hermosas que sean, no son la razón principal por la que lo adoramos.*

Estoy convencido de que cada adorador debe ser sumamente responsable con sus obligaciones materiales y físicas, especialmente las que tienen que ver con el bienestar de su familia. Pero creo que cada adorador debe tener muy claras sus obligaciones con la dimensión trascendente de su relación con Dios.

## e. Filipenses 2.5-11

Al acercarnos a esta porción de la carta paulina a la iglesia en Filipo, invitamos al lector a vaciar su mente de las predisposiciones que nos hacen recitar sin concentración los pasajes que son harto conocidos, aun cuando los estemos leyendo. Por favor, lea con detenimiento este poderoso pasaje, que es un himno, posiblemente el más antiguo de los que aparecen en el Nuevo Testamento. Para conocer su antigüedad, basta pensar en lo siguiente:

- El apóstol lo ha documentado aquí como muy conocido por las iglesias del primer siglo.
- Ese era un siglo sin los medios de comunicación masiva que nosotros tenemos.
- La difusión de un himno en una generación así necesita mucho tiempo.

Por estas razones, debemos concluir que si el apóstol Pablo está incluyendo este himno en una carta escrita entre los años 54 y 55 de la era cristiana, es porque debió haber estado formando parte de los servicios de adoración de la iglesia del primer siglo desde al menos veinte años antes,[16] o sea, entre los años 35 y 40 de la era cristiana.

Para poder comprender por qué el apóstol Pablo incluye un himno en una carta, hay que detenerse a contemplar el amor que este siervo de Dios le tiene a esa iglesia. Es importante saber que ella es el producto de una golpiza sufrida por haber obedecido a Dios. Sí, leyó muy bien, esta iglesia nació a causa de una golpiza recibida por haber obedecido a Dios.

En una ocasión (Hechos 15 y 16) el apóstol Pablo y su compañero Silas se detuvieron a orar pidiendo dirección divina para saber a qué lugar debían dirigirse a predicar el mensaje del evangelio. Dios le permitió al apóstol tener una visión en la que un varón macedonio le conminaba a pasar a esa región para ayudarles. Los misioneros obedecieron y fue así que el evangelio se predicó por primera vez en Europa.

Al llegar a Filipos conocen a Lidia, una rica comerciante que vendía púrpura; luego reciben una golpiza y son encarcelados por exorcisar los demonios de una pitonisa. Es de allí que el apóstol y Silas nos legan *los pentagramas carcelarios, música de medianoche que sube hasta los cielos y hace temblar la tierra*.

Esta congregación se enamoró tanto del ministerio de estos siervos de Dios, que procuraron sostenerlo siempre que les fuese posible. Con toda probabilidad el apóstol Pablo se encontraba preso en Éfeso cuando escribió esta carta. Eso explicaría por qué podía haber un constante viaje de mensajeros de Filipos al lugar en el que se encontraba el apóstol. Ambas ciudades estaban relativamente cerca una de otra.

El himno que el apóstol presenta trata lo que teológicamente se ha llamado la «kenosis» de Jesús: la acción de vaciarse de la gloria celestial eterna, para vestirse del siervo sufriente. Este es un contraste con la vanagloria que aparece en el versículo 3 de este capítulo 2 (la tesis paulina de la «gloria

---

16 Una discusión detallada de esto aparece en un trabajo de R.P. Martin, Phillipians: *Tyndale New Testament Commentaries*, InterVarsity Press, Leceister, Inglaterra, 1975, pp. 92-111.

vacía»). La rima y el estilo que posee revelan que el autor de este himno era un semita escribiendo en griego.[17] Un himno hebreo, escrito en griego «koiné» y con seis estrofas.

Entre los aspectos más sobresalientes y significativos de este himno está el hecho de que Jesús sea declarado el Dios del Sinaí. Veamos ese himno y disfrutemos la teología que se predica en el para adorar a Dios.

Aunque existía con el mismo ser de Dios,
no se aferró a su igualdad con Él,
sino que renunció a lo que era suyo
y tomó naturaleza de siervo.
Haciéndose como todos los hombres
y presentándose como un hombre cualquiera,
se humilló a sí mismo,
haciéndose obediente hasta la muerte,
hasta la muerte en la cruz.
Por eso Dios le dio el más alto honor
y el más excelente de todos los nombres,
para que, ante ese nombre concedido a Jesús,
doblen todos las rodillas
en el cielo, en la tierra y debajo de la tierra,
y todos reconozcan que Jesucristo es Señor,
para gloria de Dios Padre.

(Versión del Nuevo Testamento y Salmos, Biblia de Estudio Sociedades Bíblicas Unidas).

Este himno declara que Jesucristo tenía la misma *morphe* (forma) de Dios. El término se usa intencionalmente, pues tener la misma *morphe* significa que Jesús no sólo es de la misma esencia de Dios, sino de su misma forma; o sea, su naturaleza concreta y sus atributos. No podemos olvidar que se le está escribiendo a un pueblo monoteísta. Por lo tanto, es imposible que estén hablando de dos dioses separados.

Este himno dice que Jesús no se presentó en un cuerpo imaginario, sino que se hizo carne. También dice que murió en una cruz (*stauros*) y no en un madero (*xylón*). Ahora,

17 *Ibid.*

sosténgase bien antes de leer esto. El himno declara que Jesús, a causa de su sacrificio y humillación, fue exaltado a una posición insuperable. Se le dio el nombre más grande que existe, el nombre impronunciable. Ese nombre es el que Moisés recibió en el Sinaí y que nadie puede pronunciar. Ese nombre es conocido técnicamente como el tetragramatón, el grabado de cuatro consonantes: YHWH. *En otras palabras, este himno dice que Jesús es Jehová el Señor.* Es por eso que deben doblarse ante Él todas las rodillas.

El himno continúa diciendo que con el tiempo todo el mundo tendrá que reconocer este hecho. Antes, ahora o después, todos los seres humanos tendrán que confesarlo. Vuelva a reflexionar sobre esto. El himno dice que llegará un día en que Hitler, Hiroíto, Alejandro el Grande, Reagan, Kennedy, la reina Victoria, y los seres humanos de todas las edades, tendremos que postrarnos ante Jesucristo confesando que Él es el Señor. El apóstol presenta una declaración de incondicionalidad: dice que usted y yo lo haremos en el cielo, en la tierra o debajo de la tierra. Usted y yo decidimos cuándo queremos comenzar a hacerlo, si ahora, cuando podemos disfrutarlo y obtener el cielo mediante esta confesión, o si luego, cuando ya sea demasiado tarde. Si tiene duda de esto, le invito a mirar los evangelios, para que se convenza que hasta el diablo sabe muy bien de qué se trata al hablar de Jesús (Lucas 8.28).

El himno concluye con una comprobación de la declaración anterior, que no es sino la utilización del título con el que se habla de Jehová en la versión griega del Antiguo Testamento. Esta versión (LXX), que estaba en uso desde el siglo tercero antes de Cristo, se refiere a Jehová con el término «Señor» (*kurios*).[18] El himno que el apóstol Pablo nos presenta concluye diciendo que este título pertenece a Jesucristo.

Es muy probable que el lector se haya dado cuenta de que este no es un simple modelo ensamblado para explicar por

18 Para este libro hemos estado usando la versión de Sir Lancelot C.L. Brenton, *The Septuagint With Apocripha: Greek and English,* Hendrickson Publishers, Peabody, MD, 1990.

qué se adora. *En este himno están centrados los postulados básicos de nuestra razón de ser como cristianos.* Veo con mucho temor el que hayan adoradores que no tengan bien definidas en sus vidas estas tesis cristocéntricas. Entiendo que la adoración se le hace muy difícil a cualquiera que intente vivir en Cristo sin haber hecho este ejercicio. Como hemos visto, es imposible realizar la adoración si no se conoce la Palabra de Dios. Al escribir esta oración siento la voz del Espíritu de Dios trayendo a mi memoria unas palabras de Cristo a los saduceos: «Erráis, ignorando las Escrituras y el poder de Dios» (Mateo 22.29).

Esta es la preocupación que nos obliga a presentar una perspectiva adicional de la Biblia como herramienta vital para los adoradores-barro. Es una perspectiva que no está centrada en modelos para el proceso de adoración, sino en elementos bíblicos contenidos en la Biblia, y que son necesarios para que los adoradores puedan ser eficaces en sus labores y puedan experimentar crecimiento en el proceso de adoración a Dios.

# Capítulo 7
# LA PALABRA DE DIOS
## (El uso del texto)

Sabemos que adoramos a Dios por su misericordia para con nosotros. Siendo pecadores sin alternativa alguna, Dios se acordó de nosotros y nos permitió ver su gracia a través de Cristo: Dios hecho carne. La pregunta a plantear es esta: Si sabemos que esa es la actitud divina, ¿por qué se nos hace tan difícil usar misericordia con los demás?

Algunos puristas han tendido una raya para la práctica cristiana de la misericordia. Señalan que hasta Dios tiene límites. Indican, además, que si Él los tiene, nosotros debemos tenerlos también.

Se usan algunos pasajes bíblicos para fundamentar este punto que se esgrime en muchos púlpitos evangélicos; se emplean para atropellar, encadenar, condenar y destruir muchas vidas. Por favor no me malinterprete, estoy convencido de que vendrá un día en el que todos tendremos que dar cuenta a Dios de todas nuestras obras (2 Corintios 10.13). En ese día habrá muchos que no serán recipientes de la misericordia divina. Que quede esto establecido.

Ahora bien, me parece que en muchos círculos cristianos se tiende a jugar de manera irresponsable e irreverente con algunos pasajes de la Escritura; tal vez por un grado de ignorancia bíblica que hasta cierto punto hemos patrocinado en nuestra generación. El desarrollo y la proliferación de medios masivos de comunicación cristiana han sido una bendición sin precedentes para la humanidad. Pero dentro de las pocas complicaciones que ellos nos han legado, está la dificultad de tener que lidiar con una generación de cristianos demasiado dependientes de lo que oyen y ven a través de esos medios. Son cristianos que ya no toman el mismo tiempo para escudriñar las Escrituras, pues alguien «ya lo ha hecho» por ellos a través de la radio o de la televisión.

Estoy seguro de que la radio y la televisión cristiana forman parte del cumplimiento de la promesa que nos hizo Jesús, de que podríamos hacer cosas más grandes que las que Él hacía (Juan 14.12). Pero me parece que se peca por ignorancia, no sólo al no escudriñar la Biblia, sino al aplicar sin reparos textos bíblicos que no hemos mirado con detenimiento.

Encontramos ejemplos de lo antes expuesto en quienes vivimos la transición de la versión de 1909 a la versión 1960 de la Biblia Reina-Valera. Aunque parezca que los cambios no fueron mayúsculos, algunos textos bíblicos sí cambiaron de forma radical, tanto en su traducción como en su contenido. Algunos de los convertidos antes de 1970 han vivido la experiencia de estar citando de memoria versículos que sólo aparecían así en la versión de 1909. Por ejemplo, «el reino de los cielos se hace fuerza y los valientes lo arrebatan» (Mateo 11.12). Este texto aparecía así en la versión del 1909, pero no es eso lo que dice la revisión del 1960. Es más, el contenido del texto bíblico actual es totalmente distinto: «el reino de los cielos sufre violencia, y los violentos lo arrebatan». Ningún cristiano debe ser contado dentro de ese grupo de violentos.

Encontramos otro ejemplo al citar de memoria Santiago 5.15 y decir que «la oración de fe sanará al enfermo». El texto bíblico habla de «salvar al enfermo», frase que encierra una sanidad integral y no solamente física. Otro ejemplo clásico de esto lo encontramos en en Salmo 40.1. En centenares de ocasiones hemos escuchado adoradores que lo refieren de la siguiente manera:

Pacientemente esperé *en* Jehová.

Cuando es harto conocido que el texto bíblico dice:

Pacientemente esperé a Jehová.

No es lo mismo esperar «en» que esperar «a». Lo primero presupone que el Señor está muy al lado nuestro y que la inspiración de su presencia nos hace relativamente fácil la espera. Lo segundo presupone que estamos atravesando por un momento en el que parece que Dios no está con nosotros, pero que aun así esperaremos pacientemente que su mano se extienda sobre nosotros. A la larga confirmaremos que su presencia nunca se apartó de nosotros y que la espera paciente ha sido instructiva; que la confianza en el Señor no se puede medir sensorialmente. La presencia del Señor no se mide por lo que vemos o sentimos, sino por la confianza en que Dios nunca ha faltado a sus promesas.

Me parece que gran parte de los problemas de este tipo surgen cuando los programadores de ministerios de comunicación masiva (y también algunos pastores) recurren a decir los versículos bíblicos dependiendo de sus memorias, sin tomar en consideración que todo lo que se dice desde un púlpito radial, televisivo o eclesiástico será un material citable y repetido por nuestras audiencias con poca o ninguna censura. En los casos de mayor incidencia, los problemas se deben a un pobre manejo del texto, o a un alto grado de ignorancia de lo que estos textos bíblicos dicen en realidad; esto es, más allá de nuestros lentes doctrinales. Veamos un ejemplo de lo antes expuesto.

## Juan 15.1-2

Yo soy la vid verdadera, y mi Padre es el labrador. Todo pámpano que en mí no lleva fruto, lo quitará; y todo aquel que lleva fruto, lo limpiará, para que lleve más fruto.

Aquellos que se acercan a estos versículos con mentalidad legalista lo harán con beneplácito, alegando que Jesús ha validado el mensaje de Juan el Bautista (Lucas 3.8-9). Mas es grande la sorpresa que se han llevado estos hermanos al estudiar y profundizar en el análisis que hemos realizado de estos textos. De primera intención, es necesario indicar que

Cipriano de Valera y Casiodoro de Reina eran excelentes teólogos y mejores filólogos, pero no conocían un ápice del cultivo de uvas. Ello se evidencia en este texto en el que se señala un procedimiento observado comúnmente en los campos para el cultivo de las uvas.

Indican que en el pasaje Jesús enseñó que el Padre estaba presto a quitar o cortar todo pámpano que no llevara fruto en Cristo, a todas luces una imagen de espejo del mensaje de Juan el Bautista. Hasta este punto, Cristo y Juan el Bautista no parecen diferenciarse en su mensaje. El problema lo encontramos al analizar el texto original.

El término que aparece traducido como «quitará» en este pasaje es la palabra griega *airei* del verbo *airó*. La traducción que hacen de ella Reina Valera y todos los demás traductores es correcta. Esa palabra se traduce como «quitar» o «cortar». El problema estriba en que esta no es la única traducción posible para ese término.

El doctor Roberto Amparo Rivera, de la Iglesia de Dios en Cleveland, Tennessee, me refirió a un léxico greco español del Nuevo Testamento, no sin antes relatarme la siguiente historia:

En una ocasión en que se celebraba una reunión de presidentes de seminarios y colegios bíblicos, estos tuvieron la oportunidad de visitar unos viñedos. Para sorpresa de ellos, allí se encontraron con un vinicultor que estaba poniendo un pedazo de madera bajo una ramita sin frutos que estaba a punto de caer. Al preguntar el porqué de su acción, uno de los asistentes a la reunión contestó que esto se hacía para cumplir con Juan 15.1-2.

El vinicultor interrumpió la conversación para indicarles que las ramitas que están en esa situación tienden a rozar con el suelo, y por ende a generar unas raíces falsas que harán que las ramitas produzcan uvas pequeñas y agrias. El vinicultor tiene que levantarlas para hacerles más fácil el volver a alimentarse de la savia del tronco, y así producir uvas grandes y dulces.

Al preguntársele si no era mucho más fácil cortarla y separarla de la planta, su respuesta fue que esto sería un error garrafal, toda vez que en tiempo de cosecha la savia corre del tronco a las ramas y la acción de cortar la rama haría que se perdiera savia y se afectara la planta en su totalidad. Este hombre les señaló que si la ramita se negaba a alimentarse de la savia del tronco se secaría y se caería por sí sola. Entonces se echaría en el fuego.

Después de escuchar con detenimiento a este hombre, que además de ser una autoridad bíblica es un gran pastor de almas, procedí a buscar en la fuente recomendada el significado y los usos de los términos *airei* y *airó*. He aquí el resultado de lo que encontré:

(airó): *alzo*, traigo, tomo, *sostengo*, *cargo en hombros*, traigo, conduzco, llevo, quito.

Si usted se ha quedado sin palabras, le doy la bienvenida al grupo de los que experimentamos lo mismo. Lo irónico es que el resto del pasaje hace un mejor sentido cuando el término se traduce como alzar o sostener. La invitación de Jesús es a permanecer en Él; sólo así se puede dar fruto. La invitación se predica sobre la base de que (1) Dios dará múltiples oportunidades para que nadie se pierda, las que incluyen el ser levantados por su mano cuando estamos a punto de caer; y (2) aquellos que no hagan caso de esa acción misericordiosa de Dios se secarán y serán recogidos para ser echados en el fuego.

Pongamos esto en las perspectivas pastorales y de la adoración. El Dios del cielo no atropella ni destruye a los que todavía tienen posibilidades. Su mensaje proclama que mientras haya vida habrá esperanza. El Dios que adoramos no está detrás de las columnas de su santo templo esperando a que cometamos un error para castigarnos. En realidad, algún día tendremos que darle cuentas de todo cuanto hayamos hecho, pero mientras haya una pizca de esperanza continuará ejerciendo su misericordia para que podamos recibir la «savia» de su amor, su gracia y su paz. Si aún con todas estas oportunidades nos negamos, entonces nos secaremos, nos desligaremos de su presencia y será allí el comienzo del lloro y crujir de dientes. Será decisión nuestra y de nadie más.

Los adoradores-barro deben entender esto. La santa Palabra de nuestro Dios es medicina para el espíritu enfermo y manantial de vida para el alma sedienta. Predicar otra cosa es falsear el carácter vital de Dios: su amor perdonador. Cristo es superior a Juan el Bautista porque supera millones de veces su mensaje. El mensaje de Cristo no fue ni será jamás una copia del de algún ser humano. Es por eso que Cristo puede añadir escalones al mensaje que sabíamos hasta conocerle a Él y hacernos llegar al Padre. Es importante señalar que la Biblia de Moffat hace suya la traducción bíblica aquí expuesta, validando la intención y la misericordia divina.

Oísteis que os fue dicho[...] pero yo os digo (Mateo 5.27-28; 38-39; 43-44).

Varias veces leemos esta frase en el evangelio, frase que sólo Jesús podía utilizar. Por ejemplo, para añadirle un corolario a la ley; amar a Dios con toda la mente (Lucas 10.27). La ley no incluye abiertamente ese presupuesto (Deuteronomio 6.5). El Señor lo hace formar parte de los elementos vitales del amor a Dios. El adorador-barro debe tener esto muy bien definido para que su práctica ministerial sea poderosa en Dios y proclamadora del mensaje completo de la gracia redentora. El mundo está lleno de adoradores con visiones mezquinas del amor divino. Son visiones afectadas por «anteojeras dogmáticas» debido a la ignorancia bíblica de muchos de ellos. No se puede retrasar más el tiempo de despertar a las verdades bíblicas, por esto, muchas vidas se han perdido y muchas bendiciones se han convertido en sal y agua.

# Capítulo 8
# LA PALABRA DE DIOS

## (El uso de temas clave: el dolor)

En la biblia, el espíritu santo nos confronta con no menos de cuatro explicaciones del origen y tratamiento del dolor, que están allí para que el adorador sepa que no todo el mundo se enfrentará a él con la misma perspectiva ni con las mismas herramientas. Este conocimiento bíblico es vital para ayudar en las experiencias y en los procesos de adoración que vivirán los adoradores frente a sus tratos con el dolor.

Esta no es una conclusión a la que hayamos llegado a la carrera, sino el producto de un análisis profundo de los modelos bíblicos que presentan el tratamiento de los procesos de dolor. Para hacerlo más efectivo nos concentraremos en los evangelios, y en casos en que la narrativa bíblica se encuentre en más de uno de ellos tendremos que considerar al menos dos para que de este modo tengamos más detalles sobre los procedimientos cristocéntricos.

Si miramos el estilo de Cristo para enfrentarse a las miserias humanas podremos observar que el Maestro de Nazaret trató cada situación de manera distinta. Veamos el caso de la mujer con flujo de sangre que Jesús salvó y sanó (Mateo 20.22; Marcos 5.25- 34 y Lucas 8.43-48). Luego de tocar al Maestro y saber que había sido sanada (primera sanidad), ella se acerca a Jesús temiendo, temblando, sabiendo lo que en ella había ocurrido, postrándose y confesando toda la verdad. Excelente bosquejo que nos regala el texto mismo para un sermón evangelístico. Jesús la llama hija, le dice que su fe la ha hecho salva, que se vaya en paz y *ordena otra vez su sanidad (segunda orden de sanidad y de salvación).* Todo esto, porque Jesús sabe que esta mujer ha gastado todo, lleva años enferma, tiene miedo de ser descubierta y aun así es capaz de vencer ese miedo arriesgándose a tocar al Maestro a costa de cualquier precio.

Veamos esto en detalle. Una mujer con su pasado marcado por la aflicción y la bancarrota, y su futuro escrito como muerte, soledad, dolor y desasosiego. De pronto se encuentra con la posibilidad de un cambio. Sólo eso está frente a ella: la posibilidad. ¡Bendita posibilidad celestial! Arriesgarse a tocar a un rabino no sólo va en detrimento suyo, sino también de un hombre a quien la ley le ha exigido mucho para poder llegar a donde ha llegado. Si lo toca lo hará inmundo y no podrá enseñar ni entrar al templo o a la sinagoga. La decisión no es fácil: cumplir con la ley y la religión o arriesgarse a obedecer la voz en el corazón que le grita: «¡Acércate al Dador de la vida!» Así que trama un plan, pero hay temores sin vencer y sólo la presencia de mucha gente la estimulará a seguir adelante. Me parece que aquí hay una buena explicación para la existencia de las megaiglesias. Hay gente que necesita esconderse dentro de una multitud para poder vencer sus temores y así acercarse a Dios.

De pronto surge el contacto y la «descarga» de la virtud o potencia divina. La mujer sólo sabe que se ha sanado. El Señor Jesús sabe muchas otras cosas. Conoce que hay sanidades que no se han efectuado. Conoce que hay temores que no se han vencido. Conoce que hay en ella un concepto de Dios que produce temblor y no confianza. Conoce que no ha habido confesión pública de su necesidad de Dios. «¡Oh profundidad de las riquezas de la sabiduría y de la ciencia de Dios!» (Romanos 11.33).

La voz de Dios es la que inicia el diálogo. Siempre es su voz la primera que habla en este proceso de acercarse al ser humano y mitigar su dolor. La pregunta abre las puertas al diálogo: «¿Quién me ha tocado?» *Es que Dios no es un Dios de monólogos. Él es el Dios del diálogo con la humanidad.* Como ha dicho el doctor Cecilio Arrastía: su mejor «Palabra» a los hombres se llama Cristo.

La mujer culmina su viaje por las sendas de dolor confesando su necesidad, abriendo su corazón, exponiéndose a todo el rigor de la ley y frente a todo el pueblo, se agarra de los pies del Salvador buscando algo que no había recibido con la sanidad de su enfermedad. Los síntomas se habían marchado, pero quedaban unas huellas de doce años con las que sólo Dios podía trabajar. El testimonio ha quedado grabado en las páginas del libro sagrado para el beneficio de todas las generaciones.

Los adoradores deben retratarse en este testimonio. Hay sanidades y testimonios que no se completarán con el cantar de coros de adoración y la acción de testificar que los síntomas han desaparecido. Hay lastres de muchos años que necesitan que las personas sean procesadas a través de un seminario divino de confrontación con lo que les hace temer, temblar y saber; eso podrá hacerles confesar.

Este pasaje revela un proceso un poco más complicado que el que patrocinamos en muchas de nuestras iglesias. Es muy fácil declarar hechas todas las cosas y no pagar el precio de invertir tiempo con gente que necesita «desnudarse» ante Dios. El adorador debe saber esto: al acercarnos a Dios, traemos a cuestas el lastre y el cansancio del camino. Las huellas de éstos vienen con nosotros.

Parte de lo que traemos genera mucho temor, pues son episodios y escenas que se traducen en como amenazas a nuestra salud espiritual, emocional o física. Son las experiencias de hermanos y hermanas producto de hogares alcohólicos; de hogares en los que se practica el maltrato, la violencia doméstica, el abuso sexual o el uso de sustancias controladas; de hogares fragmentados, en los que hay embarazos de adolescentes y divorcios; hogares que han padecido el dolor de la guerra y del hambre o que han sufrido los embates de graves enfermedades. Si usted es de los que piensan que las marcas que generan pasados como éstos desaparecerán como «por arte de magia» cuando lleguemos al Señor, entonces le tengo noticias.

La Biblia dice que el que está en Cristo es una nueva criatura, añadiendo a esto que las cosas viejas pasaron y todas son hechas nuevas (2 Corintios 5.17). Yo alabo a Dios por esa promesa hermosa. Pero esa promesa anuncia una acción y un proceso: la acción del cambio de pecador persistente a pecador arrepentido; la acción de ser transformados de extranjeros y advenedizos a ciudadanos del cielo; la acción de ser cambiados de extraños para Dios a hijos del Altísimo. Esta promesa también predica un proceso: un cambio constante en el que podamos llegar a ser transformados en aquello que ni siquiera en nuestros sueños más hermosos hayamos soñado jamás. Se me antoja pensar que es de esto que nos habla el apóstol Pablo al señalar que no lo ha logrado todavía, pero que prosigue a la meta (Filipenses 3.14). O mejor aún, cuando se nos escribe que todavía no se ha alcanzado la estatura o la madurez en Cristo (Efesios 4.13). En la presentación de la cuarta dimensión entraremos en los detalles del análisis bíblico que produce estas conclusiones. Sin duda alguna, es de este proceso que el apóstol nos habla cuando nos dice: «Transformaos por medio de la renovación de vuestro entendimiento» (Romanos 12.2).

Por el momento basta con saber que el Señor sabe muy bien que las familias que han tenido que enfrentar demonios como los que hemos enunciado llevan consigo las marcas y los lastres de esa lucha. Por ejemplo, hoy hablamos de «familias alcohólicas», haciendo referencia a las familias que luchan con el alcoholismo de uno de sus miembros. Hoy sabemos que aquellos que sufrieron maltrato durante su infancia tienen una gran probabilidad de convertirse en padres, madres, esposos o esposas maltratantes. Sabemos también que aquellas que fueron molestadas o abusadas sexualmente durante su infancia o niñez tienden a presentar serios problemas en su vida matrimonial. Sabemos que la guerra deja marcas sicológicas, tales como el «síndrome posguerra». Piense usted en los efectos que dejará en un infante la inexperiencia de unos padres adolescentes. Dios sabe esto.

Podemos seguir abonando este terreno de forma indefinida, pero recordemos que lamentablemente este libro no es de consejería pastoral. Es imprescindible decir que Cristo Jesús ha prometido que los productos de nuestras experiencias del pasado se pueden transformar y hacer nueva nuestra vida. También es necesario decir que al venir a Cristo Jesús abrimos las puertas del corazón a ese proceso, pero que tenemos la responsabilidad de continuarlo, manteniendo abierto el corazón, confesando al Señor que traemos con nosotros estos lastres y arriesgarnos a ser confrontados para poder ser completamente sanados. Lo hacemos buscando lo que nos permita renovar el entendimiento de la voluntad de Dios. Esto es lo que experimenta la mujer del relato de Marcos 5.25-34, por eso teme y tiembla. Querido hermano, ante realidades tan crudas como estas, teme y tiembla cualquiera. Pero es hermoso saber que traeremos a los pies del Maestro nuestro temor, nuestro temblor y nuestro conocimiento o ignorancia de la situación que enfrentamos. A sus pies escucharemos cómo nos devuelve a los brazos del Padre, el que al estar buscando adoradores, busca hijos. Es en su presencia que nos avivamos en la fe, nos transforma de manera integral con su «Shalom» y nos sana de forma multidimensional.

El adorador responsable buscará no sólo mantenerse en ese proceso, sino provocar que otros también procuren temer, temblar, conocer y confesar. Pretender que es suficiente mantenernos cantando coros y disfrutando de los servicios de adoración sin mirar y atender esas realidades, es como pretender que una bomba de tiempo no estallará porque hemos dejado de mirar el reloj. La Biblia señala que Dios nos rodea con cánticos de liberación (Salmo 32.7), pero es porque la alabanza a Dios puede provocar que el adorador choque con la presencia de Aquel que nos hace temer, temblar y reconocer nuestros lastres. Nos confronta hasta hacernos confesar y traer nuestros lastres ante Él. Los adoradores no podemos perder de vista que esta es una función básica de la Iglesia como «comunidad sanadora», y que las herramientas para lograrlo están en la santa Palabra de Dios.

En este mismo pasaje (Lucas 8.40-56), se permite que el líder de la sinagoga se postre, «haga el ridículo» ante la gente, se le escuche sin interrumpir, se le interrumpa para ocuparse de algo «más importante» y que se le muera la hija antes de que Dios, hecho hombre, tome el control de la situación. ¿Por qué actúa así el Señor? Este líder llamado Jairo, que quizás haya formado parte del grupo que echó de la sinagoga a Jesús, debe darse cuenta de su necesidad de Jesús y de que Él no lo rechazará, ni siquiera cuando sea necesario que Cristo haga el ridículo por ayudarle en su situación de dolor (Lucas 8.53). Aunque la gente se burlaba del Señor, éste se percató de que lo que Jairo necesitaba no era un milagro en el camino, sino en su hogar (Lucas 8.54-55). Hay milagros que no tendrán el mismo efecto si se producen en cualquier otro lugar que no sea el hogar. Pregúntese cuántas personas son intervenidas por el ministerio de Jesús, recibiendo luego el mandato de regresar a los suyos o de ser entregadas a sus familiares. El número es altísimo. Me parece que esta actitud de Jesús intenta validar algo que no podemos callar: *la manifestación genuina de la presencia de Dios no procura traer rompimientos en los vínculos familiares; antes bien, procura reforzarlos.*

En otro caso, si observamos la barrida sicológica que se le practica a la mujer sirofenicia, veremos a un supersicólogo enfrentando uno de los dolores más agudos, el de una madre frente al sufrimiento de un hijo.

En este «incidente» (Mateo 15.21-28 y Marcos 7.24-30) una mujer pagana, idólatra (sirofenicia), sin dinero y con una hija endemoniada se tiene que acercar al Maestro tres veces. La primera Jesús no le responde palabra alguna. La segunda, la junta de directores apostólicos hace un pequeño intento no muy sincero. Cuando Jesús emite su respuesta, a nadie se le ocurre insistir. Sus propósitos al interceder parecen movidos por el deseo de quitar un estorbo del medio y no por el deseo genuino de que ella reciba ayuda.

La tercera vez que ella grita por ayuda, recibe un baño de

agua fría. Miles de conjeturas y comentarios se han hecho respecto a esta respuesta tan antipática que esgrime el Cristo de la misericordia: «No está bien tomar el pan de los hijos, y echarlo a los perrillos» (Mateo 15.26). La respuesta más apropiada me parece que es la que indica que Jesús tiene que lograr que esta mujer no lo vea como una alternativa más. Una de tantas que con toda seguridad ha intentado, sin obtener resultado positivo alguno. Jesús no debe ser visto como una puerta de escape. Él es la Puerta. Él no quiere ser visto como una posibilidad para la salvación y la vida de la niña. Él es la Salvación y la Vida abundante.

La mujer no necesitó mucho más para llegar a esta conclusión. Su respuesta es visceral. Es mejor estar a los pies de la mesa del rey, comiendo sus migajas, que fuera del Lugar Santo que ofrece protección como ningún otro. Lo hermoso es que el Señor no le ofrece migajas, le prepara un lugar en la mesa y la sienta a su lado. No se conforma con sanar a su hija, sino que declara y demuestra que su gracia no está limitada al pueblo judío. En otras palabras, la gracia divina es internacional y hay personas fuera de las esferas religiosas que conocemos, con capacidad para evidenciar un grado de fe mayor que muchos religiosos tradicionales. Es curioso que este pasaje sea uno de los pocos en los que se habla de una fe grande. *En casi todos los relatos bíblicos se habla de la fe en un Dios grande.* Las excepciones están matizadas por unas necesidades y dolores terribles y nunca por abundancia o deseos de una mera superación: «El que tiene oídos para oír, oiga».

Un último caso que queremos tratar es el relato de la muerte del hijo de la viuda de Naín (Lucas 7.11-17). Me parece que este producirá los elementos que faltan por considerar para poder esbozar algunas conclusiones.

Este pasaje representa la confrontación con la situación más intensa del dolor humano, el que llega a un grado superlativo. Ya hemos visto que Jairo ha enfrentado el dolor de la muerte de su hija, pero no con los bemoles que acompañan la marcha fúnebre que escucha la mujer de esta historia. Para llegar a estas conclusiones, basta considerar que quien sufre el dolor es una mujer, la que además, es viuda. En cambio, Jairo tiene consigo a su esposa, sus amigos, su posición de prestigio que le permite tener flautistas y «llorones» (plañideras) pagados por todo el tiempo que fuera necesario; y lo que es aún más importante, tiene cerca a Jesús. Esta mujer no tiene nada. El dolor se da en un vacío de esperanzas. Ni siquiera sabe acerca de Jesús. Es más, éste va en una dirección contraria a la de ella. Cualquier parecido con las realidades que viven millones de hermanos en hispanoamérica ha sido provocado por la Providencia, como un refugio bíblico celestial.

Es muy fácil titular este pasaje «en contra del tránsito», pues nos regala los cuadros de dos procesiones que van en direcciones contrarias con algunas similitudes y serias diferencias.

Las similaridades se pueden resumir con decir que cada procesión tiene un líder, que va seguida de gente apegada a ese líder y que reúne una multitud. Hasta aquí los parecidos.

Las diferencias no sólo son más numerosas, sino más elocuentes y significativas: una de las procesiones sufre el sepulcro, el fracaso y llora la muerte; la otra celebra la sanidad, la victoria y canta a la vida. Una va dirigida por la pena, la otra por el gozo. Hay una dirigida por el dolor y la desesperanza, la otra por el alivio y la confianza. La primera se dirige hacia el sepulcro, la segunda a vencer el sepulcro. La primera va dirigida por la paga del pecado, la segunda por la dádiva de Dios. La primera va dirigida por la muerte, la segunda por la resurrección y la vida.

Es de esperarse en este tiempo que dos procesiones así concluyan con un episodio en el que la que lleva el gozo invite a la otra a cambiar de rumbo, uniéndose a la de la victoria. Tal cosa no aconteció en el relato bíblico y por esto alabamos a Dios. La procesión victoriosa observa absorta cómo su líder detiene la marcha para acercarse y unirse a la procesión luctuosa. Sus planes, desconocidos aún por sus seguidores, ya tenían visos de eternidad y gracia.

Pero antes de «saborear» ese relato bíblico me parece

adecuado que miremos un poco su entorno. La aldea se llama Naín, un pueblito vetusto en el suroeste de Galilea que se encuentra entre las aldeas de Endor y Sunem. William Barclay lo describe de forma magistral en su libro acerca del evangelio de Lucas. Irónicamente las aldeas vecinas tienen testimonios del poder de Dios. En Sunem, el profeta Eliseo resucitó al hijo de una viuda de la localidad (2 Reyes 4.8-37). Endor, que quizás sólo es recordado por la pitoniza que salió de allí (1 Samuel 28.7), es el lugar en que muere Jabin (Salmo 83.10), enemigo del pueblo de Israel durante la conquista de la tierra (Jueces 4-5).

El nombre Naín significa «agradable» y nos preguntamos si habrá algo agradable en un lugar que se ha escogido para colocar el cementerio de la región. Sería una buena pregunta para la mujer de este relato bíblico, a quien las Escrituras señalan como viuda, y que acaba de perder a su único hijo, lo que parece insinuar que en Naín la gente moría con facilidad.

Por la puerta de entrada sabemos que la aldea estaba construida entre muros, los que parecen gritar el deseo de los habitantes de Naín de no dejar escapar lo poco que le quedaba, o no dejar que los viajeros puedan observar el dolor de esa aldea.

Estas características son más que suficientes para presentar un cuadro similar al que viven, o mejor, sufren, millones de seres humanos sobre la faz de la tierra. Lo que es más doloroso, un cuadro observado en miles de hogares cristianos de nuestras iglesias. Son hogares con nombres y apariencias agradables, con testimonios del poder de Dios ocurriendo a su derecha e izquierda. Mas son hogares marcados por experiencias tan dolorosas, que han optado por encerrar sus penas entre los muros de sus profesiones, sus compras, sus migraciones al norte, sus cánticos de «celebración» y sus posiciones en la iglesia. Lo que no saben ellos es que doquiera decidan moverse, llevarán a Naín con ellos; ya que lo llevan por dentro. El dolor será evidente de cualquier modo. Sólo una visita de Jesús al centro mismo de la necesidad, a la razón del dolor, podrá aliviar las penas que les embargan y transformar los lamentos privados en danzas públicas.

La mujer de este cuadro es una víctima de su religión y de su cultura. Sin importar cuánto haya dicho la ley de Moisés respecto al cuidado de las viudas, ella sufría los embates de una religión que se había olvidado de mujeres como ella. Hasta en los relatos apostólicos del Nuevo Testamento nos encontramos con quejas respecto a esta situación (Hechos 6.1-3). Al igual que en Sunem, esta mujer ha visto cómo a su única esperanza, su hijo, le es arrancada la vida.

Es hermoso que este cuadro sea «interrumpido» por el Maestro de Nazareth. He aquí donde comienza el mensaje poderoso del evangelio. No hay derecho a cantar y seguir cantando e invitando a otros a unirse a nuestras canciones si a nuestro lado hay gente que llora, sufre y necesita que nos detengamos a ayudarles en su camino. *Cristo no invitó a la mujer. Él se detuvo, interrumpió la celebración de los suyos y se fue a la puerta por donde salía el funeral, pues se había compadecido de ella.* Los adoradores deben tener en cuenta la sensibilidad que el Señor nos demuestra aquí. *Un adorador sin compasión no es un adorador del Señor.* He llegado a pensar que si el Señor hizo esto con sus discípulos, también abandonaría muchos de nuestros servicios de adoración y de alabanza para ir a enjugar las lágrimas de los que lloran en medio de los testimonios que celebramos.

Unas órdenes ilógicas adornan este relato. La primera de ellas, decirle «no llores» a una viuda que ve frente a ella cómo se le ha esfumado su única razón para seguir viviendo. Sólo el poder y el amor de Dios pueden idear algo así. La segunda orden se da a un muerto, luego de tocar el féretro y ver cómo se detiene el funeral. Es imposible que alguien sea tocado por Cristo y continúe su marcha como si nada hubiera pasado. Sólo Aquel que es la resurrección y la vida se atreve a hablarle a un muerto, sabiendo que ni siquiera la muerte puede sostenerse en pie ante Él. El joven se incorporó, comenzó a hablar y fue devuelto a su madre.

No sé si usted ya habrá notado lo que habremos de

destacar de este proceso de resurrección, pero tras la orden del Señor se acabó la actividad de Cristo. El Señor sólo dio la orden, quien se incorporó fue el muerto, quien habló fue el que había estado muerto, quien tuvo que ir a hacerse cargo de su casa y de su madre fue el que había estado muerto. El Señor se limitó a decir la palabra de autoridad, el resto de las responsabilidades recayeron sobre el joven.

Me parece que aquí hay otra enseñanza vital para los adoradores. Como pastor he tenido que lidiar en más de una ocasión con adoradores que permanecen inertes en su vida cristiana esperando el cumplimiento de una promesa del Señor. Créame, jamás verán su cumplimiento. Dios sólo da la palabra de autoridad, en base a ella nosotros tenemos que movernos en la dirección del Espíritu y hacer lo que nos corresponda. Dios dice la Palabra, nosotros actuamos. Dios vence nuestras «muertes», nosotros tenemos que incorporarnos, proclamar y atender las necesidades de nuestros hogares.

Habría sido muy impresionante llevar a este joven a Jerusalén y mostrarlo a los fariseos y saduceos. ¡Qué hermosa y contundente experiencia! Tal vez le habría ahorrado mucho esfuerzo a nuestro Señor. Pero no es ese su estilo. El joven tenía que permanecer con su madre, esa era la prioridad. Imaginemos qué clase de ministerio habría tenido si se hubiera ido con el Maestro a testificar el poder de Dios. Pero *Dios no patrocina llamados que rompan hogares y fragmenten familias*. Este pasaje subraya que Dios no valida llamados que desatiendan las responsabilidades familiares. Sé que algunos de los lectores ya estarán buscando en sus Biblias el pasaje en el que Jesús señala que el que no deje madre, padre, esposa e hijos por Él no sería digno de Él (no se moleste en buscarlo, se encuentra en Mateo 19.29; Marcos 10.29 y Lucas 18.29). Pero ninguno de ellos habla de abandonar la responsabilidad familiar. Hablan de prioridades en el amor. Si no, responda usted por qué Pedro tiene cuidado de su suegra (Lucas 4.38). La Biblia está llena de afirmaciones de Jesús en las que señala que hay que honrar a los padres, que no hay sensatez alguna en maldecirlos y que hay que tener cuidado de ellos. Tanto más se señalan las obligaciones paternofiliales en las cartas paulinas: «El que desea obispado buena obra desea» (1 Timoteo 3.1-7). Le invito a leer este pasaje con detenimiento.

El relato del hijo de la viuda de Naín nos recuerda que nuestro primer frente ministerial es nuestro hogar. Mis hermanos y yo somos el producto de unos padres que no dejaron de ser padres por ser pastores. Todo lo contrario, nuestros padres realizaron muchos sacrificios ministeriales para garantizar la estabilidad de la familia, de sus cuatro hijos. Ya entrado en mi adolescencia, recuerdo varios instantes en los que algunos líderes religiosos del país los acusaban y los fustigaban por lo que creían era una conducta errónea de parte de ellos, y una manera de no cumplir con las «exigencias de Dios». El tiempo ha probado cuál era la actitud correcta. Nuestros padres tienen hoy tres hijos sirviendo a tiempo completo en el ministerio de la Palabra y la música, y una hija en el ministerio de la administración.

Es de esperarse que concluyamos diciendo que entonces la fiesta se hizo gigante. Las procesiones se unieron en una fiesta de alabanza a Dios. De esto es de lo que trata el evangelio. Esto es a lo que llama el Señor a los que adoran su nombre. A llorar con los que lloran mientras les presentamos el Cristo que transforma los lamentos en danza.


## Resumen

La presentación de cómo Cristo trata el dolor es sólo un ejemplo de varios temas clave que se enuncian en la Palabra de Dios. Es casi imposible dar pasos responsables en el ministerio, sin haber hecho las asignaciones pertinentes para exponerse a las formas utilizadas en la Biblia para manejarlos. Es como querer participar en un mundial de fútbol sin haber siquiera sacado tiempo para aprender lo que es un córner o un penalty. El propósito de este capítulo no ha sido otro que el de despertar el interés en el lector por acercarse a estas discusiones bíblicas y proceder así a desarrollar sus propias conclusiones. De primera intención hay que señalar que el mismo Señor no se limita a un solo estilo o modo de enfrentar y atender el dolor humano.

- Pero he aquí algunas de las conclusiones que se destilan de lo que hemos expuesto hasta ahora:
- El dolor humano posee tantas características que la Biblia debe proveer múltiples perspectivas de él.
- La Biblia no pretende presentar un modelo único para el entendimiento del dolor humano.
- Las alternativas para enfrentar un tema como este no están agotadas. La Biblia presenta a Jesús ensayando diferentes acercamientos para enfrentar el dolor humano.
- El encuentro con el poder sanador del Señor no concluye con la aceptación de Cristo como Salvador; en realidad, es allí que comienza.
- La adoración debe proveer espacios vitales en los que el adorador pueda chocar con el Cristo que nos confronta con nuestros temores, ignorancias y conocimientos.
- El adorador es parte integral del proceso de sanidad interior y de liberación de su prójimo.
- La adoración jamás será un instrumento para el rompimiento de la unidad familiar. Por el contrario, es un instrumento vital para el enriquecimiento de las relaciones familiares.
- La adoración no discrimina sexo, nación o necesidad.
- El dolor humano puede ser un vehículo excepcional para que el adorador saboree el pan de vida abundante que está en la mesa y en las manos de Dios.
- La adoración no se basa en una fe grande sino en una fe en un Dios grande.
- Los adoradores están llamados a acercarse a aquellos que sufren, aun a expensas de sacrificar sus celebraciones.

- Adquirimos muchas responsabilidades desde que recibimos la palabra de salvación del Señor.

# Capítulo 9
# LA PALABRA DE DIOS

## (Las teologías del dolor)

**D**ECIR QUE UN LIBRO PUEDE DESCIFRAR los enigmas y proveer todas las respuestas que existen a los misterios del dolor humano, no sólo sería el acto más irresponsable de su autor sino que sería el más tonto. Es por esto que con toda humildad sólo podemos arriesgarnos a identificar algunas pistas claves sobre este tema, pistas que se encuentran en las Sagradas Escrituras. En adición, sabemos que el manejo de estas provocarán un grado de sensibilidad un poco más alto en los que quieren y procuran adorar a Dios en espíritu y en verdad.

Algunos se preguntarán el porqué de insistir en el tema del dolor como una pista clave para el manejo de la Biblia. La respuesta puede no ser tan obvia, pero como pastor me preocupa el hecho de que nuestras celebraciones de adoración a Dios parecen muchas veces estar cerradas a los que sufren y no se sienten invitados; otras veces están cerradas por el hecho de que algunas de nuestras celebraciones no parecen mostrar sensibilidad para atraerlos. No me malinterprete, sé que hacemos llamados y llenamos los púlpitos desde donde nos esforzamos en proclamar la Palabra de Dios. Pero quiero que entienda que esto no es suficiente para mucha gente que necesita la intervención directa de Dios en las razones o fuentes de sus angustias, penas y dolor.

Para hacer la presentación un poco más llevadera hemos

escogido dos porciones de las Escrituras muy conocidas y que además se identifican siempre con el dolor humano.

El título de este capítulo ya predica que no existe una sóla teología del dolor. Esta premisa puede confinarse con el análisis de lo que será nuestro primer modelo; el libro de Job.

Este libro, que pertenece a una sección llamada los Escritos en la Biblia hebrea, se usará como un tratado que presenta al menos cuatro teologías acerca del dolor humano.[1] Aunque para la comprensión de estas no se necesita que se enuncien tratados y presupuestos exegéticos sobre el libro, encontramos que es cuestión de responsabilidad pastoral y hermenéutica presentar algunos elementos vitales.

El personaje principal de este libro no necesita presentación. Su vida pareció un lecho de rosas hasta el día en que empezaron a lloverle problemas. Aun en medio de ellos no se escuchaba al pobre Job quejarse de forma alguna. Por el contrario cuando su esposa, ya harta de los sinsabores que sufrían le sugiere que maldiga a Dios y se suicide, leemos que Job mantiene su «santidad» e «integridad» ante Dios.

Las cosas comienzan a cambiar con la llegada de unos «amigotes», que viéndole sufrir se conformaron con mirarlo en silencio durante siete días y siete noches (Job 2.13). Para algunos esta introducción les parecerá la de otro libro y no del de Job, pero les aseguramos que todo lo antes dicho puede verificarse en las páginas de ese hermoso libro.

Hasta ese momento Job nos regala dos interpretaciones del «porqué» del dolor humano. La primera dice que es producto de la mano permisiva de Dios. Dios es creador del dolor humano, como retribución por las maldades de los hombres (Job 4.8; 8.4) o simplemente porque sí (Job 1.12,21; 2.6, 10). La otra interpretación es la que señala que el dolor humano es producto autor-orquestador: el diablo (Job 2.7).

Ambas posiciones son vitales para que algunos adoradores puedan manejar sus experiencias de dolor. He tenido la

1  Algunas de las posiciones defendidas aquí se discutieron en un excelente curso de maestría ofrecido por la Dra. Julia Batista en el Seminario Evangélico de Puerto Rico: «Manejo de crisis».

experiencia de pastorear a hermanos que frente a sus crisis y dolores prefieren refugiarse en el primer argumento teológico del libro de Job, y decirle al mundo entero que están procurando resignación ante la voluntad de Dios. En los cursos de consejería pastoral se enseña que la gente en crisis no debe confrontarse inmediatamente; por lo tanto, un argumento teológico que parezca validar sus actitudes iniciales puede servir de analgésico para el alma dolorida, al mismo tiempo que evita la confrontación en la parte inicial de la crisis. También hemos tenido la experiencia de pastorear a hermanos que desde su crisis sólo alcanzan a acusar al diablo como responsable de todos sus males. Con ellos la posición de la consejería pastoral es la misma. Hay un tiempo para consolar, un tiempo para aconsejar, un tiempo para confrontar y un tiempo para proveer espacio para el crecimiento. Si esta posición les brinda consuelo durante su crisis y su dolor, sería un tanto irresponsable intentar validar otras perspectivas.

Estas posiciones bíblico-teológicas no son mentiras ni paliativos divinos. Son posiciones planteadas por la Palabra de Dios con el propósito de consolar y luego fomentar el cuestionamiento y el análisis de cada situación que sufrimos cuando esto sea posible. En otros casos son actitudes que describen con exactitud los acontecimientos que sufren algunos pueblos. Por ejemplo, solo el infierno puede ser el responsable de estimular la orquestación de  crímenes tan horrendos como los de Ruanda y los campos de concentración nazis y serbios.

Si examinamos estas posiciones teológicas encontraremos que hay momentos en que Dios puede patrocinar alguna experiencia dolorosa para enseñarnos algo sublime acerca de Él. Me parece que de esto trata 1 Pedro 4.19. Pero es un error garrafal pretender que Dios es el autor del dolor humano. Tal aseveración describiría a un dios distinto al que describen sus atributos. Por ejemplo, si se desata una tormenta o un tornado no es por que Dios lo ha enviado sino porque Dios no puede ir en contra de las leyes de la naturaleza que ha creado y que postulan que habrá causas y efectos tales como reacciones meteorológicas ante situaciones climatológicas dadas. Si hay sequía, y el pueblo sufre por escasez de agua, no es porque Dios ha enviado un juicio sino porque los hombres han creado ese juicio para sí mismos al olvidarse de las instrucciones del Señor. Si el Señor nos mandó a cuidar la naturaleza, no debimos desforestar la campiña porque esto afectará las maneras cómo se absorbe y se distribuye el agua en las cuencas hidrológicas. Si contaminamos el terreno se contaminarán las reservas subterráneas de agua. Si contaminamos los cuerpos de agua se sedimentarán los embalses, y la capacidad para almacenar agua disminuirá. Dios nos da las señales, si no las obedecemos seríamos irresponsables al pretender que el resultado es producto de la mano de Él y no de nuestra desobediencia.

Es de algo así que trata la tercera proposición teológica sobre el dolor, que encontramos en el libro de Job. Para entenderla mejor es necesario descorrer el velo sobre un versículo bíblico muy particular; Job 5.7:

Pero como las chispas se levantan para volar por el aire,
Así el hombre nace para la aflicción.

A todas luces, este versículo bíblico echa por el suelo todo lo que hemos dicho acerca de Dios y el dolor, predicando que Dios ha marcado al ser humano para el sufrimiento desde el nacimiento mismo. Antes de echar este libro al cesto de la basura, vayamos un instante a lo que dicen otras versiones bíblicas y lo que dicen copias de los textos hebreos. Al leer este versículo en la Biblia *Dios Habla Hoy*, encontraremos lo siguiente;

Es el hombre el que causa la desdicha, así como del fuego salen volando las chispas.

¿No puede creer lo que lee? Tómese la molestia de volverlo a leer con calma. ¿Se convenció? Todavía hay más. La Biblia hebrea *Tanakh* lee de igual manera. Permítame una traducción libre de ese texto en inglés:

El hombre nace para causar daño, así como las chispas vuelan hacia arriba.

Me parece que va a tener que aguardar un poco más antes de decidir arrojar este libro al cesto de la basura. Me parece que este «descubrimiento» (para la inmensa mayoría de los investigadores serios no es un descubrimiento) nos obliga a considerar esa tercera interpretación teológica del dolor, que dice que el dolor es el producto de las acciones humanas. Y esto es algo que cambia todas las reglas del juego, pues le adjudica la responsabilidad al ser humano y no a Dios ni al diablo.

No se sienta mal si es usted uno de los que privilegió la lectura de Reina-Valera para adjudicarle un principio estoico al dolor humano. Grandes personajes de la historia han hecho lo mismo. Para comprobarlo basta con considerar el monólogo de Segismundo, de la famosa obra *La vida es sueño* de Pedro Calderón de la Barca, y preguntarse por qué el personaje principal afirma que entiende que ha cometido delito sólo con nacer. La teología de este escritor y teólogo español estaban matizadas por esa interpretación del dolor.

Es importante que usted esté seguro de que la autoridad de las Sagradas Escrituras no está en juego aquí. Que no quede duda, no hay manera de adorar a Dios en espíritu y en verdad si usted no está convencido de que la Biblia es la Palabra del Dios vivo. Lo que se cuestiona aquí es la traducción que hace una de sus versiones. Y no me malinterprete, personalmente llevo más de treinta años usando Reina-Valera para la predicación, y no encuentro razón alguna para cambiarla. Pero cuando se trata de estudiar el texto bíblico profundamente y con responsabilidad, entonces estoy obligado a buscar mucho más allá de lo que me puede ofrecer una sola versión bíblica. Me parece que todo adorador debe comenzar a convencerse de esto y empezar a hacer asignaciones más cuidadosas respecto al estudio de la Palabra de Dios, lo que comienza con el compromiso de asistir a los estudios bíblicos que se dan en la iglesia local y continuar con la lectura constante de la Palabra de Dios, habiendo orado previamente pidiendo sabiduría e iluminación divinas.

Si retomamos la presentación de la tercera interpretación

teológica que le da el libro de Job al tema del dolor humano, encontraremos una firmeza de la misericordia divina. Es paradójico que esta expresión de Job 5.7 sea una de las verdades esgrimidas por los amigos de Job para validar el atropello que cometen contra él. Ellos quieren hacer entender a Job que es el responsable de sus dolores. Lo que no alcanzan a entender es que con esta posición están diciendo que es imposible que Dios esté castigando a Job. En otras palabras, hay ocasiones en las que es posible encontrar adoradores haciendo uso de verdades divinas con propósitos incorrectos. Siento tener que decir que la frecuencia con la que esto ocurre es demasiado elevada.

Si me permite hacer una contextualización pastoral de lo dicho hasta aquí, tendré que empezar por decir que hasta este momento el libro de Job no se circunscribe a mirar el dolor humano con un solo par de lentes. Hacerlo sería un acto de irresponsabilidad del escritor de ese libro, y dado el caso de que su fuente de inspiración es infalible, sabemos que no ha dejado margen alguno para el error. Si el dolor que sufro me parece que viene de Dios, en el libro de Job hallaré consuelo para mi alma. Si me parece que viene del diablo, en el libro de Job hallaré consuelo y fortaleza para luchar y vencer. Si me parece que proviene de nuestros propios desvaríos, hallaré esperanza, consuelo y confianza sabiendo que: «Mi Redentor vive y al fin se levantará sobre el polvo; y después de desecha esta mi piel, en mi carne he de ver a Dios» (Job 19.25-26). ¿No le parece distinto el Job que dice estas frases de aquel que se expresa en los primeros capítulos de ese libro?

En un momento dado la Biblia enseña que ante Job llegó un joven llamado Eliú, y que entre las cosas que le dijo a Job le señaló que no importa lo que Dios haga, su intención siempre será la de salvar al hombre del sepulcro y dejarle ver la luz de la vida (Job 33.29-30). Le señaló también que Dios es el Todopoderoso imposible de comprender, y que en su justicia y poder no aflige ni oprime a nadie (Job 37.23).

Esta conversación de Eliú y Job no sólo confirma la tercera proposición o interpretación teológica acerca del dolor humano, sino que sirve de introducción a una batería de preguntas que Dios hará, preguntas que nadie puede contestar y que abren las puertas para el misterio, lo incógnito de la creación. Una dimensión en la que no se procuran respuestas humanas, porque estas no sirven para explicar las interrogantes que se levantan. *En esa dimensión de los misterios de Dios, de las estrellas que cantan, la del Leviatán y de las Pléyades cae el dolor humano: un misterio que no se puede explicar con respuestas humanas.* ¡Alabado sea el Dios de la sabiduría insondable!

Es impresionante que cuando Dios comienza a hacer su presentación parece como si estuviera diciéndole a Job: «contesta una, si puedes». Al final encontraremos que es un reto de un amigo y no la amenaza de alguien que procura despedazarlo. Es a la vez hermoso que Dios no acusa a Job de pecador, sino que señala su ignorancia.

El trasfondo bíblico está repleto de experiencias como esta. Cada vez que los hombres de la Palabra de Dios querían entrar a discutir temas de la dimensión eterna de Dios, Él les interrumpía con declaraciones o preguntas que no podían contestarse. Un caso típico es el del profeta Habacuc, quien plantea la misma interrogante de Job. La respuesta que encontró era mucho más difícil que las preguntas que hizo.

En su libro Job nos regala cuatro interpretaciones teológicas. Una quinta interpretación teológica del dolor humano la «veremos» de los labios de Jesús a continuación.

La primera parte de esa visión cristocéntrica la encontramos analizando Juan 9. En ese capítulo encontramos el relato de la sanidad de un hombre que había sido ciego desde su nacimiento. Se hace a Jesús una pregunta que parece haber estado dando tumbos por todas partes y a través de todas las generaciones. Los discípulos querían saber quién había sido el responsable de la ceguera de ese pobre muchacho (Juan 9.2). Después de todo, alguien debió haber pecado para que el joven estuviese enfrentando el dolor, el rechazo religioso y social, y la amargura de las tinieblas eternas.

Cualquier parecido con algunas tesis que escuchamos en este tiempo se deben a que en todo lo que se refiere al dolor, desgraciadamente vivimos como en una imagen de espejo de las generaciones anteriores. No son pocos aquellos que han sentido la marginación y el atropello de parte de ministerios que se empeñan en ver pecado donde hay señales de dolor, y el castigo divino dondequiera que haya un asomo de tristeza.

Los que así piensan no se han molestado en auscultar las diferencias que existen entre el mensaje del evangelio y el que presenta un mundo desesperanzado que vive acusándose por sus desvaríos. Esta es la impresión que se recoge sin mucho esfuerzo en las obras literarias de genios como León Tolstoi. En una de sus obras, *La muerte de Iván Ilych*, ese escritor pone en labios de Praskóvya Fedrorovna que la enfermedad y muerte de Iván se deben a las faltas de este y a los malos ratos que él le hizo pasar a ella. Los judíos llaman a esto *Yezer ha-ra*, la mala disposición presente que convierte las enfermedades en castigo o en una forma de expiación.

La respuesta de Jesús le da un giro de 180° a la perspectiva del dolor humano y a la participación divina en Él. Cristo, Dios hecho hombre, señala enfáticamente que el joven no está ciego por su pecado ni por el pecado de sus padres, sino para que la gloria de Dios se pueda manifestar a los hombres (Juan 9.3). ¡Alabado sea el Señor! Jesucristo institucionaliza la esperanza de la intervención divina en medio de las tribulaciones. No delega una declaración tan estremecedora a un apóstol o la deja para que fuera inferida por un analista bíblico. A Cristo casi se le oye gritar que en el nuevo orden que predica su evangelio resulta ilógico insistir en castigo y retribución. Que sí, que es cierto que la paga del pecado es la muerte, pero mientras el hombre tenga vida tendrá esperanza de ver la mano de Dios obrando a favor suyo cuando está en dolor. Este joven está ciego para que en él se demuestre lo que Dios puede hacer.

Cuando comenzamos a analizar este suceso pensamos que la declaración de Jesús y el milagro de sanidad que experimenta el joven eran el centro del pasaje. Una experiencia informal en 1980 con el presidente del Seminario Evangélico de Puerto Rico, el doctor Luis Fidel Mercado, probó que no podíamos estar más lejos de la verdad. La sanidad de este joven sólo era el inicio de uno de los más hermosos procesos de salvación de la Palabra de Dios. El doctor Mercado me invitó a volver a «mirar la pecera», observar con detenimiento ese pasaje. Esto fue lo que pudimos ver allí con la ayuda de este siervo de Dios.

El proceso de sanidad comienza a cobrar impulso cuando el joven es cuestionado sobre su sanidad y Aquel que le había sanado. En Juan 9.10-11 el joven contesta que *el que le había sanado era un hombre*. Para este joven su sanidad había venido de las manos de el «Cristo-refugio», una expresión que predica a un Cristo que solo es visto como el que nos protege del mal, nos provee en nuestra necesidad y nos sana de la enfermedad. Por lo tanto, un Cristo así puede fácilmente sustituirse por cualquier otra cosa que parezca un refugio.

La segunda vez que leemos acerca de un interrogatorio en este pasaje es cuando al joven se le pide una opinión acerca del que le sanó, a lo que *contesta que cree que Jesús es un profeta* (Juan 9.16-17). ¡Exquisito título para cualquier hombre! Sería motivo de orgullo para cualquiera. No sólo eso, sino que ya Jesús está creciendo de nivel en la opinión de aquel que había sido ciego. Ya no es simplemente «el hombre que me sanó», ahora es un profeta. El problema estriba en que ese título le queda pequeño al Maestro de Galilea. El Señor es más que un profeta. Ningún profeta osó siquiera insinuar que vencería a la muerte. El Señor no sólo lo dijo, sino que lo hizo.

La tercera vez que podemos encontrar un cambio en el «programa» del alma de este joven y de su familia lo observamos cuando a estos últimos los interrogan los religiosos de la época. En Juan 9.20-22 los padres contestan que es necesario preguntarle al joven porque este es mayor de edad, y luego el evangelista nos regala una nota editorial que señala que los padres respondieron así por miedo a ser expulsados de la sinagoga. No podemos obviar que los expulsados serían aquellos que declararan que Jesús era el Mesías. Esta *es la posición que comienza a diferenciar a Jesús de todos los demás hombres: Jesús es el Mesías*.

Me parece que estamos frente a la declaración que reconoce la promesa, el Cristo profetizado históricamente, la verdad religiosa existencial, el conocimiento de lo que dice «El Libro», la razón de la esperanza de Israel. Este conocimiento en sí mismo resulta sobrecogedor e impresionante. Pero es importante señalar que ese conocimiento resulta académico y hasta irrelevante si se le tiene solo, sin las transformaciones internas que se provocan cuando nos «comemos El Libro», cuando está acompañado de la presencia y del compromiso que el adorador debe hacer con Dios. En otras palabras, declarar que Jesús es el Mesías es bueno, pero no será liberador si no creemos en lo que puede hacer en nosotros como Mesías. Será hermoso y loable, pero no será transformador si no trascendemos la letra.

Los adoradores deben reconocer que no se puede adorar en espíritu y en verdad cuando se está viviendo frente al Jesús histórico pero separados del Cristo del encuentro personal. Es como intentar tener las bendiciones sin tener las responsabilidades. Esta realidad da paso a otra posición que plantea este capítulo 9 del evangelio de Juan: *para este joven, Cristo ha venido de Dios* (Juan 9.33).

En los versículos 25 al 34 el que había nacido ciego se convierte en teólogo. Pero no un teólogo producto del humanismo radical que intenta opacar la visión del poder de Dios en la vida de los hombres, sino en uno que sabe hacer teología a partir de la experiencia con Dios. Uno que imparte conocimiento de lo que ya ha aprendido, a base de un análisis profundo de la relación de Dios con los hombres y sus resultados. El exciego ya puede establecer una cátedra en la que se sostiene que los «cómo» no son importantes cuando se habla del obrar de Dios. Sólo basta saber que Él está por nosotros (Salmo 56.9). Esa frase «sólo sé que era ciego y ahora veo» no sólo establece esa tesis, también abre unas puertas para la «evangelización» de los religiosos que conocen el libro, la teoría y las prácticas, pero que nunca han vivido los resultados. *¿Queréis también vosotros haceros sus discípulos?»* Los adoradores deben entender esta enseñanza. Hay muchas ocasiones en las que se tropezará con personalidades que tienen gran conocimiento teórico de la religión, pero una pobre experiencia personal con Dios. Discutir y argumentar con ellos es una buena forma de perder el tiempo. Son personalidades que saben acerca de Moisés, pues a veces parecerán más discípulos de Moisés que de Cristo. Son personalidades que quizás tengan buenas intenciones con sus acciones, pero detestan no poder tener explicaciones lógicas para el obrar de Dios, y lo que es peor, detestan perder el control de las situaciones. No se confunda, el problema no radica en el conocimiento, pues personalmente conozco una gran cantidad de eruditos que son fieles siervos del Dios altísimo. Son los Nicodemos y Pablos de nuestro tiempo. La expresión juanina es contra aquellos que prefieren seguir siendo Saulos y no Pablos. Aquellos que entre otras cosas concluyen que los «pecadores» no están capacitados para hablar de Dios ni para enseñar. Me pregunto: Si esto es así, ¿quién podrá entonces enseñar?

Hay una alternativa sabia implícita en esta porción del pasaje juanino. Este joven les dice a los religiosos que mientras ellos pierden el tiempo buscando y tratando de probar de dónde viene el poder de Dios y cómo obra, él se ocupa de vivir el poder de Dios y sus resultados. Declaraciones de este tipo se hacen cuando a usted no le quita el sueño la posibilidad de ser expulsado de algún lugar que ama mucho. Pero debo dejar esto a un lado para presentar la quinta y última declaración juanina que se hace en este capítulo, que revela el nacimiento de un adorador en espíritu y en verdad.

Casi al final del capítulo 9 (vv. 35-41), el joven que había sido ciego empieza una búsqueda: identificar quién le había sanado. La búsqueda se inicia por una motivación más profunda que la de la mera identificación de su sanador. Tal parece que algunos velos de su alma han comenzado a rasgarse y ha comenzado a ampliarse su perspectiva del encuentro con Jesús. De buenas a primeras, al verle cara a cara no le llama hombre, no le dice profeta, no le llama Mesías y mucho menos se conforma con identificarle como proveniente de

Dios. La Biblia dice que al verle no sólo creyó, sino que hizo un *proskuneo* y *se postró a adorar llamando a Cristo Señor*. ¡Bendita misericordia de Dios! El dolor, producto humano, de condiciones humanas y consecuencias terrenas, se había convertido en instrumento de la gracia divina. Había servido como canal para que este joven procurara ver a Dios cara a cara. Ya no era tan importante la sanidad y el bienestar que había llegado con ella, ahora había que ir a buscar a Dios y verle manifestado en la expresión máxima de su misericordia: su encarnación para ser Emanuel. Cuando este encuentro se da ocurre lo que es obvio. ¿Quién puede iniciar una búsqueda de Dios sin encontrarlo? ¿Quién puede estar frente a la presencia de Dios y no caer rendido a sus pies? ¿Quién puede estar a los pies del Todopoderoso y no llamarle Señor?

Esta búsqueda es mucho más que ir a la caza de estrellas fugaces y encontrar cómo puede servir el viento para hacer crecer y avanzar la mente de un hombre honesto. Expresiones como estas son las que encontramos en el poema *Song: Go and Catch a Falling Star* que recogen la idea equivocada que tienen muchos de lo que es ir en esa búsqueda.[2] No son expresiones arrancadas de la maldad sino el producto de intentar alcanzar los resultados de la eternidad, sin un compromiso con el Eterno. Lo señalo, pues en cierta medida algunos adoradores se encuentran en este tipo de búsqueda y no tras el encuentro con el Señor. Son los que han visto en la adoración la posibilidad de lograr sus sueños de gloria, reconocimiento y prestigio; sueños que están siempre detrás de expresiones de alabanza al Señor y que muchas veces ni los mismos adoradores han podido darse cuenta de que están allí como polillas que arruinan las bases de nuestra relación con Dios. La frase que mejor describe esta situación me fue provista hace muchos años por mi padre: «Son similares al pollino que llevaba a Jesús a Jerusalén, gozándose y alegrándose, pero que un momento se detuvo para preguntarle al Señor si se había dado cuenta de lo mucho que los estaban aplaudiendo a ambos».

2   J. Donne, *Quartet*, Harold P. Simonon, Harper Row Publishers, Nueva York, 1970, p. 583.

La búsqueda del Señor es lo que marca la diferencia entre una experiencia de dolor que no trascenderá de ello, y la experiencia que conduce a Dios y a convertirnos en adoradores. El joven busca, inquiere, deja que la experiencia de sanidad física despierte su curiosidad por encontrar respuestas más profundas, y no se detiene hasta encontrar a Dios. La Biblia enseña que todo el que busca encuentra (Mateo 7.7), y que todo el que viene al Señor podrá tener la seguridad de que no será rechazado (Salmo 51.17). El otro aspecto que se define es la seguridad de que todo aquel que se acerque a ver a Dios y le halle no encontrará placer más grande que estar adorándole postrado a sus pies.

Hay otra experiencia bíblica que queremos mirar antes de concluir este capítulo: Juan 11, muerte y resurrección de Lázaro. Me parece que es un pasaje que ilustra en grado superlativo la dimensión divina en medio del dolor humano y la perspectiva que le brinda a esta dimensión el poder acariciarla desde la óptica del Cristo encarnado. Esta sobreposición o traslapo de lo humano y lo divino añade dimensiones a nuestra idea de la participación de Dios en nuestras agendas sentimentales y emocionales, desconocidas para el ser humano hasta que Cristo Jesús incursionó en medio de la historia. El adorador debe retratarse aquí, verse en los zapatos de Marta, en los de María, en los de Tomás, en los de Lázaro y en los de Jesús.

No puedo comenzar sin antes señalar que hay algunos puristas que opinan que este relato no pudo haber ocurrido, dado que un acontecimiento tan importante no se le podría haber olvidado a los otros evangelistas. Aunque la tentación es grande, no pienso entrar en la discusión de las explicaciones del porqué no aparece en los otros evangelios. No obstante, formularé una pregunta: si este criterio se aplica, ¿podemos decir que la parábola del hijo pródigo tampoco tiene valor por encontrarse sólo en el Evangelio de Lucas? Si la respuesta es que esta parábola tiene que aceptarse por poseer una enseñanza y un mensaje ciento por ciento cristocéntrico, entonces Juan 11 también lo será por poseer una enseñanza y un mensaje igualmente valioso.

Si se me permite, debo parafrasear este pasaje de manera en que cada lector pueda tener una asomo de cómo he visto sus entrelíneas. Primero, me parece ver a Jesús recibir la noticia de que Lázaro está enfermo. Su amigo del alma, su benefactor, aquel que provee espacios de solaz y de retiro; en cuya casa se puede reír con libertad, quitarse los zapatos y recostarse en el sofá; aquel en cuya casa se preparan con mucho gusto los «antojitos» para comer; que no ofrece su amistad a cambio de favores o milagros; ese hombre está enfermo. A Jesús no le interesa la noticia. El Señor recibe una noticia que señala que Lázaro está grave y agonizando. Aquel que se ha ocupado de enviarle ofrendas para sostener el ministerio, cuya casa será con toda probabilidad desde donde se mandará a buscar el pollino para entrar a Jerusalén; aquél que no ha tenido reparos en que un rabino use su hogar para instruir a mujeres (Marta y María); aquel a quien el Maestro ama está grave y moribundo. El Maestro no parece darle importancia. El Señor recibe una noticia que dice que Lázaro ha muerto, su funeral se llevará a cabo al día siguiente en el cementerio de la familia. Aquel que le ha provisto albergue y alimento al Señor y a su «tropa de exploradores» del mensaje del cielo; que no ha tenido reparos en que se le llame amigo de alguien que no es bien visto por los círculos religiosos más exclusivos de la sociedad israelita; que ha expuesto su prestigio por amistarse con un rabino radical que es seguido por una «ralea» de pescadores y campesinos ignorantes galileos; ese ha muerto. A Jesús no le interesa. Pasados cuatro días del entierro el Señor les dice a sus discípulos: «Vamos a casa de Lázaro, vamos a despertarlo».

Los detalles parecerán exagerados y cargados del personalismo del que escribe, pero no creo que Juan haya tenido otra intención al comenzar a describir que el sujeto enfermo era el hermano de aquella mujer que ungió a Jesús, secándole los pies con sus cabellos. Y no sólo eso, es de las pocas veces que se usa la palabra «amigo» en los evangelios, y aquí se usa para indicar que el enfermo es amigo de Jesús. La indiferencia de Jesús llega a un punto insuperable cuando el evangelista nos dice que se alegró de no haber estado en casa de Lázaro mientras este estaba enfermo, moribundo o en su entierro (Juan 11.15). A continuación explica que es una oportunidad única para que los discípulos puedan creer al mensaje del evangelio.

Detengámonos aquí por un momento, hay varias preguntas que hacer. Estos señores han visto multiplicarse panes y peces; han visto a Jesús caminar sobre las aguas; le han visto recobrar la visión a ciegos de nacimiento y calmar los vientos y las olas del mar. ¿Y el Señor dice que necesitan creer? ¿Qué significa creer para Jesús? ¿De que trata esto? ¿Habrá otro «porqué» para la indiferencia del Maestro? ¿Hay alguna conexión entre la espera divina y el dolor humano como escuela de la fe? ¿Qué papel juegan las relaciones y las emociones de los amigos y familiares en el aprendizaje?

Esta son preguntas eternas. Algunas, como la última, han sido responsables de dar a luz escuelas del comportamiento humano y modelos de etapas de desarrollo cognoscitivo o del conocimiento. Es por esto que creemos que intentar aquí absolutizar las respuestas sería un acto de pedantería carente de responsabilidad. Usando este contexto, hemos preferido presentar una interpretación muy nuestra del pasaje bíblico y dejar que cada lector ensaye sus conclusiones. De ese modo, usted tendrá el privilegio y la responsabilidad de contextualizar estas interpretaciones y producir las respuestas a preguntas como las que hemos formulado.

El relato bíblico dice que el Maestro recibe una descarga emocional de parte de sus discípulos cuando anuncia el viaje a casa de Lázaro. Tomás, el mellizo, le contesta con ironía que «vale la pena el viaje», toda vez que es conocido por todos que hay grupos buscando hacerle la vida imposible al Maestro. Lo que es igual a decirle al Maestro que cuando él llegue a Betania e intente hacer algo con Lázaro y no tenga resultados, entonces será el tiempo del linchamiento; pero si eso es lo que Él quiere, que más da, «vamos y muramos con Él» (Juan 11.16).

Es aquí que se nos antoja pensar que el Maestro ha podido lanzar a Tomás una de esas miradas como la que usó con Pedro (Lucas 22.61). Una mirada que fácilmente ha podido decir: «Si conocieras el don de Dios, y quién es el que te dice» (Juan 4.10).

Es la experiencia que vemos repetirse con mucha frecuencia en la vida de muchos adoradores. El Cristo que parece haber decidido esperar más allá de lo que predica nuestra lógica. El Cristo que espera que la tormenta se convierta en huracán, la gripe en cáncer, la fragmentación familiar en amenazas de divorcio, la escasez económica en desempleo, la rebeldía del adolescente en huída del hogar, o el tedio congregacional en amenazas de división. ¿Por qué espera el Señor? Sí, sabemos que todos los que nos ven de lejos podrán decir a coro que aprenderemos mejor de esa forma, pero no es a ellos a quienes les duele esta situación, sino a nosotros. A veces encontraremos a adoradores contrariados por el obrar del Señor. No se sorprenda, Dios sabe que esto será así, y me parece que es en esos momentos en que el Señor nos mira con picardía. ¿Por qué no? Una mirada que quiere explicar lo que parece inexplicable y que le dice al corazón: «No temas». Estoy seguro de que este es el discurso del salmista en Salmos 33.13-19 y 106.44-47. El Señor mira a los suyos en sus angustias, y aun cuando parezca que no está presente en medio de nuestras tribulaciones, todo adorador tiene que confiar en que el Señor tiene su mirada sobre sus hijos. Su Palabra lo dice y su Palabra es verdad.

Llegando a Betania, Lázaro cuenta cuatro días de haber sido enterrado y Jesús tiene que enfrentarse a una mujer sin reparos en comunicarle todo lo que le molesta, sin importar donde esté. Marta sabe que Jesús es Dios, esto se desprende de la admisión que le hace a Él sobre esta realidad (Juan 11.27). A Marta no le importa que Jesús sea Dios a la hora de tener que descargar sus dolores y ansiedades en Él. Literalmente vacía su corazón como agua delante del Señor y en sus expresiones hay dolor, ira, un poco de resentimiento y mucho reproche. Esto es así porque Marta, María y Lázaro han descubierto una relación con Jesús que no la tenían ni siquiera los discípulos. Ellos eran amigos del Señor. El Señor no era un extraño para ellos, conocían su risa, su llanto, su dormir y su despertar; conocían su corazón y habían permitido que el Maestro conociera el de ellos. Es por esto que cuando yo leo esa porción del pasaje, esto es lo que leo:

Narrador: Marta no le ha dado oportunidad al Señor de que llegue a la casa. Lo ha recibido en «los portones» de la aldea (Juan 11.30) con una «descarga» descomunal.

Marta: ¿A esta hora llegas tú, después de tantos recados que te enviamos? Ese que murió no sólo era mi hermano, era tú amigo personal y no pudiste hacer un alto en tu itinerario siquiera para estar con él; no viniste ni al funeral. Sé muy bien que si hubieras estado aquí el no estaría muerto. Sí, ya sé que tienes poder y que Dios te dará lo que pidas; ahora pedirás por consuelo y Dios lo hará. ¿Resurrección? No me vengas con respuestas religiosas y teológicas. Esta no es la escuelita para María y para mí. Además, yo sé muy bien lo que dice el Libro, habrá una resurrección de los muertos en el Día del Señor. Pero mi problema no está en el futuro, mi problema está aquí y ahora. María ha estado tan mal que he tenido que pagar a las lloronas y a las flautistas para que se quedaran estos cuatro días para que ella no se sintiera sola.[3] Bueno, no viniste ni al entierro...

Narrador: Sobre esta frase se oye una voz que hace callar todas las voces, la voz de la ansiedad, la voz del dolor, de la desesperación, de la pena y de la soledad. Se escucha una voz que trasciende los siglos. Esta voz se había escuchado antes en el Sinaí y desde allí rompió las cadenas de la esclavitud y de Egipto. Ahora se oirá en el patio de una casa y romperá las cadenas del dolor y de la muerte: «Yo soy la resurrección y la vida; el que cree en mí, aunque esté muerto, vivirá» (Juan 11.25).

Es un momento poderoso que logra que la mujer pueda confesar lo hasta entonces inconfesable: «Tú eres el Cristo, el

---

3  En Israel era común pagar por estos servicios.

Hijo de Dios que has venido al mundo». Resulta aun más poderoso si observamos que en ningún momento Marta es acusada por su ansiedad, su duda, o su reproche. Nadie la manda a callar, tal y como Elí le hiciera a Ana (1 Samuel 1.14-15). Nadie le ordena no llorar, como le dijera Jesús a la viuda de Naín (Lucas 7.11-17). Es que la gracia de Dios es tan inmensa que hará provisión específica para cada situación, sin tener que forzar el acomodo de modelos genéricos que a veces pierden de vista la dimensión del dolor humano y de sus derechos a extraer del corazón sus tormentas y pesares. Es necesario señalar que sólo un amigo puede hablarnos así, sólo un amigo puede hablarle así a Jesús, sólo un amigo puede hablarle así a Dios. Es Jeremías quejándose porque ha sido «empujado» al ministerio mediante seducción divina (Jeremías 20.7-9) y luego se atreve a alzar la voz con un vocabulario discordante (Jeremías 20.14-18). Dios no toma en cuenta este vocabulario del profeta porque está mirando a su corazón. El Dios del cielo sabe que en algún momento el hombre explotará. Este sabe también que tiene poca resistencia y explotará en cualquier momento. Al unísono deciden que el mejor sitio para permitir que tal cosa acontezca es a solas con Dios o en la casa del «mejor Amigo» que se puede tener (Jeremías 19.14): la casa de Dios. Es mejor explotar y vaciar las tormentas del alma frente al Señor, y no en un púlpito mientras ministramos o frente a un grupo de hermanos que quizás estén débiles en la fe y se vean afectados por esto. En mi interpretación de este episodio, cuando el profeta termina de vaciar «sus venenos» y dolores, Dios se le acerca y le dice: «¿Terminaste?, ahora ve a casa del rey y dile esto a Sedequías, a Pasur y a Sofonías: Así ha dicho Jehová el Señor» (Jeremías 20.1, versión libre del autor).

Encontramos algunos casos similares con Moisés; sólo un amigo de Dios puede hablar como este hombre hablaba. En Éxodo 32.30-35 se atreve a decirle a Dios que si no está dispuesto a perdonar al pueblo, que no lo perdone tampoco a él: «Ráeme ahora de tu libro que has escrito». En Números

11.10-15, Moisés se acerca ante Dios y le hace unas declaraciones que es necesario leerlas con mucho cuidado:

> Moisés oyó que los israelitas y sus familiares lloraban a la entrada de sus tiendas. El Señor estaba muy enojado. Y Moisés también se disgustó, y le dijo al Señor: ¿Por qué me tratas mal a mí, que soy tu siervo? ¿Qué tienes contra mí, que me has hecho cargar con este pueblo? ¿Acaso soy yo su padre o su madre para que me pidas que los lleve en brazos, como a niños de pecho, hasta el país que prometiste a sus antepasados? ¿De dónde voy a sacar carne para dar de comer a toda esta gente? Vienen llorando a decirme: Danos carne para comer. Yo no puedo ya encargarme de llevar solo a todo este pueblo; es una carga demasiado pesada para mí. Si vas a seguir tratándome así, mejor quítame la vida, si es que de veras me estimas. Así no tendré que verme en tantas dificultades.
> (*Versión Dios Habla Hoy, Sociedades Bíblicas Unidas.*)

Me fascina este pasaje, porque me permite encontrarme con un Dios que conoce los estados anímicos del ser humano y no los restringe. Es una visión de Dios completamente distinta a la de un ser sideral sentado en un alto trono esperando ser adorado y reverenciado. Es la visión de Dios Padre, que sabe que sus hijos se incomodan, se angustian, se desesperan y necesitan desahogarse. Es Dios Amigo frente al dolor de la madre que pierde a su hijo y le pregunta por qué. Estoy seguro de que la respuesta de Dios es muy distinta a la que muchas veces esgrimimos los adoradores; Dios sabe escuchar, permite que nos desahoguemos y procura proveernos ayuda. A Moisés le sorprendió la respuesta divina. Era tan obvia que él no la había podido detectar: reunir un grupo de setenta sobre los que el Señor haría reposar el mismo Espíritu que le había dado a Moisés. Estos setenta serían designados para ayudar con la carga del pueblo. ¿Nota el lector que Moisés no se sintió celoso al saber que Dios compartiría sus bendiciones y responsabilidades con otros setenta? Esto es tema para otra discusión, en otro momento.

En el pasaje de Juan 11, el incidente con Marta revela que esta familia era acomodada; pagar flautistas y llorones por cuatro días requiere tener algo más que posibilidades económicas. Los funerales en Israel debían hacerse inmediatamente como medida sanitaria, y el funeral debía estar seguido por siete días de duelo profundo, de los cuales tres eran para el llanto de la familia. Esto debía ser convocado por los ancianos.[4] Este pasaje revela que el dolor era profundo, el llanto sobrepasaba el tiempo estimado, o sea un dolor que excedía las expectativas de la gente. No podemos negar que hay dolores así. Es al foco de este al que llega el Señor.

En el relato aparece un nuevo personaje, su nombre es María. Esta mujer no habla usando el vocabulario de Marta, esa no es su personalidad. No grita ansiosamente, no se apresura a confrontar al Maestro. Su dolor es tan grande, que al salir de su casa los que intentaban consolarla pensaron que corría al sepulcro para llorar allí. ¿Por qué corre esta mujer? Corre porque ha recibido un «telegrama» en el que se le informa que el que consuela toda lágrima ha llegado a su casa (Juan 11.28b), un «telegrama» que dice que el que cambia lamentos en danza ha llegado al hogar, que Aquel que enjuga toda lágrima está haciendo su entrada. Si hay que llorar, qué mejor lugar para hacerlo que a los pies del Señor. Es allí donde encontraremos a María, postrada a los pies del Señor, adorando en medio de las lágrimas y buscando de Dios lo que no puede dar ningún ser humano: consuelo frente al dolor que causa la pérdida de un ser muy querido. Había que correr a Jesús, había que correr a sus pies y depositar allí el dolor del alma. ¡Qué cuadro más impresionante! Esta mujer ha estado antes a los pies del Maestro, sentada escuchándole y aprendiendo acerca del reino de los cielos. Ahora está a los pies del Señor, pero está postrada por el dolor y con un llanto lastimero a flor de labios; «Señor, si hubieses estado aquí...» (Juan 11.32).

Esta frase abre las puertas a una de las escenas más conmovedoras que haya plasmado escritor alguno en la historia de la humanidad. Los detalle son imprescindibles para poseer una perspectiva correcta de la iniciativa divina frente

4    Excelente presentación de este tema podrá encontrarse en el libro *Usos y costumbres de los judíos en los tiempos de Cristo*, por Alfred Edersheim, CLIE, Tarrasa, 1990.

al dolor humano. El evangelista nos dice que cuando Jesús vio a María llorando a sus pies, se estremeció en su espíritu y se conmovió. El Emanuel se estremeció en su Espíritu, Dios hecho carne se conmovió. La Biblia sólo señala otro lugar en el que Dios se conmovió (Oseas 11.8), cuando la misericordia divina conmueve el corazón de Dios frente a Efraín e Israel. ¡Este es el Dios que adora mi alma! Es Dios con corazón, es Dios que se conmueve por su misericordia y se estremece por los suyos, pues el motor que lo mueve es su amor.

Dios no sólo se ha estremecido y conmovido, la Biblia dice que lloró allí. ¿Puede usted imaginar al Dios encarnado llorando? No creo que esto necesita explicación. No existe mejor evidencia para explicar cuánto le interesa a Dios el dolor de sus amigos, el dolor de la humanidad, que ver llorar a un amigo frente a una mujer y una multitud que llora con Él.

Inmediatamente después comienzan a develarse unos rompecabezas bíblicos que sólo pueden ensamblarse con la sabiduría e inspiración divinas. El Cristo de Nazareth, Dios hecho hombre, el que conoció a Natanael antes de que se lo presentaran (Juan 1.43-51), el que conocía los corazones y los pensamientos de los hombres (Mateo 9.4;12.25), el que sabe todas las cosas, pregunta dónde han puesto a Lázaro. Me parece que esta pregunta tiene la capacidad de generar varias reacciones en los dolientes, la primera de ellas el acercamiento, la segunda el enfrentamiento y la tercera la adquisición de una nueva perspectiva.

Cuando analizamos esta pregunta entendemos que es mucho más fácil entenderla como una invitación de Jesús para que los dolientes se acerquen a la razón de su dolor. Son muchos los que han pretendido no tener que acercarse a la razón de sus lágrimas, optando por seguir de lejos las situaciones que les comprometen o les pueden lastimar. Es similar al apóstol Pedro siguiendo de lejos al Señor (Mateo 26.58) para no comprometerse, o no sentir más dolor. Es similar a cerrar los ojos pensando que si no vemos no nos dolerá. La invitación de Jesús es a ir, a acercarse a la razón de las lágrimas, sabiendo que el Señor va con nosotros.

La segunda reacción es la del enfrentamiento. Hay adoradores que se esconden detrás de la cruz, con la idea de que esta los excusará de ser confrontados con sus realidades. Es bueno estar detrás de la cruz, pero para que esta sea el estandarte frente a nuestras realidades. No es correcto esconderse en la iglesia o en el evangelio para no tener que dar el frente a nuestros problemas o situaciones de dolor. El Señor quería que María y Marta enfrentaran la tumba. Como pastor he tenido muchos casos de gente que pierde algún ser querido, se quedan atravesando por un sufrimiento muy doloroso y entonces escogen no regresar jamás al cementerio como un remedio, o un paliativo para sus angustias. Esto me ha enseñado que hay otros «muertos» que hemos llevado a sepultar, pero que no nos hemos deshecho de ellos. Algunos ejemplos son los lastres emocionales, los fracasos matrimoniales, las experiencias de la niñez, los problemas con alguna otra congregación en la que alguna vez servimos, o las enfermedades que sufrimos alguna vez y que todavía tememos. Es correcto afirmar que muchos se niegan a regresar al lugar en el que dieron «sepultura» a esos muertos, pero siguen cargando sus dolores a cuestas por muchos años.

La tercera reacción emerge de la definición de «crisis», que ofrecimos en la dimensión anterior. Sabemos que la muerte es una de las crisis más profundas que puede enfrentar ser humano alguno, pero si toda crisis es una oportunidad para crecer, entonces detrás de cada peligro que estas presentan hay una oportunidad hermosa para ver la mano de Dios; aun frente a la misma muerte. De esto trata esta invitación de Jesús. Es como si estuviera diciendo: «vayamos al lugar en el que sepultaron a sus muertos y bríndense la oportunidad de cambiar sus perspectivas de esa crisis, viendo en ella la oportunidad de crecer, contemplar mi gloria y adorar mi nombre».

El Señor sabe que no se puede obligar a las dolientes a acompañarle al lugar en donde se encuentra la razón de sus lágrimas, el motivo de su llanto. Pero sabe también que la invitación que ha hecho es como si estuviese diciendo que las posibilidades se habían ampliado.

Una vez allí, el problema se agudiza. Al que calma los vientos, al que calma la mar, al que camina sobre las aguas, al que se transfigura frente a la mirada absorta de sus discípulos, al que no pudo ser retenido por la tumba ni la piedra que le cerraba la puerta a esta, se le escuchaba pedir que le remuevan la piedra; la paradoja no puede ser más evidente ni más elocuente. ¿Por qué moverle la piedra? ¿Acaso no puede Él levantar las manos para echar la piedra a un lado? ¿No fue eso lo que hizo con aquella que cerraba su tumba? ¿Qué significa esto? No creo que las respuestas sean muchas, y me parece que la más adecuada es la que identifica este momento con la solicitud divina de la participación y de la acción humana. Quiero que entienda esto, hay muy pocas excepciones en los relatos de la Biblia en los que podremos encontrar que Dios realice una acción milagrosa en favor de su pueblo, sin que solicite un participación humana. A Noé le pidió que hiciera un arca, Dios haría llover. Él dividiría el Mar Rojo, el pueblo tendría que marchar. Los muros de Jericó se caerían, el pueblo tendría que marchar. Hay muchos ejemplos que podemos seguir mencionando. Una de las pocas excepciones es la resurrección de Cristo; allí Dios no podía usar participación humana alguna. Era un asunto entre el cielo y el infierno, que el cielo mismo tenía que resolver.

El relato de Lázaro pretende mantener la tendencia de la participación humana. Pedir que muevan la piedra es pedir que hicieran algo, que hicieran su parte. Es la invitación de Dios a hacer lo que es fácil, Él hará lo difícil. Es la invitación a hacer lo posible, Él hará lo imposible; es la invitación a quitar la piedra, Él levantará los muertos. Hoy día el Señor está reclamando lo mismo. Si queremos ver levantar a nuestros «muertos», tenemos que hacer lo que nos corresponde. Primero, hay que acercarse, enfrentar las situaciones y procurar ver en ellas las posibilidades divinas. Luego, hay que proponerse hacer la parte que nos corresponde y confiar en que el Señor hará el resto.

Al acercarnos al final de este capítulo tenemos que repasar sus puntos fundamentales. Lo haremos recordando al lector que estos no son absolutos y que se han enunciado para provocar la discusión y el análisis, desafíos teológicos que intentan provocar que el adorador reflexione y decida buscar sus respuestas, en caso de que las que planteamos no le satisfagan.

*El primer punto clave es el que predica que no existe una sola teología del dolor.* La Biblia nos presenta varios enfoques teológicos y sugerencias para el manejo del dolor. *El segundo punto es el del modelaje de Cristo al manejar el dolor humano.* Nunca se encuentra a Cristo ensayando la misma estrategia con dos seres humanos; al contrario, todas sus obras milagrosas son novedosas, exclusivas y en ellas es posible encontrarlo uniéndose al llanto de los que sufren.

*El tercer punto fundamental es el que predica que cada agenda divina incluye la participación efectiva y responsable de los seres humanos.* Dios procura nuestra participación en sus planes. A nosotros nos toca hacer las cosas que son posibles, Él hará las imposibles.

*Un cuarto punto que no queremos que se olvide es el de las crisis como encendedoras de un proceso de búsqueda de Dios.* Tampoco queremos que se olvide el proceso para manejarlas, el de los ojos críticos que nos permitirán acercarnos a ellas, venciendo el temor a enfrentarlas, asumiendo nuestra responsabilidad y mirando las oportunidades de crecimiento que proveerán, antes que abandonarnos a observar el peligro que representan.

Espero que el lector haya podido captar que el haber escogido el tema del dolor humano, dentro de todo el marco de posibilidades temáticos, obedece a que está tan a flor de piel que como ningún otro puede despertar el deseo de formular preguntas y buscar respuestas en esa herramienta invaluable llamada Biblia. En este trabajo literario sólo hemos alcanzado a arañar la superficie de este tema, así que el lector puede imaginar cuántas alternativas bíblicas podrá tener. Así mismo podemos enfrentarnos a otros temas relevantes, sabiendo que la Biblia tendrá multitud de respuestas que nos capacitan para entender mejor los procesos de adoración y tanto nuestros como de los demás. Sin esto en mente podrá haber adoración, pero no será en la unidad del Espíritu ni en la verdad bíblica.

# Capítulo 10
# LOS CARISMAS DEL ESPÍRITU

No CREO QUE EL APÓSTOL PABLO cuando comenzó a hablar y a escribir acerca de los dones del Espíritu Santo, tuviera una mínima idea de los dolores de cabeza que este tema le traería a las iglesias de las generaciones posteriores. Al mismo tiempo estoy seguro de que el Espíritu de Dios sí sabía lo que estaba poniendo en la mente y en el corazón de este siervo de Dios.

Es por eso que tenemos tantos y tan ricos pasajes bíblicos sobre el tema: los *carismas* del Espíritu o los dones de gracia que da el Espíritu de Dios.

Me permito adelantar que este capítulo no se ha creado con fines doctrinales de énfasis denominacional alguno y mucho menos con carácter dogmático. Su propósito es provocar la sed en cada adorador, sed de profundizar un poco más en las funciones del Espíritu Santo en la vida y en los procesos de adoración de todo creyente. Claro está, algunas declaraciones planteadas aquí levantarán ronchas en algunas «pieles sensitivas», pero no tememos los resultados de esto, ya que estamos totalmente convencidos de todo lo que aquí exponemos y porque uno de los propósitos fundamentales de este libro es presentar desafíos teológicos a los presupuestos que esgrimimos para justificar nuestra vida de adoración. Si usted está seguro de lo que cree y lo puede sustentar con argumentaciones biblicoteológicas sólidas y responsables, no tema seguir leyendo. Si no lo está, le sugiero con toda humildad, se comunique con su pastor y le pida una oportunidad para poner en blanco y negro sus postulados de fe. Luego continúe esta lectura con mucha oración. Recuerde que el que escribe no tiene problema alguno para reconocer que la única norma de fe y conducta del creyente es la santa Palabra de Dios.

Los adoradores deben entender que más allá de las dificultades y polémicas que genera este tema, se hace imprescindible conocerlo. Las siguientes aseveraciones dan fe del porqué de ello y en el transcurso de este capítulo las discutiremos un poco más:

- Los carismas no son nuestros, vienen de Dios (Santiago 1.17).
- Es el Espíritu de Dios el que los otorga, y los da a quien Él quiere.
- La adoración requiere conocimiento, y los carismas del Espíritu forman parte de lo que hay que conocer y a la vez que ayudan a obtener ese conocimiento.
- Los carismas se han dado para agilizar varios procesos de la vida de la iglesia, al mismo tiempo que facilitan la adoración.
- Los carismas del Espíritu se han dado con los siguientes propósitos:
  a. Perfeccionar a los santos (Efesios 4.12).
  b. El ministerio (Efesios 4.12).
  b. La edificación de la Iglesia (Efesios 4.12).
  c. La unidad de la Iglesia en la fe (Efesios 4.13).
  d. Unidad en el conocimiento de Dios (Efesios 4.13).
  e. Crecimiento hasta la estatura de Cristo (Efesios 4.13).
- Todo adorador tiene al menos uno de esos carismas (1 Corintios 12.7).
- Son clave para la adoración (1 Corintios 14.25).

Para comenzar, debo señalar que un solo autor bíblico nos regala varias listas de dones o carismas y todos son distintos. En otras palabras, bíblicamente es un error hablar de nueve dones del Espíritu de Dios, pues en la Palabra de Dios hay mucho más de nueve. Veamos esto de manera más gráfica:

## DONES DEL ESPÍRITU

| *1 Corintios 12.7-11* | *Romanos 12.6-8* | *Efesios 4. 11* |
|---|---|---|
| sabiduría | profecía* | apóstoles |
| palabra de ciencia | servicio | profetas* |
| fe | enseñanza | evangelistas |
| sanidades | exhortación | pastores |
| hacer milagros | repartir | maestros * |
| profecía* | presidir | |
| discernimiento | hacer misericordia | |
| lenguas | | |
| interpretación de lenguas | | |

De estos carismas del Espíritu, todos se pueden encontrar entre nosotros, salvo el de ser apóstol. Uno de los más «temidos» y amados (dependiendo del lugar en que se haga la pregunta) es el don de lenguas. Son muchas las posiciones que se han tomado respecto a este carisma del Espíritu. Intentar hacer un análisis responsable del mismo requeriría un libro mucho más voluminoso que este. Pero es necesario resaltar algunas posiciones claves para toda discusión seria de este carisma.

Hace algunos años tuve la oportunidad de leer un libro de Anthony A. Hoekema, en el que se hacía énfasis en que el don de lenguas era de Dios, pero que no había evidencia de su presencia más allá del primer siglo; o sea, que desapareció después del primer siglo. [1] Esta declaración abrió las puertas para cuestionar los fenómenos ocurridos desde el siglo dieci-

---

1  A.A. Hoekema, *El bautismo del Espíritu Santo*, Ediciones Evangélicas Europeas, Barcelona, 1977.

nueve hacia acá. La sed de profundizar en esta posición,
esgrimida por muchos eruditos y escritores muy serios que
citan a Hoekema como fuente primaria, me hizo seguir buscando hasta encontrarme frente a dos trabajos excelentísimos
sobre este tema. Uno de ellos, el de Cyril G. Williams, señala
que quien diga que el don de lenguas no trascendió el primer
siglo, no ha mirado con detenimiento las notas históricas de
Ireneo (130-200 d.C.), Tertuliano (160-220), los santos medievales, el avivamiento pietista (siglos diecisiete y dieciocho),
los hugonotes en Francia (1685-1700), los cuáqueros y meto-
distas, los jansenistas de Francia, los irvinistas de Inglaterra
y los movimientos del siglo diecinueve en el este y este medio
norteamericano.[2] En los últimos diez años he podido leer no
menos de veinte volúmenes a favor o en contra de estas dos
posiciones, pero el que más sorpresa me ha causado es uno
producido por la iglesia Católica. En este se registra que en
1921, el obispo de Dijón, monseñor Landrieux, señaló que este
carisma era el «divino desconocido», un problema teológico,
«un misterio vivido por la Iglesia; dominar su historia trasciende sus estructuras y permite finalmente alcanzar la efu-
sión primitiva que le dio origen».[3] A continuación este clérigo
añade que los «protestantes lo dominan con nitidez».[4]

Cada lector debe juzgar y evaluar este desafío teológico
hasta llegar a sus conclusiones. Queremos añadir a esta primera fase de la introducción a este tema el hecho de que toda
discusión deberá tener en cuenta que la Iglesia es el producto
del Espíritu, que fue Pentecostés el que le dio origen, y que
seguirá siendo el Cuerpo de Cristo en la medida en que lo sea
del Espíritu. Su sustancia, existencia y desarrollo se derivan
del Espíritu. No se sorprenda al leer que estos últimos conceptos también forman parte de las declaraciones del obispo
de Dijón. También queremos añadir el argumento bíblico
paulino que señala que las lenguas y las profecías pasarán,

---

2  C.G. Williams, *Tongues of the Spirit*, University of Wales Press, Cardif, Australia,
   1981.
3  *El Espíritu Santo ayer y hoy*, Ediciones Secretariado, Semanas de Estudios Trinita-
   rios, Salamanca, 1974.
4  *Ibid*, p.11.

pero esto ocurrirá cuando venga lo perfecto, esto es, el Día del Señor (1 Corintios 13.8-10).

Un detalle particular que se trasluce en esta discusión inicial es el hecho de que los carismas del Espíritu son capaces de generar grandes controversias. Me parece que la culpa de que esto sea así es enteramente nuestra. Casi todos los conflictos sobre este tema surgen a consecuencia de la posición que le queremos dar a los carismas en la iglesia; algunas posiciones reflejan mucha importancia y otras los relegan hasta el olvido. Ambas son incorrectas. Es cierto que no podemos obviar que la acción del Espíritu es más importante que los carismas, y que por eso pueden acabarse. Pero no podemos imaginar una iglesia que pretenda operar sin la presencia y el uso correcto de esos carismas. Después de todo, donde se encuentra la Iglesia está el Espíritu de Dios y donde esté el Espíritu de Dios podremos encontrar su proceso de capacitación.

Todo adorador debe entender el papel que juegan los carismas del Espíritu en la vida de la Iglesia y en él. Si la Biblia señala que estos carismas son dados por el Espíritu es porque Dios entiende que son necesarios para las funciones de la Iglesia. Antes de hacer referencia a esas funciones, permítame hacer una aclaración muy importante: los carismas no se deben confundir con las operaciones básicas que se desarrollan en todas las iglesias cristianas, estos forman parte de esas operaciones básicas pero, no son las operaciones básicas de la Iglesia. Veamos un ejemplo que aclara este concepto: el de la fe.

La fe cristiana es vista como un elemento operacional en la Iglesia y de la Iglesia. No comprender esto correctamente puede dar paso a grandes conflictos teológicos y de adoración. Este elemento constitutivo se puede desmontar en seis naturalezas o definiciones distintas, a saber:

a. La fe como fruto del Espíritu (Gálatas 5.22).
   Esta no es un carisma o don del Espíritu, es uno de los productos que se cultivan, un fruto del Espíritu.
b. La fe como obra de Dios (Juan 6.29).

Esta es el producto del obrar de Dios en el corazón de cada ser humano, a través de la proclamación de las obras del Eterno.

c. Un don de Dios (Efesios 2.8).

Esta no se debe confundir con los carismas, pues no es ese el término que usa la carta a los efesios. El término usado allí es *dorón*, o sea un regalo que Dios le da a todo el mundo para que puedan creer al mensaje de salvación.

d. Un don del Espíritu (1 Corintios 12.9).

Un carisma que el Espíritu le da a quien Él quiere, para la edificación del Cuerpo de Cristo.

e. Un producto con asiento en el corazón del hombre (Romanos 10.9,10).

La Biblia señala que es desde allí que hay que creer para ser salvo.

f. La certeza de lo que se espera (Hebreos 11.1).

La definición más usada por la iglesia cristiana.[5]

Como habrá notado el lector, la Iglesia no puede siquiera imaginar su existencia con la ausencia de una sola de estas naturalezas o definiciones de fe. El pensar que se puedan llevar a feliz término todas las demandas y todos los reclamos bíblicos, mediante el ejercicio de una o algunas de estas naturalezas de la fe es intentar coartar el derecho del Espíritu de Dios a revelarse al corazón del hombre. Es evidente que la fe no existe sólo desde la perspectiva de los carismas. Esa fe carismática parece ser una herramienta especial del Espíritu para que la Iglesia del Señor sea capaz de «mover las montañas». Es evidente que la fe salvadora, la que no es de nosotros para que nadie se gloríe (Efesios 2.8) no es similar a la fe carismática. Recordemos que el Espíritu da los carismas a quien Él quiere. Desde este punto de vista, si fueran similares sería como decir que Dios le permite creer a quien Él quiere; esto iría en contra de su naturaleza, ya que ha dicho en su

5    Strong, Strong's Exhaustive Concordance of the Bible, Universal Subject Guide to The Bible, Faith, Thomas Nelson Pub., Nashville, TN, 1990, p. 69.

Palabra que no quiere que nadie se pierda, sino que todos procedan al arrepentimiento (2 Pedro 3.9). Esa es la diferencia entre la fe que es *dorón* y la fe que es *xarisma*, la primera es un regalo de Dios para todos, la segunda es una herramienta que Dios le regala a quien Él quiere.

Luego de esta complicación intencional, cuyo propósito es iniciar discusiones teológicas recuerde siempre que no tiene que estar de acuerdo con el escritor; el deseo de este es provocar la reflexión teológica y que usted arrive a sus conclusiones, iluminado siempre por el marco doctrinal que distingue su fe, debemos decir que todo aquel que concuerda con la declaración que señala que la Iglesia es producto del Espíritu, está diciendo que no existe una iglesia que no sea carismática. Si el Espíritu de Dios está en la Iglesia, allí también estarán los carismas y por lo tanto será carismática. Uno de los grandes problemas que tenemos con este término es que por lo general lo asociamos con un sinnúmero de elementos que no son necesariamente carismáticos. Por ejemplo, decimos que un líder es carismático cuando tiene la habilidad de mover las masas. La respuesta a esto es la siguiente: en primer lugar, las habilidades y los carismas son dos cosas distintas en la Palabra de Dios; y en segundo lugar, Dios no ha hecho carismáticos a los cristianos con otro propósito que no sea el de perfeccionar a los santos, edificar, dar cohesión y unidad en el conocimiento de Dios a la Iglesia y que ella pueda crecer. Para esto, no necesariamente hay que poder mover las masas.

Ya hemos adelantado parte de la discusión sobre el propósito de los carismas del Espíritu. El primero de ellos es la perfección de los adoradores. Esta finalidad es vital para el funcionamiento de la Iglesia como ente corporativo. La Biblia dice que los que temen, lo hacen porque no han sido perfeccionados en el amor (1 Juan 4.17-18). En otras palabras, alcanzar la perfección bíblica requiere de dosis masivas de amor. *Entonces, uno de los grandes propósitos de los carismas del Espíritu es lograr que los santos brinden y reciban mucho amor hasta lograr que sus temores se disipen.* Una iglesia que hace buen uso de sus carismas no se fragmenta, porque los adoradores que allí se congregan se están perfeccionando constantemente con amor de Dios a manos llenas. El enemigo no podrá doblegar esa iglesia, porque los adoradores han descubierto el valor del amor de Dios que se respira allí. Ese amor motivará la confesión, la reconciliación y la oración profunda.

El apóstol Pablo, cuando le escribe de esto a la iglesia de Corinto, le señala que ha llegado el momento de perfeccionarse y de ser del mismo sentir (2 Corintios 13.11). A esto le llamamos unidad integral, la que se observa en una iglesia en la que sus miembros han logrado un balance entre ellos que patrocina el crecimiento de todos y anula la fragmentación del pueblo de Dios.

Es notable que en la carta a los efesios se nos señala que esta perfección tiene el propósito de servir de capacitación para los ministerios de los adoradores. Permítame parafrasear esta oración que sugiere *que todos los adoradores tienen un ministerio de parte de Dios con su iglesia, al ser recipientes de por lo menos un carisma del Espíritu*. No existe un cristiano que no tenga al menos un ministerio.

No hay una manera mejor de entender los dones que la que los coloca en función de permitirnos o facilitarnos conocer mejor al Señor, al mismo tiempo que a nosotros mismos. Creo que es necesario explicar que nadie puede llegar a conocer completamente a Dios, esto lo convertiría en un ser semejante a Dios y eso es imposible. Pero es el Espíritu Santo el que nos puede ayudar a tener una idea más completa de lo que es Dios, de lo que es su revelación y de lo que son sus propósitos (1 Corintios 2.9-12). Ningún don estará por encima del fruto del Espíritu, pues los dones estarán ausentes en el cielo; no así el fruto del Espíritu, que sabemos estará presente en la fiesta eterna.

Si me permite partir de una premisa muy bautista que señala que cada iglesia o congregación local ha sido capacitada por Dios con todo lo que necesita para operar, entonces es muy fácil concluir que Dios le ha facilitado este conocimiento a toda su Iglesia; o lo que es más apropiado, *Dios le ha dado a cada Iglesia la capacidad para poseer este conocimiento*.

El capítulo 4 de Efesios enfatiza que los carismas del Espíritu sirven a esta función en la iglesia. Me parece importante hacer un paréntesis aquí para anotar que estoy consciente de que muchos de los que no quieren comulgar con la presencia activa de estos carismas en la vida y la esencia de la iglesia, recurren a desacreditar pasajes como estos, aludiendo entre otras cosas, algunos resultados del análisis crítico de los pasajes bíblicos. Con toda humildad quiero señalar que soy graduado de un seminario evangélico cuyos programas están catalogados entre los más altos que existen en términos pedagógicos, teológicos y de la alta crítica. Allí aprendí que la autoridad canónica de un pasaje bíblico trasciende los análisis de autor, lugar de redacción y tiempo. La Biblia lo dice en Efesios de igual modo, por su autoridad canónica, a la Iglesia de todas las edades. Es por eso que las notas exegéticas no suben al púlpito, allí suben los resultados de la exégesis, mirados a la luz de la autoridad canónica que tiene la Biblia. Los predicadores que olvidan esto convierten sus púlpitos en cátedras secas y áridas, que «no ungen con aceite ni vendan a los heridos».

Un buen ejemplo de un predicador carismático es el apóstol Pablo en 1 Corintios 15.1-11. Allí nos señala que el mensaje que le predicó a esa iglesia no fue sacado de la manga, sino que fue un mensaje con autoridad apostólica, un evangelio aprendido, un evangelio por el que no necesitaba presentar excusas, que todo aquel que creyera y perseverara en el mismo se salvaría y el que no perseverara habría creído en vano. Inmediatamente después nos presenta lo que para él es el evangelio del reino, que Cristo murió, fue sepultado y resucitó; todo esto según las Escrituras. Lo que hace a continuación, es probar que la resurrección es un hecho histórico.

Traigo este ejemplo con toda la intención, pues es necesario observar en él cómo un predicador carismático declara que se expuso a un proceso de aprendizaje (Gálatas 1.15-18), que puede enumerar los postulados básicos de su teología y que está seguro de que puede presentar evidencias que la sustentan. Algo más, este predicador carismático bosqueja su presentación, cada palabra usada tiene una intención particular, el Espíritu de Dios que está en él no le permite margen alguno para improvisar. Este es el resultado de la operación de los carismas en la vida de todo adorador. Los carismas del Espíritu agilizan nuestro conocimiento de Dios. Es realmente notable que este apóstol simplifique el mensaje del evangelio como lo hace aquí; *los carismas del Espíritu no han sido dados sino para simplificarnos el acercamiento a Dios.* Ver a Dios a través de los ojos del Espíritu nos facilita la visión de su plan de salvación. Un testimonio vivo que hemos disfrutado en este siglo es el ministerio del doctor Billy Graham, un ministerio singular en la historia de la humanidad. Que no quede duda alguna, el doctor Graham es un profeta carismático. Es profeta porque sabe interpretar y exponer la Palabra de Dios, y es carismatico, entre otras cosas, porque es la mejor manera de explicar cómo un mensaje tan sencillo logra la conversión de millones de personas. El carisma que Dios ha puesto en este siervo permite hacer sencilla la ruta hacia el cielo. Nuestra generación ha sido testigo del ministerio de un profeta en el espíritu.

Cuando enumeramos los propósitos de los carismas, presentamos el elemento de la edificación de la Iglesia. Todos los carismas deben ser puestos en operación sin obviar esta finalidad ni un solo instante. Es más, cada manifestación carismática se debe filtrar a través de este principio: que la Iglesia sea edificada. La unidad en el conocimiento y la unidad en la fe, predican un propósito carismático unificador y antielitista. Los carismas del Espíritu no se han dado para dividir la Iglesia entre los espirituales y los no espirituales. Después de todo, es importante recordar que los adoradores tenemos al menos un carisma. Por lo tanto, estamos embarcados en la misma expedición y tenemos los mismos privilegios y responsabilidades. Por otro lado, el que alguien no haya hecho «sus asignaciones» para descubrir cuáles son sus carismas y cómo se deben usar, no le da licencia para oponerse a que otros los usen. Es más, ni siquiera Dios lo esperará para que la Iglesia sea edificada, perfeccionada, unida y lanzada a sus respectivos ministerios. Es él quien debe darse prisa.

El último punto que queremos presentar sobre el tema de los carismas sostiene que su buen uso provocará que los no convertidos se postren delante del Señor y le adoren (1 Corintios 14.25). Este es un elemento básico en la presentación paulina y bíblica del tema. Los carismas del Espíritu requieren ser utilizados correctamente. El resultado de ese uso responsable de los dones será la invitación a la adoración, sobre todo a los que no conocen al Señor.

Lo que hemos dicho hasta aquí es que es imposible presentar un servicio completo al Señor sin la presencia activa de estos carismas. Es imposible conseguir que la Iglesia alcance perfección, edificación y capacitación para el ministerio si estos carismas no están presentes. Es imposible que un adorador se sienta unido en la fe y en el conocimiento de Dios con sus hermanos, si la Iglesia está ausente de estas herramientas divinas. Es imposible que los adoradores alcancen el crecimiento esperado por Dios, si no mantienen en función estos regalos del cielo.

# Capítulo 11
# EL TESTIMONIO

**N**O EXISTE UN SERMÓN MÁS ELOCUENTE que aquel que se vive más allá de los portones de la Iglesia. La que ofrece el evangelio es una vida transformada y en constante crecimiento. Las evidencias de esto se constituyen en la mejor exposición de la veracidad de lo que estamos proclamando.

En cuanto a los creyentes, no hay otra consideración bíblica para todo cristiano que la que describe a cada uno de ellos como un adorador; no existen términos medios en las Sagradas Escrituras. Todo aquel que haya chocado con el Creador de los cielos y de la tierra tiene que postrar su vida entera ante Él. Las evidencias de ese encuentro son imprescindibles cuando se busca que otros también lo procuren.

No existe otra forma para describir los procesos de adoración que la usada por el Señor Jesús: la adoración deberá ser en espíritu y en verdad; esto es, desde la dimensión correcta y en el conocimiento de causa correcto. Las evidencias de que el adorador está procesando su relación con Dios desde las perspectivas correctas dejan huellas tanto en él como en los que están a su alrededor.

Alcanzar este entendimiento requerirá que los adoradores estén dispuestos a sacrificar presuposiciones, algunos intereses y sueños y a mantener tanto una actitud autocrítica de esa relación como la pasión que requiere todo proceso que se basa en el amor. Esto es así porque todo adorador debe amar al Señor.

Lo antes expuesto se puede resumir en una sola palabra: testimonio. La adoración como proceso es un testimonio de la relación del adorador con Dios y de fe para los observadores. Olvidar esto anula los esfuerzos por hacer lo que se nos ha ordenado como pueblo de Dios. Es por esto que Jesús no acepta la adoración de Jerusalén y Samaria, pues no alcanza a trascender las diferencias entre los dos pueblos (Juan 4).

La palabra testimonio, *martureo*, tiene unas connotaciones muy particulares. Este término casi siempre se usa para describir una función distinta de la predicación (Hechos 10.42). La proclamación es una función kerygmática, de anuncio. El testimonio es la función de probar una aseveración, la atestación con certeza de una declaración realizada. El adorador es llamado a proclamar y a testificar. De la palabra griega que tradujimos como testimonio se deriva la palabra mártir, que es quien se atreve a dar su vida por causa de Cristo y de su evangelio. O sea que este concepto está cargado con un precio implícito que hay que pagar y se le impone, no a causa de la salvación, pues esta es gratis, sino a causa de la gratitud por el discipulado que se nos ha encomendado.

El pueblo de Israel ató estas definiciones al proceso cotidiano de la adoración al Señor. En el libro de la segunda ley, Deuteronomio, leemos que el Señor ordenó al pueblo que entonaran un cántico que les serviría de testimonio a las generaciones venideras (Deuteronomio 31.21). [1] Este cántico sería de gran utilidad en los días de angustia y de sufrimiento. ¡Hermoso proceso terapéutico propuesto por Dios para el día de la prueba! Es que no hay nada más beneficioso para el alma angustiada que cantar al Señor. Y si ese cántico es un testigo de las obras del Señor en medio de su pueblo, entonces tenemos en él una alabanza que adora a Dios y una canción que fortalece el alma y da fuerzas al corazón.

Esta es la perspectiva que le confiere el Señor Jesús a todo proceso de adoración. Él nos señaló que cada adorador debe ser capaz de profundizar en ese proceso hasta lograr hacerlo desde una dimensión en la que la adoración no esté supedi-

---

1 La palabra *deutero* significa segundo y *nomio* ley. Se le llama Deuteronomio a este libro porque en él encontramos un repaso de todos los acontecimientos vividos por Israel desde la liberación hasta la llegada a la tierra prometida.

tada a los hechos externos ni sentimentales; una dimensión en la que la adoración sea incondicional para Dios. Esto sólo es posible cuando se trascienden las barreras puramente materiales y mundanas, y se descubre que el espíritu está presto en todo tiempo para adorar a Dios. Cuando se hace este descubrimiento no se abandona la perspectiva material, sino que se le obliga a que se una a la actividad del espíritu.

Digamos esto de otra manera: los adoradores que pretenden adorar a Dios desde las perspectivas de las bendiciones que han de recibir, desde sus sueños y anhelos, desde sus ansias de poder y reconocimiento o desde la búsqueda del bien individual, chocarán inexorablemente con la dura realidad de que su adoración no es del tipo que busca el Padre. Los que intentan hacerlo, casi siempre se desilusionan con facilidad al sentir el soplo de los primeros vientos de prueba o angustia. Por otro lado, el adorador que abandona sus responsabilidades materiales por querer adorar a Dios sólo con su espíritu, se llevará la sorpresa de que su adoración no llena las expectativas del cielo, pues como hemos visto, la Palabra patrocina una adoración realizada con la totalidad del ser y no la irresponsabilidad con el «Templo del Espíritu», ni con las obligaciones que tenemos con nuestros semejantes.

Es vital que el testimonio de los adoradores esté siempre presente en el desarrollo de sus procesos de adoración. Es la manera más elocuente para traer almas a los pies de Cristo. Este es el último aspecto que queremos resaltar.

Los procesos de adoración no son compatibles con adoradores cuyos testimonios están en los extremos de las posibilidades para el creyente; esto es, ni con los cristianos que viven inmersos en la «quejabanza» (un poco de queja y otro de alabanza), ni con los que se quieren desembarazar de sus responsabilidades con el Señor y con su iglesia, llevando una vida con doble moralidad. Estos dos extremos están sufriendo aumentos notables.

Una iglesia compuesta por adoradores que están constantemente cambiando de actitud es una iglesia compuesta por cristianos inmaduros que no han logrado comenzar a crecer en Cristo. Esa es la imagen de la Iglesia del Señor que proyectamos al mundo cuando nuestro estado anímico está en el cielo mientras estamos en un culto de adoración, y en el subsuelo, cuando nos enfrentamos al primer viento de prueba. Esa es la imagen que proyectamos al mundo cuando somos irresponsables con nuestras obligaciones familiares, económicas y sociales, escudándonos detrás de la espiritualidad o de que Cristo viene pronto. El adorador no se puede confundir, Cristo vendrá y eso no lo puede evitar nadie, pero no podemos usar ese hecho como alternativa para excusar nuestra actitud irresponsable. Léase esto bien, los que practican tal actitud no heredarán el reino de los cielos por estar practicando el pecado. No crea lo que yo digo, escudriñe con cuidado y convénzase usted mismo.

En cualquier concordancia grecoespañola del Nuevo Testamento podrá corroborar los datos que enunciaremos a continuación.[2] En el Nuevo Testamento existen no menos de cinco términos que se usan para definir y hacer referencia al pecado.[3] He aquí algunos de ellos:

- *Hamartía*: errar el blanco. No haber dado en el blanco implica no haber llegado a ser lo que uno debió ser. Esto es, si usted no ha desarrollado al máximo su potencial, está pecando contra Dios al estar echando por el suelo y menospreciando lo que Él ha invertido en usted: tiempo y talentos (Romanos 6.12-13).
- *Paraptoma*: resbalar. Es el pecado no deliberado que se comete por accidente (Mateo 6.14-15).
- *Parábasis*: cruzar al otro lado. Una distorción de la verdad, una pobre definición de nuestra fidelidad y una transgresión de los preceptos divinos. Aquí

2   Se sugiere usar la de H.M. Petter, *Concordancia greco-española en el Nuevo Testamento*, CLIE, Tarrasa, 1976. Hay muchas otras muy buenas.
3   Una buena discusión sobre este tema lo podrá encontrar en William Barclay, *Mateo 1*, Editorial La Aurora, Buenos Aires, 1973, I:232-234.

entra el pensamiento y el sentimiento pecaminoso y descortés (Romanos 4.15).

- *Anomía*: actuar como si no hubiera ley. Es conocer el bien y el mal y optar por hacer lo malo. Esto es iniquidad, injusticia y maldad (Mateo 13.41).
- *Ofeilema*: deuda. Cuando no pagamos lo que debemos (Mateo 6.12).

¿Hay preguntas? La primera vez que confrontamos estos datos generamos docenas de ellas. El problema residía en que con cada pregunta surgida nos comprometíamos cada vez más. Nuestra situación real aparecía delante de nuestros ojos como si se nos examinara a través de una potente máquina de tomografía computarizada. Es tan simple como saber que podemos pecar ante Dios por no llegar a ser lo que debimos haber sido, por accidentes que no confesamos al distorcionar mentalmente la verdad divina, por actuar conscientemente fuera de la ley o por no pagar lo que debemos (material y emocionalmente). ¡Damos gracias a Dios que la salvación es por la sangre de Cristo! Por eso el apóstol nos dice que no es por obra, a lo que concluyo que no sólo es para que nadie se gloríe, sino porque sería imposible de otra manera.

Dios está buscando adoradores que le adoren en el conocimiento de verdades como estas; adoradores que conozcan la dimensión de la espiritualidad y de la adoración integral, pero que también conozcan sus responsabilidades ante Dios, ante ellos mismos y ante el mundo.

Dios está buscando adoradores que estén dispuestos a pagar el precio de sacrificar algo de sí mismos, con tal de encontrarse agradando a Dios. No me malentienda, no estoy proponiendo flagelaciones ni castigos físicos. Lo que estoy argumentando es que hay necesidad de adoradores que sean más humildes y reconozcan que no son socios del cielo por derecho; eso es pecado. Adoradores que no procuren agenciarse las bendiciones que «vienen de Dios» mediante el proceso literal de «cazar» oportunidades; eso es pecado. Dios es el que abre puertas, y lo hará cuando usted y yo estemos listos.

Si no llegamos a estar listos nunca, lamentablemente las puertas no se abrirán y tendremos que dar cuenta a Dios por nuestra pobre preparación.

Permítame unos señalamientos pastorales antes de comenzar con las conclusiones de esta segunda dimensión. En el plano personal la misericordia de Dios ha sido derramada de manera exagerada sobre nosotros como familia; Dios nos ha permitido ver abiertas muchas puertas del ambiente secular y religioso. En muchos casos me he visto forzado a inclinar la cabeza y pedir disculpas o guardar silencio ante los señalamientos de pobres testimonios que han dejado «ministerios» cristianos, especialmente en el ambiente secular. Lo que hace mucho más triste este señalamiento es el hecho de que gran parte de estos «antitestimonios» radican en el aspecto económico y de la conducta en general. No podemos calcular el daño que estas malas experiencias han hecho a vidas que no conocen al Señor. Muchas de esas experiencias negativas se pueden resumir como el producto de la ansiedad por querer adelantar sus ministerios, aun cuando se le adelanten a los planes de Dios.

Por otro lado, es necesario dejar claro que existen grandes contrastes cuando miramos algunos ministerios que sí se han tomado el tiempo de buscar y esperar el momento de Dios. Recordamos con cariño una experiencia con un varón de Dios que ya se encuentra cantando en el coro del tercer cielo, Tito Lara. Este puertorriqueño, educado para cantar y con una trayectoria musical envidiable en el mundo secular, decidió no resistir el llamado de Dios y entregó su vida entera al servicio del Señor y de su iglesia. Era impresionante observar cómo los mejores músicos y cantantes seculares le abrían sus puertas de par en par, ofreciéndole sus servicios para grabar su nueva música. Los grandes estudios de grabación, literalmente se peleaban por tener el privilegio de tenerlo con ellos para producir sus grabaciones. Llamaba la atención que sobre todas estas cosas en Tito se destacaba una humildad genuina. Todos los que lo conocimos hablábamos de eso como tema obligado. No le gustaban las presentaciones en las que se señalaban sus logros en el mundo secular. Pero lo más asombroso fue observar cómo en un momento de euforia, un cantante cristiano le conminó a realizar otra producción musical. Su respuesta aún está retumbando en los oídos de todos los que la alcanzamos a oír: «Ese es un asunto muy serio que requiere mucha oración y esperar la dirección de Dios». Estamos seguros de que Tito Lara está en el coro del cielo, recibiendo su premio por haber sido lavado con la sangre del Cordero de Dios que quita el pecado del mundo; damos gracias a Dios por habernos permitido vivir cerca de un «sermón con zapatos», un testimonio glorioso de lo que es servirle y adorarle.

## Resumen

En esta dimensión hemos querido destacar la importancia de tres aspectos importantes en la vida de todo adorador. Las consideramos tan importantes que hemos decidido llamarlas herramientas vitales para el proceso de adoración de todo adorador. Ellas se han enumerado como la Palabra de Dios, los carismas del Espíritu y el testimonio. En cada una de ellas intentamos pormenorizar los detalles que consideramos esenciales para la vida y la experiencia del adorador como individuo y como miembro de una unidad corporativa llamada Iglesia, producto del Espíritu Santo de Dios desde el día de Pentecostés.

Un resumen lineal de cada una de ellas aparecería de la manera siguiente:

*La Palabra de Dios*
- No se circunscribe a un solo modelo del proceso de adoración.
- Muestra la adoración como un proceso.
- Algunos de los aspectos que la Biblia no se molesta en probar son los siguientes; la existencia de Dios y que Jesucristo es Dios. Ambas son dadas por sentado.

- No adoramos a Dios por sus bendiciones, sino porque Él es Dios.

- Desde Génesis hasta Apocalipsis nos presenta modelos contextuales que obedecen a las situaciones particulares de los adoradores. En la Palabra de Dios un mismo adorador puede experimentar al Señor con varios modelos distintos; por lo tanto, no se le puede limitar a un estilo en particular.

- Los conceptos bíblicos suelen ser mucho más profundos de lo que entendemos a primera vista. Ejemplo de ello son la adoración, la misericordia y la fe.

- La Palabra de Dios es elemento vital para el carácter único de la adoración corporativa. Sin Palabra de Dios, no hay adoración a una voz.

- Un adorador sin el conocimiento adecuado de la Palabra de Dios corre el riesgo de convertirse en un seudoproclamador del mensaje del Reino de los Cielos. Sería mucho mejor que nadie sin entrenamiento adecuado se atreviera a esgrimir los cursos bíblicos de nuestras congregaciones. Es deber del pastorado y de los ancianos de la iglesia la capacitación de esos hermanos. Sin temor alguno aconsejo que se pague el precio de mantener sólo aquellos maestros que acudan a los entrenamientos de la iglesia. Una buena alternativa que hemos ensayado en la nuestra es la sustitución de una escuela bíblica dominical al mes, por una escuela bíblica pastoral para todos los adultos y jóvenes.

- La adoración tiene la obligación de ser flexible para poder cambiar sus patrones frente a las exigencias que hace el dolor humano.

- El uso de temas neurálgicos en las Escrituras. Estos no se pueden ni se deben tratar superficialmente; la Biblia no lo hace. En el ejemplo del dolor vemos que la Biblia no intenta resolver el problema del porqué del mismo; ni generaliza que se deba al

pecado o a Dios. Ningún adorador debe intentar
tratar con simpleza estos asuntos, so pena de convertirse en un aniquilador de esperanzas o en un
pobre mensajero de la gracia.

- La variedad de estilos y modelos que presenta la
Palabra de Dios para el control de las crisis de los
seres humanos es una clara invitación a que los
adoradores se preparen adecuadamente para poder enfrentar con responsabilidad situaciones de
este tipo.
- La adoración no se aprende, nace del corazón del
adorador.

*Los carismas del Espíritu*
- Vienen de Dios.
- Son vitales para la perfección, la capacitación en el
ministerio, la edificación, la unidad de la Iglesia en
la fe y en el conocimiento de Dios así como para el
crecimiento del adorador, junto a la Iglesia, hasta
la estatura de Cristo.
- A todos los adoradores se les ha dotado de por lo
menos un carisma.
- El uso correcto de los carismas del Espíritu presupone el crecimiento y la madurez de los adoradores. Requiere que haya conocimiento, pues la
adoración no se puede dar en la ignorancia, es
decir, se tiene que conocer mejor nuestra relación
con Dios.
- Los carismas del Espíritu se han dado para agilizar
ese conocimiento.
- Ningún don puede estar por encima del fruto del
Espíritu.
- Los dones del Espíritu deben provocar la adoración de los que no conocen al Señor.

*El testimonio*

- El llamado de los adoradores es a ser «sermones con zapatos».
- Para lograr esto es necesario estar dispuestos a sacrificar algunos entendimientos y estilos muy nuestros.
- Estos sacrificios se deben realizar por gratitud y no con la intención de ganar el cielo.
- El testimonio, que es distinto a la proclamación, forma parte de la experiencia de adoración del pueblo de Dios.
- El testimonio del adorador incluye su consistencia y su carácter incondiconal para adorar a Dios sin depender de las situaciones externas que pueda estar enfrentando.
- El testimono está ligado a la adoración genuina; esto es, un adorador en espíritu y en verdad cuidará el testimonio de su relación con Dios y con sus semejantes.
- El pecado, concepto multidimensional, afecta de muchas maneras el testimonio de los adoradores.
- Los adoradores son responsables ante Dios de todos los efectos que causen sus pobres testimonios frente al mundo.

# TERCERA DIMENSIÓN:

# *LOS MINISTERIOS*

Hay una leyenda de los indios Sioux que encuentro muy interesante. Estos indios norteamericanos cuentan la historia de un joven que, siguiendo la tradición de su tribu, emprende la marcha hasta una montaña sagrada en busca de «la visión del camino». Esta visión no era otra cosa que la revelación y aprobación del «Gran Espíritu» del oficio que este joven guerrero quería practicar: médico curandero de su tribu. Para eso tenía que llegar a un lugar específico de esa montaña sagrada y allí esperar por la visión, mientras batallaba contra «los espíritus», sus temores y el medio que lo rodeaba.

Al llegar al lugar designado, este joven pudo sostenerse allí por unos tres días, al final de los cuales tuvo que descender huyendo, pues una gran peña lo perseguía para aplastarlo, mientras la montaña rugía furiosa. Cuando llegó a su aldea y le relató lo sucedido a dos de los ancianos, tuvo por respuesta:

«Bueno, encontraste algo», dijo el más viejo, que era su tío. «Fuiste tras tu visión como un cazador tras un búfalo o como un guerrero tras unas cabelleras. Estabas peleando con el espíritu. Pensaste que él te debía una visión. El sufrimiento por sí solo no trae esa visión, tampoco el valor ni la fuerza de voluntad extendida al extremo. Una visión llega como un regalo nacido de la humildad, de la sabiduría y de la paciencia. Si de tu búsqueda de la visión no has aprendido más que esto, entonces has aprendido mucho. Piensa en ello».[1] (Traducción libre del autor.)

Los seres humanos han vivido obsesionados con la búsqueda de esa visión desde el día de la creación. Desde que somos concebidos, nuestros padres son los primeros en formular esa pregunta eterna: ¿Para qué viene esta criatura al mundo? ¿Cuál será su misión en la vida? Lo curioso es que en la iglesia es dónde más se escucha esa pregunta, aunque parafraseada de otro modo: ¿Qué tendrá el Señor conmigo? ¿Cuál será mi ministerio? Y la verdad detrás de esos interrogantes radica

1 «The Vision Quest» (Brule Sioux), en *American Indian Myths and Legends* [Mitos y leyendas de los indios americanos], seleccionado y editado por Richard Erdoes y Alfonso Ortiz, Panteon Books, New York, 1984 p. 72.

en el hecho de que todos los adoradores tenemos un ministerio en la casa de Dios.

Ahora bien, esta dimensión no será dedicada a la corroboración de ese axioma y mucho menos a ejercicios que le permitan descubrir al lector cuál es su ministerio. Esa es una tarea que con mucha alegría dejaré en primer lugar al Espíritu Santo y luego a los pastores, a los lectores y a sus iglesias locales. Esta dimensión será dedicada a analizar la manera en que tratamos o conducimos esos ministerios. Desde el punto de vista del que escribe, la manera en que lo hacemos forma parte vital de nuestro entendimiento de Dios, de nuestro amor por las responsabilidades que Él nos ha asignado y de nuestra fidelidad a Dios y a la iglesia en la que se nos ha llamado a servir.

Esta dimensión parte de suposiciones que damos por sentado y que no admiten transacción. Son las siguientes:

- Que todo adorador entiende que no puede ser un adorador en espíritu y en verdad si no tiene vida congregacional, toda vez que la adoración, en su base, tiene una dimensión corporativa que no se puede descartar.

- Que todo adorador reconoce sus responsabilidades en esa institución corporativa llamada Iglesia (Hebreos 10.25).

- Que todo adorador entiende que buscar hacer la voluntad de Dios no es tan solo una opción bíblica, sino una obligación que incluye todas las áreas de nuestra vida.

- Que todo adorador sabe que necesita elaborar una disciplina de oración y de reflexión bíblica para conocer esa voluntad. Que sabe que sobre la marcha siempre estará haciendo ajustes y sacrificios para entender cuál es la voluntad de Dios (esta lucha concluirá cuando lleguemos al cielo).

- Que todo adorador se debe mantener haciendo estudios periódicos de autoconocimiento; ejercicios vitales para poder conocer las áreas en las que necesitamos trabajar para poder ser más efectivos en nuestras asignaciones ministeriales.

- Que todo adorador sabe que un ministerio no se opera si antes no se está capacitado por el Espíritu de Dios para ministrar. Dedicarse a la administración ministerial sin corroborar que estamos capacitados para ministrar, por lo general lleva a una visión puramente financiera del llamado (ministrar y administrar son dos cosas distintas).

- Que todo adorador reconoce que su enemigo más grande no es el diablo ni el mundo; sino su carne, su humanidad rebelde. Las rebeliones de la carne son aprovechadas por el enemigo y por el mundo para agenciarse victorias sobre los adoradores. Este entendimiento es vital para no desperdiciar tiempo y energías luchando en frentes equivocados. En muchas ocasiones, el diablo y el mundo son usados como excusas para esconder nuestro pobre desempeño ante las demandas de Dios.

Para que esta dimensión se pueda apreciar desde un contexto un poco más generalizado e inclusivo, hemos decidido presentarla desde el análisis de dos ministerios proféticos del Antiguo Testamento: el de Jonás y el de Elías tisbita.

En el primero veremos los aspectos negativos, la visión de un ministerio irresponsable, la falta de sensibilidad ministerial, la incapacidad para oír y entender la voz de Dios, la arrogancia, la mentira, la incapacidad para reconocer los fracasos, los costos que traen consigo las conductas de este tipo, la visión que tiene el mundo de los ministerios en los siervos de Dios, las promesas y el efecto de las emociones cuando se le dan rienda suelta.

En el segundo veremos la completa humanidad del profeta, su vulnerabilidad, sus decisiones incorrectas, su cansancio, sus luchas, su capacidad para discernir la voz de Dios, los diagnósticos divinos, las herramientas del cielo y la recuperación de un ministerio casi al punto del fracaso total.

En el primero aprovecharemos el tono irónico y a veces sarcástico de ese relato, para matizar el análisis con notas que contengan esa picardía (esperamos no ofender a nadie, pues no es ese nuestro propósito). Estas notas nos permitirán realizar algunas declaraciones vitales de una forma menos ofensiva.

En el segundo aprovecharemos el color de la depresión que acompaña al sujeto del relato que estaremos analizando, para matizarlo con tonos melancólicos y sentimentales. Desde esa perspectiva intentaremos comunicar mejor nuestra visión de cómo interpreta Dios nuestra parte humana en el ministerio.

En cada uno de ellos haremos algunas paradas estratégicas; son estaciones en las que tendremos la oportunidad de evaluar los ministerios y llamados frente a los aspectos positivos y negativos con los que nos confronten estos dos personajes de la Biblia.

# Capítulo 12
# EL SÍNDROME
# DE JONÁS

**D**ESDE EL PUNTO DE VISTA PURAMENTE LITERARIO, el libro de Jonás es una novela de cuatro capítulos. Decimos que es una novela por su estructura literaria; no porque sus personajes no sean reales. Por ejemplo, usted no puede eliminar un solo versículo sin afectar la trama en su totalidad, y tenemos un narrador omnisciente que conoce hasta los pensamientos de cada personaje. Si encuentra difícil armonizar sus pensamientos con la clasificación de género literario que le hemos dado, puede optar por clasificar el libro como una parábola irónica, lo que mantiene el mismo matiz ofensivo para los que somos estudiosos conservadores.[2] A partir del análisis de este libro, varios especialistas han concluido que este no intenta tratar con los mensajes proféticos de Dios como elemento primario, y sí, con las formas que usa Dios para tratar con su profeta.[3]

Durante mis estudios en el Seminario Evangélico de Puerto Rico tuve la oportunidad de dedicar un semestre a una exégesis de este libro. Al concluirla, me di cuenta de por qué este libro ha sido relegado para cubrir los espacios de las historias para niños; estoy seguro de que el lector no tendrá reparo alguno en llegar a la misma conclusión al finalizar la lectura de este capítulo. El libro confronta sin misericordia cada aspecto de un ministerio, de cualquier ministerio. Lo

2  *Anchor Bible Dictionary*, «Jonah, Book of», Doubleday, New York, 1992, pp. 936-942.
3  J.M. Sasson, Jonah: *The Anchor Bible*, Doubleday, New York, 1990, p.86.

hace mediante una confrontación violenta de realidades y características que difícilmente no se hayan podido encontrar en muchos ministerios a través de todas las generaciones. Veamos las noticias en detalle para entender mejor estas aseveraciones, que sé muy bien pueden estar levantando el nivel de la animosidad de más de un lector contra el que escribe.

Desde el mismo comienzo del libro se nos dibujan con claridad las características que encontraremos en Jonás, y las conductas que podemos esperar de este «personaje» tan particular. Él no es el personaje principal ni el héroe de esta historia; en realidad, el protagonista es Dios y el antihéroe es el profeta. El nombre de Dios se menciona treinta y nueve veces en los cuarenta y cuatro versículos que contiene este libro. El nombre de Jonás significa «paloma» y su comportamiento un tanto alocado forma parte de la ironía que implica su nombre. [4] Ese nombre, «paloma», se usa con frecuencia en el Antiguo Testamento para explicar el comportamiento alocado del pueblo de Israel (Salmos 74.19; Oseas 7.11; 11.11). En el caso del profeta, es más evidente este aspecto cuando tomamos en cuenta que quiere «volar» lo más lejos que pueda, para huir de la presencia y de la voluntad de Dios.

El padre de «paloma» se llama Amitai; su nombre significa el «que es fiel». [5] Si el lector observa con cuidado el tono irónico con el que escribe el narrador omnisciente, encontrará que este antihéroe, cuyo nombre aparece formando parte de la experiencia del reinado de Jeroboam, 785-745 a.C.) (2 Reyes 14.23-29) no será en toda esta historia otra cosa que un payaso ministerial, el hazmerreír de todos los que le observan y un testimonio escrito de lo que ningún adorador puede darse el lujo de hacer. El lugar de procedencia de este hombre es Gat-Hefer, o «prensa de uvas en el ojo de agua». Lo que parece predecir que el agua jugará un papel importante en el proceso al que tendrá que someterse este profeta; proceso en el que

---

4   Holman Bible Dictionary, «Jonah», Trent C. Butler, Holman Bible Pub., Nashville, Tennessee, 1991, p. 810.
5   *Ibid*., «Amittai», p. 43.

habrá mucha agua relacionada a las mecánicas que usará Dios para corregirle. También, se puede interpretar como la manera en que se diluye el mensaje de este profeta por su pobre sentido de responsabilidad. Todo su mensaje se reducirá de tal modo que lo podemos leer en un solo versículo, Jonás 3.4.

Permítame hablar de algunas cualidades de este hombre, de que Jonás es un profeta nadie tiene duda; Dios lo llama, lo comisiona y le da un mensaje. Se sabe que no tiene dificultad para escuchar y discernir la voz de Dios, ya que cuando Él le habla, el profeta sabe que es Dios quien lo hace. No tiene problema para comunicarse directamente con Dios, sabe cómo entenderle y cómo hacerse entender. Es un salmista; sabe componer excelentes salmos para Dios (Jonás 2.2-9).

Ninguna de estas cualidades se pone en tela de juicio. Lo que se cuestiona son sus reacciones ante el llamado de Dios, y su sentido de responsabilidad ante la gente que sabe que es un siervo de Dios.

Cuando Jonás es llamado por Dios recibe una comisión para ir a Nínive a proclamar un mensaje de juicio, el cual sospecha, brindará una oportunidad para el arrepentimiento de los ciudadanos de esa ciudad. Es más, esto es lo que abre la puerta para que el profeta decida retar la voluntad de Dios y se marche a Tarsis (nombre que puede hacer referencia al lugar de las naves de alto calado que usaban los fenicios para transportar el producto de las minas, 1 Reyes 10.22), pero con toda probabilidad corresponde a una ciudad minera en el sur de lo que hoy es España y que era el lugar más lejano que se conocía entonces).[6]

Lo que tenemos hasta aquí es un hombre a quien Dios le reconoce todas las cualidades para ser un buen ministro, tiene dones que lo capacitan para cumplir con un ministerio profético, conoce a Dios, sabe hablar con Él, no tiene problema alguno para discernir la voluntad divina y aun así prefiere ver cómo se diluye su ministerio y ser expuesto a la «prensa divina», antes que someter sus criterios acerca del obrar de

---

6   J. Bright, *A History of Israel* [Una historia de Israel], Westminster Press, Philadelphia, 1981, n. 64., p. 212.

Dios. Es lógico entender que este hombre ha sido expuesto a una petición bastante irregular; es como si Dios pidiere a un judío que perdió su familia en el holocausto de la Segunda Guerra Mundial, que predicase en la Alemania nazi.[7] Pero aun así, este profeta sabe que es Dios el que lo ha comisionado, y que tiene un compromiso de obediencia a Él. ¿Cuáles son esos criterios? Este es el tipo de religioso judío que ayuda a la construcción de una teología ultranacionalista judía, en la que se señala que sólo la tierra palestina es santa, y que en los alrededores aun el polvo forma parte de las tinieblas. En otras palabras, Dios no podía ni estar en comunicación con, ni enviar mensajes a, las naciones paganas, pues tenía que ser una propiedad exclusiva del pueblo judío.

¿Qué les parece? Este hombre sabe que es Dios el que le ha hablado, pero hasta Dios debe estar equivocado si sus mensajes no se ajustan a la perspectiva y al entendimiento que tiene el profeta sobre cuál es la forma correcta en la que Dios tiene que obrar. Cualquier parecido con algunos ministerios a nuestro alrededor no es casual y sí la razón de ser de ese libro profético llamado *Jonás*.

Uno de los problemas más grandes que enfrenta la Iglesia del Señor de final de siglo y comienzos de un tercer milenio, no es precisamente uno que proviene de fuerzas externas, sino la amenaza que desde su interior le hacen ministerios que intentan imponer su visión y entendimiento de Dios, aun por encima de la misma voz de Él. Son ministerios que en lo más profundo pueden saber y entender lo que Dios nos ha revelado en su Palabra, pero sus agendas están tan sobrecargadas de prejuicios, presuposiciones y visiones afectadas por «Anteojeras dogmáticas», que prefieren optar por intentar hacer que Dios entre por las puertas de sus entendimientos. No se alarme, pero lo más común es ver cómo ministerios muy serios y respetables puedan tener áreas en las que se observa este patrón de conducta, aunque en el resto de su desempeño ministerial mantengan la apertura y el equilibrio.

No podemos perder de vista que cuando Jonás se rebela

---

7  J. Limburg, *Hosea-Micah, Interpretation*, «Jonah», John Knox Press, 1988, p. 140.

contra la voluntad de Dios se va al puerto de la «belleza», que es el significado de Jope, y comienza a pagar sus gastos; tiene que pagar su propio pasaje (Jonás 1.3). Es que ir en contra de la voluntad de Dios, casi siempre buscaremos lo que parece bello y hermoso para atontar nuestro sentidos e intentar calmar nuestras conciencias. Ir en contra de la voluntad de Dios también tendrá un precio altísimo que pagar y que casi siempre se traducirá en tormentas que no podremos enfrentar.

Es aquí en donde tenemos que hacer la primera parada; evaluemos por un instante nuestra visión de Dios y nuestro entendimiento de su misericordia. ¿A quién salva Dios? ¿Por qué los salva? ¿Hasta dónde llega esa misericordia? ¿Es mi visión de Dios la única que se puede tener? ¿Cómo reaccionamos ante propuestas de Dios que no se parecen a lo que entendemos que debe ser el justo obrar de Él? Sobre la marcha hay que preguntarse si hemos logrado identificar los «gastos» que hemos tenido que pagar por no estar de acuerdo con la voluntad divina. Hay que detenerse a evaluar que el hecho de que tengamos ministerios, que sepamos discernir la voluntad divina y que podamos tener direcciones claras de lo que quiere el Señor que hagamos no es una garantía de que estamos haciendo lo correcto. Personalmente tengo la experiencia de saber que Dios me había llamado para el ministerio a tiempo completo y aun así me resistí por más de doce años a hacer su voluntad. Los milagros estaban allí, ocurriendo con una frecuencia impresionante; las vidas se rescataban para el Señor en cantidades asombrosas. Los sermones se producían con una gracia inequívocamente divina; imposible que fueran tan solo el producto de la mente del hombre. Pero mi vida no estaba de acuerdo con la voluntad de Dios; no me había podido poner de acuerdo con Él para hacer su voluntad. El temor a los ajustes económicos y las responsabilidades contraídas al tener una familia grande y acostumbrada a vivir cómodamente, me impedían entender la prisa de Dios. Siempre creí que Él podía esperar un poco más; esperar a que pudiera realizar los ajustes económicos que me permitieran

vivir con un presupuesto pastoral sin afectar significativa-
mente la vida de mi familia. Las excusas eran completamente
lógicas, si Dios me «empuja» a esto y mis hijos se rebelan por
entender que el ministerio les ha coartado el derecho a su
bienestar, todo el mundo dirá que no fui responsable con mi
familia; primer centro de atención de todo ministerio.

Fui un Jonás en esta generación. Pero como yo, hay cientos de adoradores llamados a cumplir con sus responsabilidades en el ministerio que no lo logran; con mil y una razón
«lógicas» para no hacerlo. Otros adoradores no se parecerán
a Jonás desde esta perspectiva, pero lo harán desde la perspectiva de la «sin razón» de Dios. Son aquellos que han vivido
tanto tiempo en la casa del Señor que están convencidos de
que sus formas para hablar de la relación con Dios, y de lo
que Él puede o no hacer, son las únicas autorizadas por el
cielo. Desde esa perspectiva son capaces de cancelar la manifestación de la voluntad divina de muchas maneras. Lo pueden hacer señalando que algún ministerio no puede ser de
Dios, ya que en él no se observan las características que debe
tener todo ministerio. Sin un análisis profundo y sistemático,
y sí con uno emocional y dogmático, le cierran las puertas a
las alternativas divinas. Si el lector se toma la molestia de
analizar que la posición de Jonás era validada por la interpretación centenaria de la Torá, de que el pueblo de Dios tenía
por costumbre declararse exclusivista en todo lo concerniente
a la relación con Dios, entonces no es de extrañar que él haya
optado por rechazar esa visión de un Dios internacional.
Rechazar la voluntad de un Dios que tiene en su agenda
considerar tener misericordia de los malos y de los países que
luego se convertirán en invasores despiadados. El único problema de Jonás era que sabía que Dios era el que le había
hablado. ¿Le estará hablando también a usted a través de este
análisis?

Jonás tiene otro gran problema: embarcarse en el mar de
la vida para huir de Dios. El profeta con toda probabilidad
había leído al salmista cuando se pregunta a dónde puede
huir del Espíritu de Dios (Salmo 139.7-12); aun así sigue

intentando lo que no tiene sentido. Es aquí donde Dios comienza a jugar con los elementos. Una nota sobresaliente en este libro es que los elementos de la naturaleza, y todos los seres humanos que participan en la trama, están a favor de Dios o terminan a favor de Él, excepto el profeta, que no puede conciliar su posición con la de Dios.

Él se encarga de levantar un gran viento que parecía que haría pedazos la vida de Jonás. El gran problema es que el profeta no sería el único afectado por esta gran crisis. Muchos inocentes se verían directa o indirectamente perjudicados por la irresponsabilidad del «hombre de Dios». No sé si el lector ya puede notar por qué es más fácil dejar este libro para que los niños se entretengan hablando de la ballena. En el idioma del doctor Cecilio Arrastía, uno no se pone los guantes para «entrarle» a este libro. Al contrario, este libro se los quita para «entrarle» al lector.

En el episodio de la tormenta encontraremos que los expertos en navegación alrededor del profeta viven aterrorizados por ese fenómeno meteorológico que no pueden controlar. La crisis que ha ocasionado Jonás ha sembrado el terror en los corazones de los más avezados y experimentados conocedores de esa travesía. Es aquí en donde haremos la segunda parada.

Si las consecuencias de las malas acciones y errores que cometemos los adoradores sólo nos afectaran a nosotros, nuestros escenarios no serían tan terriblemente difíciles. El problema estriba en no tener una idea de la cantidad de gente que se verá perjudicada en el camino por esas malas acciones y errores. El pánico y el terror son reacciones que casi siempre vemos atadas a los intentos por enfrentar lo desconocido, o como reacción lógica ante el rechazo. Son muchos los seres humanos que se han visto afectados por las acciones de adoradores que en sus ministerios han preferido hacer su voluntad y no la divina. El pánico se apodera de ellos, unas veces por lo desconocido y otras por darse cuenta de que hay un rechazo implícito en alguna parte. Como veremos más adelante, estos hombres se dan cuenta de que «nuestro amigo»

Jonás viene huyendo y rechazando la presencia divina. Las crisis en la que están sumidos es responsabilidad de un solo hombre. Haga usted mismo un análisis de lo expuesto, y le invito a documentar sus conclusiones antes de seguir adelante con esta lectura. Trate de recordar y anotar las crisis en las que han estado involucrados el ministerio del que Dios le ha hecho responsable, su congregación local y su movimiento denominacional. Destaque de este análisis las veces que esas crisis se han producido por verdaderos hombres de Dios, que por un momento parecieron desconectarse de Él. Pregúntese ahora con sinceridad de cuántas crisis ha sido usted responsable, cuántos se han afectado por ellas, cuántos se han alejado de Dios o han dejado a un lado sus ministerios y cuántos han dejado de estar sensibles a la palabra de salvación.

Sin cerrar los ojos a la realidad de que lo expuesto hasta aquí es doloroso de por sí, el antiprofeta (permítame llamarlo así como un ejercicio terapéutico) se sabe responsable de la crisis que enfrentan estos hombres, pero no le importa en lo absoluto. Para este antiprofeta es más cómodo acostarse sobre la abundancia y cerrar los ojos; si cesa la tormenta, tendrá lo que es suyo consigo y si no cesa, perecerá rodeado de sus pertenencias.

Mientras duerme, los marineros comienzan a ensayar la idolatría, el «siervo» del único Dios no está disponible para asistirlos en la crisis y dirigir su atención al único y sabio Dios. ¡Qué cuadro más triste! Las pertenencias de este hombre, lo que es suyo en la bodega, pueden más que su entrenamiento para amar almas para Dios. Lamento mucho informarle que esta historia apenas está comenzando. Apenas nos hemos recreado en los primeros seis versículos o sea, que las mejores partes aún no se han presentado. El antiprofeta nos regala el cuadro claro de un ministerio que tiene sus prioridades muy bien definidas y orientadas hacia sus posesiones y bienestar material, a costa de la salvación del alma de cualquiera y de no tener reparos en exponer a la crisis al que sea.

Un capitán entra en escena y le habla de manera pesada a este «amigo»; le conmina a hacer algo a favor de los que están en peligro. Después de todo, lo mínimo que se espera de él es que al menos pueda hacer lo que los demás están haciendo. Es la voz del mundo recordándole al adorador-ministro que tiene unas expectativas mínimas de su labor, pero que está interesado en que cumpla con ellas. Cuando un ministerio recibe un mensaje así, es debido a que no está cumpliendo con esas expectativas mínimas. El vocabulario que utiliza la versión *Dios Habla Hoy*, de Sociedades Bíblicas Unidas, impresiona profundamente:

> ¿Qué haces tú ahí, dormilón? ¡Levántate y clama a tu Dios!
> Tal vez quiera ocuparse de nosotros y nos ponga a salvo
> (Jonás 1.6b).

Es un emplazamiento que el mundo le formula a la Iglesia, pues la exigencia que hace el capitán no es que Jonás haga algún trabajo parecido al de los marinos o que ayude, se le pide que clame a su Dios.[8]

Este es un lenguaje que se está empezando a escuchar en algunos sectores de nuestra América; reclamos de un mundo en crisis que entiende que muchas de sus tormentas se podrían disipar si la Iglesia hiciera sus asignaciones. Un llamado a los ministerios que pretenden estar haciendo lo correcto a través de la proyección de una imagen de mucho trabajo, respeto y decoro, pero que el mundo ha logrado descubrir su vergüenza, conminándoles a hacer algo a favor del pueblo en peligro. He aquí algunos ejemplos de esas imágenes que el mundo no ha «comprado»:

- Cuando disfrazamos los esfuerzos evangelizadores con matices políticos (del color que sean), para desde allí desarrollar las agendas que nos permitirán conservar nuestras «bodegas».
- Cuando nos encerramos en los programas eclesiásticos y no podemos siquiera reaccionar a las crisis que se desatan a nuestro alrededor.
- Cuando proyectamos una imagen de piedad ante

---

8 *Ibid.*, p. 143.

la sociedad, pero encontramos que nuestro ministerio es demasiado grande e importante como para
comunicarse con «los idólatras» que se desmoro-
nan frente a las tormentas.

Los que reaccionan de este modo no saben que la tormenta se los llevará. Tenemos un ejemplo singular en los comentarios de Dietrich Bonhoeffer, en los que señala que cuando
la Alemania nazi comenzó a perseguir a los judíos, los católicos y los protestantes se negaron a reaccionar, porque después de todo no era a ellos a los que estaban persiguiendo.
Cuando la persecución se extendió a ciertos grupos católicos,
los protestantes no se «molestaron» en reaccionar, porque
después de todo, no era a ellos a quienes perseguían. Cuando
la persecución se extendió a la iglesia protestante, estos tuvieron que enfrentarla solos, no porque los otros religiosos se
mostraran indiferentes, sino porque ya no quedaban judíos ni
católicos que pudieran unírseles en la lucha contra la tormenta.
Los marineros comienzan a darnos su interpretación teológica sobre las crisis que sufre la humanidad; sobre el barco
de la vida debía haber alguien responsable (Jonás 1.7). Ni
siquiera «la suerte» estaba de parte del profeta. Un dicho
latinoamericano sería muy apropiado para explicar ese momento: el profeta atravesaba por un época en que «todo el
mundo se daba cuenta de que había nacido para bicicleta,
porque del cielo le estaban lloviendo los pedales».
Examinemos por un instante el orden de las preguntas
que se le hacen a Jonás. Es extraño que la primera de ellas sea
acerca de la misión que tiene y no acerca de su lugar de
procedencia. Es una declaración implícita que los marinos
intuyen que alguien que se echa a dormir en medio de una
tormenta está haciendo algo que no agrada a Aquel que le
comisionó. Los marinos evidencian un discernimiento que el
profeta no tiene.[9]
Es increíble que durante el interrogatorio al que es sometido este antiprofeta, lo único que «escuchemos» como con-

9  J. Sasson, *Jonah: The Anchor Bible*, Doubleday, Nueva York, 1990, pp. 113-114.

testación sea una declaración en la que se expresa arrogantemente la relación que tiene este hombre con Dios:

> Soy hebreo, y temo a Jehová, Dios del cielo, que hizo el mar
> y la tierra (Jonás 1.9).

Es como si hubiera decidido enseñar sus credenciales y su rango frente a los reclamos que le estaban haciendo. ¡Qué escena más deprimente! ¡Y pensar que esta se repite en nuestros días con una frecuencia increíble! Los adoradores no se ufanan de ser lo que son, especialmente cuando se les llama a vivir y dar testimonio de lo que son. Son esos momentos en que algunos nos avergonzamos ante el cuadro compuesto por un adorador que exhibe credenciales y títulos eclesiásticos después de haber dado un pobre testimonio. Esa expresión de Jonás es totalmente incompatible con la explicación que da luego. ¿Cómo es posible que tenga tan alto concepto de Dios y huya de Él? ¿Es acaso compatible señalar que Dios es creador del cielo, del mar y de la tierra y pretender luego que puede escapar de Él? ¿Qué clase de explicaciones le está ofreciendo al mundo este ministro de Dios? ¿Son compatibles las explicaciones que le damos al mundo que nos rodea con el testimonio que se observa en nosotros?

La reacción del «hombre de Dios» es deprimente, pide ser tirado por la borda del barco de la vida. Una respuesta increíble de un ministro increíble. Es como si dijera que el ministerio no sólo es responsable de la crisis que vive su mundo, sino que este podría seguir adelante sin necesitar la participación de los ministerios del cielo; lo que es igual a decir que podían seguir practicando su idolatría y su estilo de vida, aunque estos no agradaran a Dios. ¿No es doloroso este cuadro? ¿Qué mensaje le estamos trasmitiendo hoy al mundo?

Un momento que no podemos explicar sin salir del asombro, es aquel en que los marinos, enterados de la responsabilidad de este hombre, deciden «tirarle la toalla». En el argot boxístico, esta es una frase que indica misericordia para el peleador abatido (Jonás 1.13). Los marinos intentan salvarle la vida a este irresponsable, remando con todas sus fuerzas, para ver si no necesitan tirarlo por la borda. Una visión antipática, el mundo haciendo todo lo posible por no tener que tirar por la borda a los ministros de Dios. Una reacción similar observaremos en «los paganos» de Nínive. El doctor Limburg, en su discusión sobre este libro, señala que los marinos poseen cuatro características clave, a saber:

- Son muy humanos, están dispuestos a sacrificar sus vidas por un extraño, que a la vez es el responsable de la crisis que enfrentan. Esta característica está ausente en Jonás.
- Son «santos» a su modo, mientras el profeta duerme, ellos oran.
- Son prácticos, no se conforman con la oración, sino que realizan todo lo que está a su alcance para salvar la vida de Jonás, la de ellos y el barco.
- Son receptivos para experimentar crecimiento teológico; cuando constataron realidades acerca de ese Dios que ellos no conocían, le ofrecieron sacrificios y se rindieron a Él.[10]

Si el relato no le ha parecido estremecedor ni retador, espere lo que sigue a continuación. Los inconversos comenzaron a clamar a Dios pidiendo misericordia por ellos y por el antiprofeta. ¡Esto sí que es sorprendente! Un ministro irresponsable, que ha debido ser el que dirigiera la oración y los ruegos no lo hace, y son los que no conocen al Señor, los que hasta hace unos momentos practicaban la idolatría quienes se postran a implorar el favor divino. Permítame repetir un axioma de este libro: todo el mundo a favor de Dios, excepto el que tiene el ministerio.

Al echar al antiprofeta por la borda, el hecho glorioso no es que el mar se calmara, sino que los que hasta entonces no eran conversos, se convierten y hacen sacrificios al Dios creador del cielo, del mar y la tierra (Jonás 1.16).

Hagamos otra parada para la autoevaluación. Hasta este momento, dentro de las cosas que nos ha enseñado este libro,

10 James Limburg, *Ibid.*, p. 144.

nos encontramos con que Dios provocará que los no convertidos se conviertan con o sin nosotros; usted y yo no somos
indispensables para Dios. Este libro también nos ha enseñado
que el mundo no se convencerá con nuestros rangos ministeriales, sino con nuestro testimonio. Ufanarnos diciendo lo que
somos, mostrando evidencias de los lugares en los que hemos
estado, lo que hemos hecho y logrado será estimado como
basura si no está acompañado de un testimonio que declare
que somos siervos de Dios. El mundo está harto de ver ado-
radores-ministros que esgrimen sus ministerios como cartas
de presentación, y no acompañan sus presentaciones con
evidencias de humildad.

Hace unos años me encontraba en la ciudad de Nueva
York con unos hermanos en el Señor con quienes me une una
hermosa amistad. En un momento nos encontramos con una
«gran personalidad» ministerial del Caribe. Durante treinta y
cinco minutos ininterrumpidos nos estuvo relatando todas las
cosas que el Señor le había permitido hacer, los lugares en los
que había logrado estar, los logros que había obtenido y la
categoría que había alcanzado su ministerio. Después de este
monólogo nos preguntó sobre nuestro historial; turbados y
temerosos, lo único que alcanzamos a decir fue que sólo
habíamos podido ir a donde Dios nos había permitido ir.
Todavía siento una pena profunda en mi corazón cuando
pienso en este joven y en todas las posibilidades que tendría
si se dejara dirigir por el Señor y no por sus ansias de reconocimiento.

A continuación, el narrador del libro de Jonás nos hace
saber que la naturaleza sigue al servicio de Dios. Él tiene
preparado un gran pez (Jonás 1.17), una gran ballena para
hacer valer los designios divinos. Puedo optar por concluir
que si Dios la preparó, entonces esta ballena estaba capacitada
para llevar en su barriga a este irresponsable; pero eso no sería
una posición responsable de nuestra parte. Puedo optar por
probar que científicamente se ha documentado que hay balle-
nas que pueden llevar en sus fauces o en sus barrigas cuerpos
con tamaños superiores a los de un ser humano; es más, hay

data científica que corrobora que esto ha sucedido en varias ocasiones, pero eso diluiría el propósito central de este libro.

El gran pez aparece aquí con una misión un poco más relevante que la de llevar en su estómago a este ministro de Dios. Cuando se analiza este libro con cuidado, uno se da cuenta de que la ciudad a la que Dios quiere que vaya este antiprofeta, se llama Nínive. Repito lo del análisis cuidadoso, pues es sólo a través del mismo que uno puede descubrir que el nombre Nínive significa «la casa o el templo del gran pez» y que cuando este nombre se escribe en sumerio (idioma original), los monogramas que alcanzamos a ver enseñarán a un gran pez sobre las aguas.[11] ¿Qué significa esto? *Sencillo, a Jonás se lo tragó su ministerio.*

No sé si será necesario añadir «más leña al fuego», explicando lo que significa ser tragado por el ministerio. Me parece que las evidencias de esto son claras y están al alcance de cualquiera que mira desde adentro o fuera de la Iglesia. Son muchas las ocasiones en que hemos visto suceder esto frente a desarrollos ministeriales de envergadura, que al no ser dirigidos con cordura, equilibrio y en la voluntad de Dios, terminan siendo absorbidos por sus ministerios. Hay variantes de este fenómeno, dejar de existir como ministerio y sólo recordarse (con lástima) por el nombre, o convertirse en ministerios sin personalidad. Ministerios que sólo proyectan la parte estructural monstruosa, y nada de calor personal y humano. Sucede también cuando los ministerios no se dirigen con mesura y buenas reglas de gerencia y administración; sus líderes son «ministros profetas» dormidos sobre las bendiciones que Dios les ha dado y despiertan a la realidad de haber sido tirados por la borda y ser tragados por sus ministerios. Hay muchos más que se pueden mencionar, pero creo que continuar haciéndolo desvirtuaría un poco el propósito central de esta dimensión.

Allá adentro, en la barriga del pez, este «antiprofeta» se acuerda de la oración y del cántico. Es imprescindible que analicemos este salmo, pues nos ofrecerá pistas clave para

11 *Ibid.*, p. 71.

entender parte de la teología que acompaña a Jonás. Es importante analizarlo un poco para intentar entender cómo Dios puede usar a un hombre mucho más allá de lo que este pueda imaginarse. Es importante mirarlo con un poco de calma para colocar la adoración y la alabanza desde la perspectiva de la desobediencia ministerial. Hay que mirar, aunque sea de manera superficial el estilo de este salmo y las connotaciones sicológicas que arrastra consigo.

¿Nunca se ha preguntado qué se siente al estar dentro de un pez? Algunas personas que viven en grandes metrópolis quizás puedan ofrecernos una explicación de lo que se siente: los miles que emigran de los campos a las megaciudades buscando mejorar sus condiciones de vida, o los que se marchan «al norte», para ser tragados por las grandes fauces de ciudades impersonales y fratricidas. Pero quizás, podremos obtener una respuesta completa si le preguntamos a aquel hermano que perdió su empleo, su casa y su hijo en un mismo año mientras adoraba en una comunidad en la que se predicaba una teología de abundancia y bienestar material como testimonio inequívoco de la presencia de Dios. No olvide que el Señor es el que provee el gran pez y no lo hace para castigar al profeta sino para enseñarle lo que ha logrado hacer con su vida. Que el profeta pueda ver en lo que ha convertido su vida, y sepa aprovechar la oportunidad que se le brinda como una oferta o alternativa de cambio. Antes de esto, hay que enfrentarse a la realidad de que allí, en el vientre del pez, llorará, sufrirá, sentirá la desesperación, la ansiedad y que recurrirá a hacer promesa tras promesa al Señor. Aun en el caso del hermano que experimentó esas tres grandes pérdidas durante el año, de sus propios labios brotó el reconocimiento de su culpa, pues intentando equiparar su estilo de vida con el de otros a su alrededor descuidó sus responsabilidades primarias.

En el vientre del gran pez este antiprofeta decide componer un salmo para el Señor. Aquí se evidencia que Jonás tenía conocimiento del salterio, pues usa fórmulas, frases y estilos comunes a los salmos. También nos hace saber que frente a su crisis, su teología del dolor difiere mucho de la que nos han regalado los marinos paganos. Para Jonás, Dios es el que lo ha metido allí, pero nunca explica por qué lo hizo. ¿No le parece increíble que los paganos tengan una visión más precisa y más completa acerca de las crisis que enfrenta el hombre, que aquella que tiene el siervo de Dios?

Desde allí desea estar en el templo. Está en el Seol, se siente atrapado por la tierra, las algas y el mar. El comportamiento que se observará posteriormente, valida algunas de las expresiones más incisivas que han hecho especialistas en este tema. Me parece que el doctor Wade Eaton está en lo correcto al señalar que este hombre no tiene reparos en convertirse en un payaso. Esto lo apreciamos mucho mejor al final de este relato.[12]

Lo que es aún más impresionante es el hecho de que sin saberlo, la irresponsabilidad de este antiprofeta abre las puertas para que esta vivencia se convirtiera en prototipo del acontecimiento más grande de la gracia: la sepultura y resurrección del Cristo del Calvario. ¡Insondable sabiduría de Dios, profundos sus misterios y grande su misericordia! Su amor producirá que nuestras vidas alcancen bendiciones y logros ministeriales que sobrepasan las expectativas más atrevidas. Esos tres días de Jonás en el vientre del gran pez serán invocados por Cristo como señal de su sepultura y de su resurrección (Mateo 12.38-42). Jamás podremos imaginar el alcance que tendrá lo que hacemos para el Señor; no sólo en el contexto inmediato, sino en el futuro.

En las partes más profundas de este pez se descubren los misterios de la realidad del profeta. Es el dolor sirviendo como espejuelos para ofrecerle al ser humano una nueva perspectiva de lo que realmente es; o mejor aún, de lo que ha logrado hacer con su vida, al extremo al que la ha llevado. Jonás es un buen ejemplo del indio Sioux. El escritor narrador intenta hacernos entender que contamos con un buen expediente profético, en el pasado de este profeta, que él sabe lo

12 Catedrático Asociado del Seminario Evangélico de Puerto Rico y profesor de Antiguo Testamento en esa institución.

que hay que conocer para ser profeta y que ha sabido cumplir con otras asignaciones divinas con una hoja triunfante de servicios. Ahora parece que al dormirse en sus laureles se le debe sacudir para que se dé cuenta de que no es el título de profeta ni el reconocimiento de la gente ni mucho menos el poder llevar a cabo misión alguna lo realmente importante para él. Lo más importante es su relación con Dios, que es igual a su vida. Sí, a su vida misma, que pierde todo sentido si no está completamente afinada en el tono orquestal de la partitura celestial.

Este profeta da la impresión de creerse merecedor de la «visión» divina a fuerza de orgullo y ausencia de humildad y sabiduría. Me parece que Jonás había estado tocando de oído, en base a la experiencia y la costumbre, cuando de repente se le pidió interpretar una melodía totalmente nueva, desconocida para todo el mundo. Allí es donde Jonás se da cuenta de que no sólo no sabe leer la música de Dios y que todo el mundo se ha dado cuenta, sino que despierta a la dura realidad de que siempre ha estado desafinado. El Dios del cielo sabía todo el tiempo que este hombre no estaba dando las notas correctas, que su interpretación musical andaba rondando las «commas»[13] y no atinaba a las notas mismas. Dios lo sabía y decidió que había llegado el tiempo de aprovechar las debilidades de este hombre para afinarlo. Cualquier parecido con la expresión paulina a la iglesia de Corinto ha sido intencional por parte del Espíritu de Dios (2 Corintios 12.9-10).

Es aquí donde Jonás se convierte en cantante. Al principio de la canción tenemos la impresión de que su corazón se ha enternecido, y que tiene la madurez necesaria para arrepentirse. Es en ese instante que nos deja impresionados con su conocimiento teológico, pues a punto de morir, como cree él que habrá de suceder, sabe que podrá ver el templo de Dios

13 Pequeña diferencia en la frecuencia de una nota de una escala musical cuando se deriva de otra escala. Existen dos patrones para las «commas»: las pitagóricas y las sintónicas. Si por ejemplo, una escala en *do* se toca con quintas ascendentes hasta *re*, al descender en quintas hacia la nota central, esta última podrá ser hasta 0.24 semitonos distinta; o sea, se podrá escuchar como un *si*. Estas diferencias son audibles para el oído entrenado.

(Jonás 2.4), y que Dios es un Dios de misericordia que escucha a los que le invocan de corazón. Me parece que este hombre ya ha leído los salmos del rey David, acercándose al Dios que no puede rechazar el corazón contrito y humillado. Esta canción no sólo sirve para que el profeta abra su corazón ante Dios, sino que es uno de los testimonios más impactantes que pueda tener la humanidad: saber que los hijos de Dios no tienen reparos para adorarlo. En el caso específico de Jonás, su canción ha inspirado a miles de seres humanos a través de los siglos, al punto de que escritores como Aldous Huxley lo pueden imaginar sentado sobre un riñón del gran pez mientras cantaba y lograba que el animal surcara las aguas al ritmo de la música.[14]

Ahora bien, Jonás entiende claramente que Dios puede tener misericordia de él, pero en el capítulo 4, no podrá tolerar que Dios tenga misericordia de los demás. ¡Qué gran ministro de Dios!

Sé muy bien que es necesario calificar las expresiones de mi muy estimado profesor de Antiguo Testamento en el Seminario Evangélico de Puerto Rico, el doctor Eaton. Si usted toma las expresiones de Jonás 2.7-9 y las compara con lo que este hombre hará después a la luz de todas las oportunidades que Dios le ha dado, no queda otra conclusión que la de declarar a Jonás un payaso o un antiprofeta.

Del curso exegético tomado con este especialista del Antiguo Testamento aprendimos que el centro sicológico de este salmo está en el versículo 7 y que existe una gran transición entre el 6 y el 7. Hasta el versículo 6, Jonás está descendiendo constantemente (*yarad*) y en el versículo 7 un suceso divino debe haber ocurrido pues el antiprofeta comienza a ascender; sabe que será levantado (*heelâ*). También aprendimos que en el versículo 7, el profeta ya sabe que su salvación ocurrirá en un abrir y cerrar de ojos.[15] Es que la misericordia de Dios es así, no se puede explicar. El Señor tiene misericordia de quien

---

14 A. Huxley, *The Cherry Tree: A Collection of Poems (Jonah)*, editado por Geoffrey Grigson, Vangard, New York, 1959, p. 211.
15 J. Sasson, *Jonah: The Anchor Bible*, Doubleday, New York, 1990, p. 190.

Él quiere tener misericordia. Aquí hay un hombre irresponsable que ha puesto en peligro el plan de Dios, la vida de sus semejantes, el ministerio que Dios le ha encomendado y la vida de una ciudad con sus habitantes. Este hombre pide misericordia al cielo y Dios la tiene de él. A partir de esta experiencia no podemos perder la oportunidad de llegar a las siguientes conclusiones:

- A la luz de la misericordia de Dios no hay ministerio que no se pueda recuperar y restablecer.
- No existen excusas para no retomar las responsabilidades que se nos han encomendado. No hay actitud que la misericordia divina no pueda trascender.
- No hay lugar en el universo de donde Dios no nos pueda sacar para poder cumplir con sus propósitos.
- No hay lugar en el universo en el que no podamos hacer un aparte para implorar la misericordia divina.
- No hay un lugar en toda la tierra en el que no se pueda alabar y adorar a Dios.
- No hay lugar en todo el universo que pueda imposibilitar que Dios nos escuche.

Esta experiencia ha generado una canción que se produce desde lo más profundo de la crisis y desde la situación anímica más deprimente. Una canción que ha trascendido los siglos y las generaciones y que ha servido de modelo para que otros hayan resuelto cantar al Señor desde sus prisiones, sean sus situaciones merecidas o inmerecidas.

Con esta canción, el profeta nos permite realizar junto a él un peregrinaje alrededor de sus convicciones, triunfos, luchas internas, esperanzas y temores. La situación le ha permitido un autoexamen minucioso del que saldrá un nuevo hombre deseoso de cumplir con la voluntad de Dios. Jonás se encarga de probar que aun la cercanía de la muerte es apro-

piada para cantar y adorar a Dios. Es más, se ha señalado que
este cántico es una variación de los salmos de acción de
gracias[16] que no es otra cosa que un salmo parecido al 30,
canción que el salmista ha transformado en cántico de gratitud y victoria. Esta transformación ha tenido su origen en la
convicción que tiene el profeta de que Dios es un Dios de
misericordia. Definitivamente, no existe momento más sublime que aquel en el que podemos experimentar la misericordia
divina. Casi siempre, estas experiencias llegan en medio de
situaciones en las que lo único que podemos hacer es orar al
Señor y esperar en Él.

Jonás es el ejemplo vivo de todo ministerio que experimenta la gracia salvadora de Dios a pesar de haber hecho todo
lo posible para no merecerla ni disfrutarla. Me parece que es
uno de los mejores ejemplos bíblicos para fundamentar el
análisis que hiciéramos de Juan 15.2 en la dimensión anterior:
El Dios que se niega a cortar al ser humano mientras haya
esperanza, mientras haya vida. El Dios que sigue dando oportunidades aunque nosotros las rechacemos. El problema es
que nos guste o no, hasta eso tiene un límite.

En el estudio del final del capítulo 2 del libro de Jonás y
en el comienzo del tercero tendremos alguna evidencia de
esto: Jonás es vomitado por el gran pez a orillas de su responsabilidad ministerial. Es vomitado allí por una orden directa
de Dios al pez. El texto original señala que Dios le habló al
pez ordenándole hacerlo.[17] El que algunas traducciones opten
por suavizar este término, es sólo para que no resulte ofensivo
a algunos lectores; pero la realidad textual está allí y es
innegable.

¿Será Jonás considerado tibio ante los ojos de Dios? ¿Lo
será ante los ojos de su ministerio? Esto es material de discusión pero de otra dimensión y en otro libro. Para tener una
idea de la profundidad que tiene esta frase, basta con señalar
que tradiciones de los midrash medievales apuntan que los
marineros, luego de observar este acontecimiento, optan por

16 J. Limburg, *Hosea-Micah: Interpretation*, «Jonah», John Knox Press, 1988, p. 146.
17 J. Sasson, *Jonah: The Anchor Bible*, New York, Doubleday, 1990, p. 218.

regresar a Jerusalén para circuncidarse.[18] Si Jonás es tibio, ¿cuánto tiempo durará esta actitud en él? ¡Y Dios sigue contando con el profeta para hacer posible que una ciudad experimente la misericordia divina!

Es importante destacar el hecho de que esta interpretación no tiene la intención de desvalorizar el arrepentimiento ni el dolor que siente el profeta. Estoy convencido de que el dolor de Jonás era genuino y que de verdad sentía lo que estaba diciendo. En verdad, las frases finales que encontramos en sus labios, fueron entendidas por la iglesia de los primeros siglos como tan conmovedoras y reales que podían ver un prototipo de Jesús en la invocación de la salvación de Jehová que hace el profeta casi a punto de salir del pez.[19] Podremos observar con claridad la tibieza de este hombre al examinar el capítulo 4. Allí veremos que el profeta no creía en la labor que se le pidió realizar. Este es un síntoma muy malo para cualquier adorador llamado al ministerio.

Jonás nos hace saber que es una reacción muy humana entrar en negociaciones con Dios cuando sentimos que la casa se nos está cayendo encima. Sus votos para pagar lo prometido al Señor revelan que con toda probabilidad, antes de huir a Tarsis, le había prometido a Dios que iría a Nínive. ¡Cuántas promesas son hechas al Señor por adoradores que luego se presentan a sus responsabilidades ministeriales sin memoria histórica de ellas.

Hay que subrayar que el gran pez no lo deja en Nínive, sino en un lugar desde el cual tendrá que viajar a enfrentar su responsabilidad (Jonás 3.3). La mayoría de los analistas de este libro han llegado a la conclusión de que el gran pez lo dejó en las cercanías de Jope, para que recomenzara su tarea desde un nuevo principio sicológico y en un nuevo tiempo y espacio.[20] En otras palabras, Dios no le hace fácil el trabajo a este hombre. Si va a retomar sus responsabilidades ministeriales, lo tendrá que hacer desde el principio. Se puede probar

18 *Ibid.*, pp. 195-196.
19 La palabra usada en Jonás 2.9 para hablar de salvación es *Yeshua*, término usado como nombre para Jesús.
20 J. S asson, *Jonah: The Anchor Bible*, Doubleday, Nueva York, 1990, p. 220.

que Jonás cumplió con Dios a la luz de la evidencia arqueológica de esa ciudad, en la que se señala la existencia de dos promontorios en las ruinas actuales: *Kuyunjik*, que significa «pequeño cordero» y *Nebi Yunus*, que significa «el profeta Jonás».[21]

El profeta fue allí después de haber aprendido a ser más humilde y menos arrogante (aunque sabemos que no está totalmente de acuerdo con Dios, se somete y obedece). Dios lo bendice en tal proporción que permite que un mensaje sencillo y extraño produzca conversiones multitudinarias.

Un detalle interesante es el tamaño de la ciudad con todo el distrito administrativo. De acuerdo a las investigaciones arqueológicas, la ciudad poseía una circunferencia de doce kilómetros.[22] Era una ciudad hermosa que tenía un muro de treinta metros de ancho, a lo largo del cual se podían contar 1.500 torres de treinta metros de alto y veintisiete puertas, todas y cada una de ellas adornadas con enormes leones y toros esculpidos en piedra. Su arquitectura incluía jardines impresionantes, esculturas de todo tipo y hermosos edificios. Dios abrió las puertas para que un desconocido pudiera proclamar su mensaje. Cuando los adoradores deciden obedecer a Dios, no hay puerta que se les cierre y mucho menos que pueda permanecer cerrada ante ellos.

En el libro de Jonás se señala que esta ciudad es grande en maldad, en iniquidad, en tamaño y en la preocupación que le causa a Dios. Este es otro mensaje estremecedor que recibe el profeta: una ciudad pagana puede generar grandes preocupaciones en el corazón del Dios del cielo. La misericordia de Dios lo lleva a preocuparse por aquellos que ante nuestros ojos no parecen merecerla. ¿Y quién la merece?

Mientras muchos adoradores sufren el síndrome de Jonás, ciudades como Nueva York, Sao Paulo, San Juan, Miami, Santa Fe de Bogotá y Ciudad de México, entre otras, generan gran preocupación en el corazón de Dios.

21 J. Limburg, *Hosea-Micah: Interpretation*, «Jonah», John Knox Press, 1988, p. 139
22 A.D. Peisker, *Comentario Bíblico Beacon*, «Jonás», Oseas, Malaquías, Casa Nazarena de Publicaciones, Kansas City, Missouri, 1991, v: 177.

A estas ciudades Dios tiene que seguir enviando profetas, aun cuando estén sufriendo el síndrome «jonásico», en el que la visión se rodea de personalismos, al punto de intentar acallar la voz de Dios y entorpecer la visión de su misericordia. Estas ciudades no necesitan sermones complicados sino adoradores convencidos de que Dios puede hacer en ellos lo que hizo con sus vidas. El mensaje de Jonás, como dijéramos anteriormente, se resume en un solo versículo (Jonás 3.4), un telegrama divino, que tenía ocho palabras:

De aquí a cuarenta días Nínive será destruida.

La gran pregunta que tenemos que hacernos es el porqué del tiempo de espera. Encontraremos la única respuesta posible al entender que Dios quiere tener misericordia de sus habitantes y les está dando tiempo para que se arrepientan.

La respuesta de la población me parece similar a la de los marinos en el barco. La Biblia señala que los grandes y los pequeños creyeron en Dios, proclamaron ayuno y mostraron evidencias de su arrepentimiento. El mismo rey asumió una posición ante el mensaje que dejó estupefactos a todos. Los ministros del rey se le unieron en la acción de convocar a todo el pueblo para que se arrepintiera ante Dios. Lo impresionante es que todo esto acontece cuando un hombre decide alejarse un poco de su personalismo y obedece a Dios. La enseñanza para los adoradores es sublime: la Palabra de Dios no se equivoca, la obediencia es mejor que el sacrificio. El arrepentimiento que se logra en esta ciudad no se limita a los pecados cometidos contra Dios. Los habitantes son llamados a arrepentirse del mal que cometen contra sus semejantes, a dejar el comportamiento violento y la mala conducta. La gracia de Dios parece haber dejado en este capítulo la receta celestial para la transformación de nuestras comunidades. Estas comenzarán cuando los adoradores dejen de ser egocentristas en su visión de Dios y decidan someterse y obedecerle, aunque no necesariamente estén de acuerdo con el plan divino o no puedan entender sus propósitos.

El testimonio comunitario delinea unas pistas para la

evangelización que son eternas: la gracia de Dios no estará completa hasta que entendamos que su misericordia debe alcanzar a los pequeños y a los grandes, a los jefes de gobierno y a los gobernados, a los de palacio y a los que atienden las bestias del campo; alguien tuvo que ser instruido para que las bestias pudieran ayunar. La misericordia de Dios no excluye a ninguno.

Permítame hacer un paréntesis en estos planteamientos para introducir un elemento que deseamos que sirva de espejo para reflejar la actitud que asume el profeta luego de proclamar el mensaje divino. Este punto no era desconocido para él, pero aun así preferirá obviarlo por razones personalistas. En la historia de la formación del pueblo de Dios encontramos el relato de un hombre llamado Abraham intercediendo por unas ciudades llamadas Sodoma y Gomorra. Jonás, después de predicar, parece querer olvidar esto.

La versión *Dios Habla Hoy* comienza el capítulo 4 del libro de Jonás de la siguiente manera:

> A Jonás le cayó muy mal lo que Dios había hecho, y se disgustó mucho. Así que oró al Señor, y le dijo: Mira, Señor, esto es lo que yo decía que iba a pasar cuando aún me encontraba en mi tierra. Por eso quise huir de prisa a Tarsis, pues yo sé que tú eres un Dios tierno y compasivo que no te enojas fácilmente, y que es tanto tu amor que anuncias un castigo y luego te arrepientes. Por eso, Señor, te ruego que me quites la vida. Más me vale morir que seguir viviendo.

Es necesario estudiar estas palabras para comprender la singularidad de la actitud de Jonás. Nos parece que en ella radica su tibieza, pues hay una diferencia muy grande entre no estar muy de acuerdo con Dios y simplemente no creer en aquello que se nos ha encomendado realizar.

El antiprofeta había entendido que el mensaje de Dios no era un ultimátum ni una advertencia, era la declaración del fin. Lo increíble es que se pueda dirigir a Nínive con esa agenda en mente y al mismo tiempo tenga otra idea de Dios. Me parece que el profeta está tan ciego a causa de esta dicotomía que no puede ver la mano de Dios en el arrepentimiento del pueblo; un arrepentimiento que no se puede explicar mediante el análisis filológico del mensaje del profeta.[23] El testimonio de la presencia de Dios es evidente para todos menos para el profeta. La mano de Dios ha cambiado la interpretación del mensaje en cada uno de los oyentes. Lo que habían escuchado era un mensaje que decía que tenían cuarenta días para que Nínive se transformara ante la presencia de Dios y del mundo. El profeta sabe que a Dios le gusta que se le interprete como los ninivitas lo hicieron; él mismo lo admite, Dios es perdonador, compasivo y tierno. El profeta no quiere un Dios tierno para los que no tienen su visión religiosa, lo que va en contra de la manera en la que él aprendió a Dios.

Los adoradores deben entender que el problema que nos plantea Jonás es más complicado de lo que nos puede parecer a primera vista. Se nos antoja pensar que un ejemplo puede ayudarnos a tener una mejor perspectiva. Lo haremos considerando el coro «No me importa la iglesia a que vayas», conocido en todo el mundo hispanoparlante. Ese coro plantea que si el corazón de mi hermano es como el mío, entonces me puede dar la mano y mi hermano será. Si se medita a conciencia lo que cantamos, observaremos que estamos declarando que en nuestro entendimiento de la fraternidad cristiana sólo habrá espacio para aquellos que tienen un corazón similar al nuestro, que sienten como nosotros, que entienden a Dios como nosotros, que conocen a Dios como nosotros y que están del lado «correcto». No comience a pedir misericordia por el escritor todavía, aguarde un minuto más. Ese coro plantea que hay que estar detrás del calvario para completar el cumplimiento de las regulaciones anteriores. Lo que ese coro no explica es que los que están detrás del calvario son los legalistas y que los receptores de la gracia divina deben estar al frente, como las mujeres, como Juan el apóstol y como el centurión romano que no puede dejar concluir la escena del

23 J. Sasson, *Jonah: The Anchor Bible*, Doubleday, 1990, p. 264.

Gólgota sin declarar que el hombre de la cruz del medio era el Hijo de Dios.

Hay docenas de ejemplos como este que podemos esgrimir aquí para probar este planteamiento. Lo que realmente nos duele y nos conmueve es que muchos de ellos transcienden la acción de cantar coros al Señor sin saber lo que hacemos. Son actitudes responsables de encerrar nuestra visión dentro de «anteojeras» denominacionales y doctrinales que a veces nos llevan hasta el enojo mismo. Observamos un buen ejemplo de esto al analizar el fenómeno de la presencia carismática, evangelizadora y misionera en movimientos y denominaciones distintos a los que tradicionalmente las practican.

Si algún hermano conservador o carismático se sorprende de este planteamiento, permítame explicarle algo que la mayoría de los cristianos no conocen. En la historia del Nuevo Mundo, y específicamente la del área de Nueva Inglaterra, en norteamérica, hay un período conocido como la época del «Gran Despertar». Los historiadores dicen que este movimiento comienza en un momento en que la Iglesia parecía haberse adormecido, y el desarrollo misionero se había estancado de una forma alarmante. Se podían contar unas seiscientas iglesias en todo ese territorio para la fecha (1725-1750). Luego de ese gran despertar, el total de iglesias registradas superaba las seis mil. Un gran avivamiento se había desatado y miles de almas se estaban entregando al Señor.[24] ¿Cuál fue el elemento vital y sorpresivo (para algunos) de este movimiento? Que el despertar se produjo como resultado del esfuerzo entre presidentes de universidades, tales como Yale, Harvard y Princeton, y pastores de iglesias reformadas, presbiterianas y congregacionales; nombres como los de Jonathan Edwards, George Whitefield, Gilbert Tennet, Freinghuysen y ocasionalmente Juan Wesley, figuran entre otros. Los bautistas fuimos en gran manera beneficiados por este despertar. Entre otras cosas, predicaban que la salvación tenía que ser experimentada y que había que dar testimonio de una vida

---

24 K.S. Latourette, *Historia del Cristianismo*, Casa Bautista de Publicaciones, El Paso, Texas, 1979, II: 335ss.

cambiada. Los historiadores concuerdan en que ese despertar ocurrió entre «griterías, risas, raptos, visiones...» estimulados por los predicadores.[25] De nuestro primer curso de historia de la iglesia, recordamos las descripciones y referencias que hacía el doctor Aurelio García de las experiencias carismáticas que se vivían en esa época, con docenas de personas cayendo al suelo en cada servicio de adoración y miles adorando a viva voz al mismo tiempo. En otras palabras, las experiencias carismáticas o pentecostales no son de origen pentecostal; Dios obra como quiere y a través de quien quiere.

Usamos la experiencia carismática como ejemplo de muchas otras en las que nos hemos dividido como pueblo de Dios, por considerar que nuestras perspectivas, informadas o desinformadas, son las únicas que Dios debe respetar. *En la actualidad, un fenómeno similar se levanta entre nosotros: el despertar de la adoración.* Muchos no pueden explicarlo, como tampoco se pueden explicar la mayoría de las acciones divinas. Es muy cierto que en este trabajo estamos formulando unas preguntas básicas que entendemos se deben contestar para que este despertar tenga una base teológica sólida. También entendemos que hay áreas del mismo que necesitan afinación bíblica. Todo esto lo hemos planteado mediante el análisis bíblico. Lo que no podemos obviar es que el punto de partida para este trabajo es que este «Despertar de la Adoración» está aconteciendo entre nosotros en una época en que la Iglesia parecía haberse adormecido, y que nuestras luchas internas dominaban los escenarios en los que la Iglesia operaba con frecuencia. A partir de este despertar, miles de congregaciones han surgido a lo largo y ancho del hemisferio occidental, y con ellas una sed inagotable por reiniciar la búsqueda de las cosas profundas de Dios, con la inevitable y gloriosa participación de esfuerzos inter e intradenominacionales. No creemos que esto se pueda detener ni por Jonás ni por reacciones distintas a las de los ninivitas de hoy. En otras palabras, *Dios continuará este despertar con nosotros o a pesar de nosotros.*

25 *Ibid.*, p. 337

El análisis de estos primeros versículos de Jonás 4 revela por qué el profeta está limitado a un mensaje de un solo versículo; Dios tiene que mantenerlo fuera de su agenda por no querer formar parte del estilo y del plan divino, los que él admite conocer a la perfección cuando hace su confesión.[26] Los adoradores se deben cuidar de no quedarse fuera de los programas ministeriales que ha preparado el cielo. Lo otro que nos comunican estas expresiones de Jonás es que Dios no está obligado a darle un rol a sus profetas en el «desembolso» y la aplicación de su gran misericordia, pues Él es Dios. Lo que es realmente doloroso es que tengamos que recibir una enseñanza como esta a través de una reacción en la que el profeta se atreve a gritarle a Dios que prefiere estar muerto a tener que seguir sometiéndose a una manifestación de la voluntad divina con la que no está de acuerdo. El antiprofeta ha convertido esto en un asunto personal entre él y Dios; un reflejo del fenómeno que observamos en Job, discutiendo y argumentando hasta el cansancio, pues sus emociones le han nublado la perspectiva. Así como sucedió con Job, cuando esto acontece es menester que Dios regrese al adorador a la «escuelita» más difícil que existe, la de la confrontación con la eternidad y la omnipotencia de Dios.

Encontramos un ejemplo magistral sobre una experiencia parecida a esta en el libro de Max Lucado al que hicimos referencia anteriormente; es la historia de Marta y María en el incidente de Lucas 10.38-42, sé que el lector la disfrutará a plenitud.

Los tres ejemplos relatan la condición a la que pueden llegar los siervos de Dios cuando estiman su prestigio y su reputación aun por encima de Dios. Le sucedió a Job, su prestigio de hombre santo y justo lo llevó a esta situación. Le aconteció a Marta, su prestigio y su reputación como mujer servicial, hacendosa y hospitalaria le preocuparon hasta el punto de entender que había que desatender al homenajeado para asegurarse de que todo estaba bien puesto y el trabajo bien organizado. Le acontece al antiprofeta, que no quiere

26 J. Sasson, *Jonah: The Anchor Bible*, Doubleday, Nueva York, 1990, p. 296.

aparecer en los «récords» de la posteridad como el hombre a quien Dios «dejó en vergüenza», al no destruir una ciudad que él no veía con buenos ojos, dados sus lentes ultranacionalistas y religiosos.

A este hombre le hacía falta exponerse a la enseñanza bíblica de Santiago 1.19-21; la ira no le permite hacer lo que agrada a Dios. Aun así, Dios le demuestra que sigue contando con él y que le interesa que experimente un cambio de conducta, o sea, que se someta a un proceso de aprendizaje. Ante los reclamos de Dios no hay respuesta de Jonás, que prefiere asumir una postura infantil, no responder y asilarse en las afueras de la ciudad. Hasta allí lo acompaña la misericordia divina. A dondequiera que decida ir, la misericordia de Dios lo acompañará, pues nadie en el mundo necesita tanto esa misericordia, como los que conocen la voluntad de Dios y no la aceptan. Esa misericordia conoce los estados anímicos, los cansancios y las tensiones de aquellos que intentamos cumplir los mandatos de Dios.

Dios decide usar la naturaleza para enseñar a su enviado: una calabacera que le ha protegido de una segura insolación es destruida por un gusano insignificante, y esto causa que el profeta sufra otro ataque de ira. Si me permite aplicarle un análisis teológico «esquilinista» a esta situación, tendría que señalar que en la casa de mi padre se subraya que las iras frecuentes e injustificadas se deben a falta de oración y de sometimiento a la voluntad de Dios. El profeta culmina su recorrido revelando que ha valorado las cosas materiales e insignificantes por encima de la vida misma, especialmente la de los demás.

El libro concluye con una pregunta que ha trascendido los siglos: ¿Qué es más importante, lo que satisface nuestras necesidades y aumenta nuestra comodidad o la estabilidad y bienestar de los que necesitan ser impactados por la presencia misericordiosa del Dios del cielo? En el caso de Jonás, los citados por Dios son los inocentes que no tienen culpa alguna del pecado y desvarío de sus padres, aquellos que continúan siendo los más desatendidos sobre la faz de la tierra: los niños.

El hecho de que el libro concluya con una pregunta, plantea que el propósito del Espíritu de Dios es que las generaciones de todos los siglos continúen formulándose las mismas preguntas que este libro ha formulado. No existe mejor manera para lograrlo.

## Resumen

Si el lector ha llegado a este resumen sintiéndose agotado, lo felicito y le agradezco que se sienta igual que el que escribe. Es difícil admitirlo, pero es posible que el cansancio se deba a la lucha que hemos desatado con la parte de Jonás que todos llevamos por dentro. El síndrome está ahí; los síntomas que revelan la presencia de una enfermedad que se debe combatir. Como hemos visto, los únicos que pueden evidenciarlo son aquellos que han conocido a Dios y tienen alguna responsabilidad ministerial. O sea, que desde el punto de vista de las definiciones de los carismas del Espíritu, todos los adoradores pueden experimentarlo en algún momento.

Estamos convencidos de que este síndrome es el responsable de las debacles y de los pobres rendimientos que experimentan algunos ministerios, y en ocasiones, hasta países enteros. Mi país, Puerto Rico es un excelente ejemplo de esto. Es harto conocido que la bella isla de Borinquen posee el mayor número de estaciones de radio y televisión cristianas por milla cuadrada de todo el mundo. Es también conocido el dato de que cuenta con más de ocho mil templos evangélicos en un área de tres mil quinientas millas cuadradas, y que más de un tercio de sus habitantes son evangélicos, la mayoría con características conservadoras y centristas. Lo inexplicable es que estas características casi paradisíacas estén acompañadas por un incremento desenfrenado en la criminalidad, la violencia doméstica, la violencia infantil, el divorcio y los casos de SIDA, por mencionar sólo algunos males.

La única explicación que encontramos para esta dicotomía dolorosa reside en la presencia de este síndrome de Jonás. La respuesta nace por la presencia, en algunas áreas de la iglesia puertorriqueña, de una visión que al igual que la de

Jonás, busca uniformidad en vez de unidad, busca el dogma antes que al Espíritu, busca el reconocimiento y no el servicio, busca establecer las normas y el estilo antes que someterse a la voluntad divina. Estamos convencidos de que la mayor parte del pueblo cristiano puertorriqueño no tiene reparos en llevar una vida que agrade a Dios y sirva al prójimo, pero como ha dicho el reverendo Moisés Román, es fácil concluir que el enemigo haya decidido capitalizar lo que la iglesia cristiana puertorriqueña no quiere hacer. He ahí el gran problema, el síndrome de Jonás que no permite que nos demos cuenta de que afuera hay una tormenta que sólo nosotros podemos detener, pues no sólo es nuestra responsabilidad, sino que desaparecerá como amenaza si decidimos hacer la voluntad de Dios. Intentar obviar esto nos dejará en el mismo plano de Jonás: desaparecidos de la historia, sin dejar huellas de su paradero y obligando al Dios del cielo a tener que recurrir a otros y otras que estén dispuestos a someterse a su voluntad.

No sabremos jamás si Jonás se arrepintió de su actitud, pero nosotros sí podemos hacerlo. Este es el propósito principal del libro de este profeta. Al mirarnos en este espejo tendremos que reflexionar profundamente sobre lo que hemos estado haciendo con lo que Dios nos mandó a hacer, y sobre las actitudes que asumimos sobre la marcha. El reto es grande pero no imposible. Después de todo, cualquier sacrificio que hagamos para satisfacer los requisitos y disposiciones del cielo, se verán recompensados en la salvación de aquellos que necesitan del toque de la misericordia y de la gracia divina. Especialmente de muchos inocentes descuidados por una humanidad materialista así como por algunos sectores de la iglesia, que han antepuesto sus «bodegas» y sus perspectivas del cielo a la misericordia de Dios y su plan eterno de redención para los hombres.

# Capítulo 13
# ELÍAS: TORMENTA DEL DESIERTO

En la investigación y el análisis que precedió a este libro surgió una gran pregunta: ¿Cómo contrastar la figura de Jonás? El lector debe saber que esa tarea no fue fácil, dado el impacto tan severo que este antiprofeta produjo en el que escribe. La figura a escoger tenía que cumplir con varios requisitos, entre ellos, que los adoradores pudiéramos identificarnos con ella. Una figura con un testimonio lleno de la presencia y del obrar de Dios a la vez que de toda la compasión con la que tenemos que lidiar día a día. Estamos seguros de que la respuesta vino del cielo: Elías tisbita, un profeta desconocido hasta el día en que a Dios se le ocurrió comisionarle para que informara al rey Acab que los cielos estarían cerrados, sin lluvia, por unos tres años y medio.

¿Quién es este Elías, cuáles son sus características y cómo podemos describir su personalidad? ¿Qué cosas tiene en común con nuestro «amigo» Jonás? ¿Qué cosas son distintas entre los dos? ¿Por qué es importante conocer el estado anímico de este profeta? ¿Qué relación tiene este estado con la experiencia de la adoración? Las preguntas son interminables, pero permítame comenzar por este grupo, de modo que podamos tener una base para delinear el estilo y el propósito de esta discusión.

Aunque a muchos lectores les parezca difícil de creer, existen varias semejanzas entre Jonás y Elías. Ambos son profetas de Israel, reconocidos como tales por Dios y por el pueblo; ambos se enfrentan a episodios de idolatría, y salen huyendo; ambos se quedan dormidos; ambos le ofrecen a Dios excusas extrañas y sostienen con Él un diálogo para ser recomisionados en medio de una manifestación irregular de la naturaleza.

Si no le parece familiar lo que estamos exponiendo, le invito a realizar la lectura de 1 Reyes 19.1-18 y darse cuenta de que el superhombre que aparece pidiendo fuego del cielo, cerrando los cielos, arrebatado al cielo envuelto en nubes y en medio de carros de fuego, tuvo que enfrentarse al síndrome del que sufre nuestro «amigo» del capítulo anterior. El profeta que analizaremos en este capítulo tiene un «currículum vitae» que especifica que ha enfrentado a reyes y a cientos de falsos profetas. Ese reporte señala que posee un sentido del humor único y que es todo un maestro de la ironía. Si no lo creen, repasen el relato de los profetas de Baal.

Es un profeta que proyecta tanta presencia de Dios en su vida, que es capaz de convencer a una desconocida para que le dé la última ración de comida que les queda a ella y a su hijo. Es un hombre de una fe tan profunda que se atreve a orar por los muertos para que resuciten y estos lo hacen. Tiene un carácter tan excepcional que sólo él y Moisés son escogidos por Dios para aparecer junto a Jesús en el monte de la transfiguración, entre otras cosas para señalar los dos elementos más trascendentales del Antiguo Testamento para el pueblo de Israel: la ley y los profetas.

Su misión es muy importante: consiste en volver a llevar a la nación entera a su fe, y a su compromiso con Dios. En un libro tan antiguo que no se ha podido determinar su fecha, el reverendo Federick B. Meyer señala que el profeta del fuego puso fuego en el corazón de la nación usando lo único que podía usar, algo que está al alcance de todo adorador: la fe en Dios.[1] Una fe que dice, que grita en lo más profundo del corazón, que Dios desea que las naciones y los pueblos del mundo se amisten con Él y le sirvan.

---

1    F.B. Meyer, *Elijah and the Secret of his Power* [Elías y el secreto de su poder], Fleming H. Revell Co., New York, pp. 22-24.

La fe de Elías es dinámica, tal y como se describe a lo largo y ancho del Libro Sagrado. Un hombre así nos puede parecer invencible e inexpugnable; hasta el proceso de aprendizaje al que es sometido parece salirse de lo común o cotidiano. Lo llevan paso a paso, no hay Sarepta ni resurrección si no hay Querit y cuervos. No hay confrontación con los profetas de Baal sin antes contemplar la mano de Dios que multiplica harina y aceite, y que resucita muertos.

Un gran secreto que queremos revelar a los adoradores es que Dios siempre opera de este modo con todos sus hijos. Debe hacerlo así porque conoce que hasta los más aventajados y avezados ministros necesitan entrenarse de forma procesal ya que, sin excepción alguna, todos tenemos algunas áreas de debilidad capaces de opacar el testimonio más poderoso de la mano de Dios. La Biblia nos enseña que todos los que servimos a Dios, los adoradores, estamos sujetos a pasiones y características muy humanas. Las pasiones y defectos que tiene este hombre le hacen semejante a cualquier ser humano. Es más, esa es la premisa básica de Santiago 5.17.

Es importante señalar que la Biblia documenta características de este profeta que contrastan con todas las alabanzas y virtudes que hemos proclamado de él. La viuda de Sarepta encuentra que detrás de la personalidad que inspira confianza y la lleva a poner en acción la fe que no tenía, este hombre de Dios tiene la tendencia a confundirla, a llenarla de temor y de recriminación (1 Reyes 17.19). Encontramos otro momento similar en los reparos que tiene Abdías, el mayordomo de Acab, para poder cumplir las demandas de este profeta (1 Reyes 18.8-12). En otras palabras, la presencia de Elías produce reacciones ambiguas dondequiera que se mueva y opere como persona.[2]

En el pasaje de 1 Reyes 19.1-18 tenemos ese testimonio que humaniza al profeta y al hacerlo nos permite contemplar la gloria y majestad del eterno Dios, a pesar de las debilidades y pasiones de este siervo de Dios. Son esas debilidades, del profeta más grande que tiene el Antiguo Testamento, que nos

2  R.Nelson, *Interpretation: I & II Kings*, John Knox Press, Louisville, p. 115.

permitirán darnos cuenta de que no existe ser humano sobre
la faz de la tierra que pueda ser invulnerable a los ataques
externos, y que la presencia de Dios no nos exime de ser
prisioneros de los cambios anímicos y de actitud. En realidad,
es este pasaje el que nos alienta señalando que Dios conoce a
la saciedad todos estos pormenores, pues nadie mejor que Él
puede entender esa madeja intrincada de reacciones que se
dan dentro de cada ser humano. Es por eso que a veces
encontramos en la Palabra que Dios puede tratar a un ser
humano como a un niño, y acercársele como padre o protec-
tor. Luego podremos encontrar a Dios acercándose a esta
misma persona y tratarla como a adulto, padre o madre. Si el
vocabulario usado se parece un poco a las técnicas de análisis
transaccional, es sólo porque nadie iguala a Dios en la maestría con la que usa todas las técnicas sicológicas y siquiátricas.
Usando el vocabulario de los especialistas en el campo del
comportamiento humano, lo que analizaremos en este profeta
será lo que se conoce como el síndrome de la quemazón.

Lo glorioso de este relato es que allí encontraremos una
dimensión divina desconocida para muchos y disponible
para todos. Se trata de una visión del amor de Dios como no
la veremos en ningún otro pasaje, una paráfrasis aumentada
de las palabras joaninas sobre el modo en que Dios nos ama.
El amor de Dios se manifiesta en el fracaso de un hombre, de
un ministerio, del propósito divino que desea alcanzar cientos
de miles de personas. Este profeta, después de salir victorioso
de una de las batallas más desiguales que registra la Biblia,
decide sumergirse en los comentarios y opiniones de una
mujer extranjera que pretendía hacer sucumbir al pueblo de
Israel en la idolatría y el paganismo. Las investigaciones más
recientes señalan que Jezabel y su esposo Acab fueron responsables del sacrificio de más de veinte mil bebés en el fuego
consagrado a sus nuevos dioses. Ahora ella se encuentra sin
ministros ni profetas que puedan dar continuidad al vil geno-
cidio; aún más, se encuentra sin dioses. Es entonces que
decide enviarle un mensaje a Elías en el que juraba a los dioses
que ella le haría a este lo que él le hizo a sus profetas, so pena

de ser castigada si no lo hacía. Elías siente que corre peligro y huye a Beerseba. En esta primera parte no vemos en ningún momento que el profeta se detenga a preguntarse: ¿Cuáles dioses? Sí, es cierto que Jezabel es más fuerte que Acab y que es la que posee el dominio en el reino, pero no es menos cierto que estamos frente a un profeta que no tiene temor alguno en señalar con su mano al rey y decirle en la cara que es él quien corrompe y alborota al pueblo (1 Reyes 18.18), además de ser un hombre con evidencias palpables de la presencia de Dios. ¿Por qué huye Elías? Porque el miedo fue más fuerte en su corazón que el testimonio que tenía de la presencia de Dios. Elías huye porque la multitud de actividades que una tras otra ha celebrado, le han restado fuerzas para poder enfrentar y analizar con objetividad esta nueva amenaza, que tal vez no sea la más grande que haya enfrentado, pero es un hecho que es la que lo ha sorprendido con menos preparación. En otras palabras, el profeta que conoce el cielo, que conoce el fuego que desciende de allí, que conoce el poder que resucita a los muertos, que cierra los cielos, que multiplica la harina y el aceite, es vencido por el miedo.

Encuentro apropiado detenernos aquí para señalar que las condiciones nuestras estarán enmarcadas en los cambios ocurridos durante más de 2.800 años que nos separan de Elías, pero los peligros que enfrentamos y las recetas divinas para manejarlos siguen siendo las mismas. Son muchos los ministerios que han trascendido a las grandes tormentas y que se han destruido con los pequeños vientos. Casi todas las razones pueden resumirse con las mismas palabras con las que resumimos las del caso de Elías: exceso de actividades, agotamiento, pobre preparación para enfrentar lo que no parecía ser una amenaza mayúscula y el temor que en ocasiones opaca la mano así como el testimonio de Dios en nosotros.

La respuesta de Elías a estas amenazas nos revela que estamos frente a un hombre normal, común y corriente, especialmente luego de correr a Beerseba (1 Reyes 19.3). Un ser humano en control de su situación se detendría allí para reflexionar sobre su crisis. Lo haría allí porque Beerseba está llena de recuerdos hermosos, tradiciones bellas y testimonios del poder de Dios que invitan a cualquier adorador a reflexionar sobre las maravillas del poder y la misericordia de Dios. Cerca de Beerseba Dios le hizo provisión a Agar cuando se encontraba en una situación parecida a la de Elías, huyendo de una mujer que desea que ella y su hijo desaparezcan, porque le son amenazantes hasta la muerte (Génesis 21). Es allí donde Abraham hace un juramento a Dios por sus promesas (Génesis 21.22-33). Es allí donde el Señor confirma las promesas a Isaac (Génesis 26.23-25). Es en Beerseba donde José espera a Jacob luego de la separación y la bendición en Egipto (Génesis 46.1-5). Josué entregó a Beerseba a la tribu de Judá, la misma de donde salió el rey David y de donde surgiría el León de esa tribu. Y para culminar estos testimonios la ciudad de Beerseba estaba mejor fortificada que la mayoría de las ciudades de Israel. No creemos que pudiera haber un mejor lugar para reflexionar y analizar una situación crítica como la que estaba experimentando el profeta Elías. Pero tal como sucede con los seres humanos normales, este profeta decide dejar a su criado en el lugar conocido como «ojo del agua», lugar de la bendición, de los testimonios y marcharse al desierto. Elías tisbita acaba de abandonar el lugar de los manantiales, prefiriendo el desierto.

Cualquier parecido con los ministerios de nuestras generaciones no es accidental: Los adoradores que dentro de sus ministerios tienen que enfrentar crisis para las que no están preparados o que les producen terror. Usualmente deciden dejar a sus consiervos alentados entre testimonios gozando de las bendiciones divinas, y no se atreven a comunicar que están perdiendo la perspectiva y que se están metiendo ellos mismos en un desierto. Lo hacemos por temor a lastimar, por creer que no nos comprenderán, que es voluntad de Dios, que demostrar lo que sentimos se interpretará como un signo de debilidad que podrá usarse en contra nuestra, o simplemente que no es así como debe verse un siervo de Dios. Me parece que hay muchos Elías andando entre nosotros, capaces de lidiar personalmente con el fuego, pero incapaces de darse cuenta cuándo hay que buscar ayuda. En otras palabras, hasta aquí Elías y Jonás no son muy distintos. Al primero Dios lo quiere llevar al centro de su voluntad, pero prefiere la tormenta. Al segundo Dios le facilita la ciudad fortificada y llena de manantiales físicos, espirituales y emocionales, pero él prefiere el desierto.

¿Por qué sabemos que Elías está sufriendo una «quemazón» o peor aún, una depresión? Sin pretender convertir este capítulo en un análisis sicológico o siquiátrico, es necesario exponer al lector unos cuantos aspectos de lo que es la depresión. En primer lugar, para entender a Elías, y en segundo lugar para tener un cuadro más claro cuando enfrentemos nuestras depresiones o las de los nuestros. El concepto «depresión» puede definirse como un estado emocional marcado por tristeza, inactividad y una pobre autoestima. No es necesariamente una enfermedad, pero se le asocia con muchas de ellas. De acuerdo a la literatura especializada en esta materia, podemos hablar de muchas características típicas en las personas que experimentan depresión. Algunas son retardo, retraimiento intelectual, decaimiento físico, generalizado, dificultades para pensar, sentimientos de indiferencia e incompetencia, ansiedad, receptividad emocional disminuida, una típica pérdida del apetito, insomnio, despertar incontrolado, en ocasiones hay tendencias suicidas y un abrumador sentimiento de fatiga.[3] De acuerdo a Van Praag, estos síntomas con fluctuaciones espontáneas son peores antes del mediodía y tarde en la noche.[4] En algunos casos, especialmente los que parecen ser la causa de situaciones externas aunque en realidad poseen una razón interna de gran peso (endógenas), la ansiedad se manifiesta como una compañera amenazante que nos impulsa a querer huir.[5] Estos son los casos producidos por golpes externos que encuentran tierra fértil en nuestros temores. Veamos lo que dice Mortimer Ostow:

---

3  J. Mendels, *La Depresión*, Herder, Barcelona, 1982, pp. 61-65.
4  *Ibid.*, p. 61.
5  R. Fairchild, *Finding Hope Again* [Encuentre la esperanza de nuevo], Harper & Row, San Francisco, 1980, pp. 14-17.

A veces se observan individuos que han caído en depresión después de un golpe serio (en términos realistas). Ese
golpe o decepción suele considerarse normalmente causa
adecuada de la depresión, a pesar de que otras personas
afligidas por similares infortunios no llegan a deprimirse
patológicamente y se limitan a estar consternados, angus-
tiados o incluso paralizados por la preocupación. Cuando
se produce la depresión, solemos pensar en una tendencia
constitucional hacia ella, es decir, una tendencia a la pérdida de energía síquica (de la siquis o del ser interior). Otra
explicación posible es que, en aquellos casos en que la
depresión resulta precipitada por una experiencia decep-
cionante, las influencias depresivas estuvieran en acción
con anterioridad.[6]

Del análisis de 1 Reyes 19 podemos detectar varios elementos que identifican con claridad la condición anímica y
emocional del profeta Elías. Luego de dejar a su criado en
Beerseba, Elías se interna en el desierto y allí declara a viva
voz que se le ha acabado el deseo de seguir viviendo. Allí,
debajo del enebro, declara su ansiedad, su deseo de escapar
y se duerme. El miedo provocado por las amenazas de Jezabel
ha logrado sumir al profeta en una depresión profunda.

Esto es lo que representa el desierto. Veamos, en la Biblia
existen varias formas de hacer referencia al desierto. Una de
ellas es el *b*e*midbar*, lugar rocoso, arenoso y árido, que produce
temor, que nadie quiere enfrentar (Salmos 107.4-9; Jeremías
2.6); un lugar lleno de escorpiones y de serpientes. Otro
término es el *Arabá*, la gran extensión desértica entre Egipto
e Israel. Es la que el profeta Ezequiel señala que será bendecida por las aguas salutíferas que descienden del santuario
(Ezequiel 47), una clara invitación a regresar al altar del Señor
para combatir los desiertos y ser testigos de sus transformaciones. El otro desierto es el de *Jeshimon*, el lugar al que nadie
va si no tiene un guía, pues de lo contrario perecerá sin
remedio. Es a este desierto que Jesús es llevado por el Espíritu

---

6  M. Ostow, *La depresión: Sicología de la melancolía,* Alianza Editorial, Madrid, 1985,
   p. 104.

(Mateo 4.1-11). Es este el lugar para probar nuestros testimonios y las bases de nuestra fe.

Elías se duerme en el desierto, tan profundamente que Dios envía un ángel para que lo toque, lo despierte, le cocine y le ofrezca algo para saciar su sed. Este profeta puede comer y beber pero prefiere seguir durmiendo. Lo que tiene no es producto de demonios ni de ataques del infierno; sufre los resultados de una acción defensiva de su cerebro que prefiere apagarlo y aislarlo de una realidad que lo aterra y que por lo tanto lo amenaza peligrosamente. He aquí el profeta del fuego, el profeta vencedor de los profetas de Baal, el profeta que cerró los cielos en el nombre del Señor; lo encontramos aquí enseñándonos que detrás de todas esas obras milagrosas sólo hay dos cosas: un Dios muy grande y misericordioso, y un ser humano con defectos y virtudes como los nuestros.

La escena que describen esos primeros versículos de 1 Reyes 19 es increíble. En ella Dios se encarga de que el profeta no tenga duda alguna de que tiene cuidado de él, además tiene la oportunidad de ver a su lado un «cocinero celestial», un servidor enviado desde la misma presencia del Altísimo. Aún así, el profeta prefiere seguir durmiendo. Su estado, emocional y anímico, ha sido drenado al punto de que ni siquiera una experiencia celestial de proporciones paralizantes y electrizantes puede mantenerlo despierto. Si usted es uno de esos que piensan que sólo a Elías le puede pasar esto o que esta es una historia única que no se repetirá, lo invito a «recrearse» en Hechos 12.1-10 para que observe al «todopoderoso» apóstol Pedro, preso, liberado por un ángel que lo toca, lo despierta, le habla, lo liberta y le abre las puertas de la cárcel. ¿Qué hay de extraño en esto? Que el apóstol despierta a la realidad de que lo que ha experimentado no es un sueño, luego de estar fuera de la prisión. Esto es similar a lo que le acontece al profeta Elías, y también a centenares de adoradores cuando enfrentamos estados anímicos en los que no nos mueven ni siquiera las experiencias celestiales más impresionantes. En mi país hay una frase que explica situaciones como estas: «Días en los que no nos huelen ni las azucenas».

Hay que dar gracias a Dios por los acontecimientos siguientes, que atan este relato a la experiencia de la adoración en medio de las responsabilidades de los ministros de Dios. Lo primero que observamos es la insistencia de Dios con su profeta. El ángel continúa intentando hacer que Elías despierte y se incorpore. Lo toca, le vuelve a hablar, le ofrece de comer y de beber, le recuerda su misión y su comisión profética. Ese es el Dios a quien servimos y adoramos. El Dios de las Escrituras no se complace en que los adoradores estén en el suelo, pero sabe que inevitablemente nos llegarán momentos en los que los sinsabores nos harán querer huir, dormir sin despertar y hasta perder el deseo de seguir luchando y viviendo. Es en esos momentos en que vemos crecer sobre nosotros la misericordia de Dios como nunca antes, lo cual motiva la insistencia divina hasta hacernos incorporar y buscar la dirección de Dios.

El profeta decide ponerse en pie y se contesta una pregunta que está implícita en el texto: ¿A dónde ir ahora? Encontramos la respuesta en el monte Horeb. El monte de la zarza que arde y no se consume, el monte donde Dios escribe con su mano, el monte donde están las bases del testimonio de la fidelidad divina. El profeta decide peregrinar a Horeb. En esta frase hay todo un sermón para los que están sumidos en la depresión. La receta divina sigue siendo Horeb. Los que experimentan los síntomas del desierto de la depresión deben comprender que la mejor manera de enfrentarlo es yendo a la presencia de Dios, a la Palabra que sabemos procede de Él, al lugar donde están las bases de la fidelidad de Dios para con nosotros. El profeta, alentado por el alimento que se le ha provisto de forma milagrosa, no se queda en el lugar del milagro ni mucho menos espera que los milagros sigan ocurriendo para poder así escapar de su situación. Ellos nos pueden dirigir a la presencia de Dios, pero no garantizan que permaneceremos en ella; este profeta necesita algo más que un milagro, necesita un encuentro personal con Dios que le permita sacudirse de la depresión que lo aturde. Su madurez lo lleva a concluir que vale la pena caminar cuarenta días y cuarenta noches hasta encontrar el lugar donde la presencia de Dios es segura, su palabra es escrita y su testimonio de fidelidad trasciende los siglos, los reyes, las penas, los cambios y las edades. El mundo del profeta habrá cambiado, pero Horeb seguirá siendo Horeb. Dios seguirá siendo Dios y sus promesas son fieles. Si le habló a Moisés en medio de la lucha que emergió al dirigir al pueblo, hablará otra vez. Aunque el profeta no esté en condiciones de entenderle, Dios se las arreglará para hacerle ver lo que tiene que entender; ese es el Dios a quien Elías sirve.

Otra vez las acciones de un profeta son usadas por Dios mucho más allá de lo que aquel pueda imaginar. Los cuarenta días y cuarenta noches de Elías en el desierto son prototipo de los cuarenta días y cuarenta noches de Jesús en el mismo lugar.

Al llegar a su destino, el profeta no parece mostrar evidencia de cambio o mejoría en su situación anímica, ha decidido salir de debajo de un enebro para meterse en una cueva. Es allí donde Dios toma el control absoluto de la situación que envuelve a Elías. Dios comienza a ensamblar un proceso terapéutico con el profeta, de modo que entienda que Dios no permitirá que abandone el ministerio y su llamado. La primera vez que Dios le habla, el hombre le miente. Tal vez con el propósito de excusarse, o quizás por temor; le ha dicho a Dios que sólo él ha quedado entre los profetas. Parece que Elías ha olvidado la conversación que tuvo con Abdías en la que este le señaló que había ocultado un centenar de ellos (1 Reyes 18.4,13). No solamente esto, al concluir la conversación Dios le señala que hay miles de profetas que no han doblado sus rodillas ante Baal (1 Reyes 19.18). Dios no toma a mal estas respuestas, pues sabe bien que salen de la boca de un hombre doblado por el temor, el cual nos puede hacer sentir y decir cosas que no son reales.

Hasta este momento lo que hemos visto es la realidad del sufrimiento que experimenta un gran adorador de Dios. Esta experiencia nos permite subrayar el hecho de que nunca podremos olvidar que somos humanos y que nuestra humanidad jamás será razón para estar solos, alejados de la presencia de Dios. Ahora bien, Dios ha logrado arrancar respuestas de la boca del profeta, lo que no pudo lograr el ángel. Es que hay momentos en que Dios no nos deja bajo el cuidado de nadie, sino que Él mismo interviene. ¿Cómo lo ha hecho?

Examinemos la pregunta: «¿Qué haces aquí?» Esta altera el orden de las prioridades establecidas por la condición anímica del profeta. Es lógico pensar que el interrogante básico debía haber sido: «¿Cómo?» o «¿Por qué?» Pero el Señor le pregunta acerca del lugar y de las razones que tiene el profeta para estar allí. Es una interrogación que obliga a la reflexión sobre él mismo, su misión y comisión profética; a hacer un paréntesis en el torbellino que le ha envuelto y meditar un poco sobre las razones que le han llevado a Horeb. Es Dios el que hace las preguntas y el que demuestra interés de saber si el profeta sabe dónde se encuentra y por qué está allí. Parece una pregunta simple y simpática, pero lejos de serlo, presenta una imagen del Dios que se preocupa y se ocupa de que sus hijos tengan conciencia de los momentos existenciales a los que han llegado. Es obvio que Dios conoce la respuesta, pero la contestación del profeta, el que haya podido articular y expresar su análisis, garantiza que la «terapia divina» está surtiendo efecto. La labor de Dios no está completa aún; Él sabe que la dimensión de las emociones y la mente humana son tan complejas, que harán falta otras «citas» con el Eterno para que el profeta pueda despertar de su marasmo. Es en ese momento cuando Dios lo invita a salir de la cueva. El profeta se había metido en ella para comprobar que aun yendo «al monte donde está Dios» había llevado consigo sus tinieblas. Si Dios no tomaba la iniciativa, él permanecería en las tinieblas, el lugar donde su corazón le testificaba que de seguro encontraría la presencia divina. ¡Alabado sea Dios que siempre toma la iniciativa de acercarse al ser humano! Dios ordena al profeta a realizar un acto que no está mucho más allá de lo que su condición anímica le permite. Él conoce tan bien la condición del profeta que sabe que este todavía no logrará asomarse a la entrada de la cueva. Esto será más que suficiente para que se despejen los cielos y pueda contemplar la gloria de Dios.

No necesitamos hacer mucho para ser alcanzados por esa experiencia que libera las cuerdas de la depresión. Basta con comenzar a realizar lo posible para hacer la voluntad de Dios, y esto comienza escuchando su voz. El profeta no se puede parar en la entrada de la cueva y es por eso que Dios se las arregla para sacarlo de ella. Lo hace desatando lo que hemos llamado el «pentagrama del cielo».

La Biblia señala que se desencadenan cuatro manifestaciones en las que Dios ha podido estar: en el viento, como estuvo en la experiencia del salmista (Salmos 18.12-14) o la del profeta Nahum (Nahum 1.3b); en el terremoto (Salmos 68.8; Isaías 6.4; Nahum 1.5); en el fuego (Isaías 30.27; Ezequiel 10.6-7). Pero Dios escoge estar en el silbo apacible y delicado. ¿Por qué? Encontramos la respuesta en el análisis del original hebreo, donde señala que lo que Elías oyó fue el sonido de un murmullo suave y melódico. Es como si a Dios se le hubiera antojado cantarle una canción de arrullo al profeta. Dios, que conoce la situación anímica de su siervo, hace válidas las palabras de Salmos 32.7 y rodea al profeta con melodías de liberación. Son sin duda estas palabras las que Martín Lutero hace suyas cuando se atreve a declarar que la música del Señor hace huir al diablo.

En el comentario que escriben los rabinos Reuven Hochberg y A.J. Rosenberg se destaca el hecho de que el *Rashi* interpreta que lo que Elías ha escuchado ha sido el eco del cántico de los ángeles: el servicio de adoración angelical que ocurre dondequiera que Dios está.[7] Es como si Dios hubiera decidido llevar el servicio de adoración al lugar en el que se encontraba el profeta. Mejor aún, el profeta ha decidido ir al lugar en el que está Dios; sin duda alguna, allí habrá adoración.

7   Rabbi R. Hochberg y A.J. Rosenberg, *I Kings: A New English Translation*, The Judaica Press Inc., New York, 1988, p. 200.

Debemos hacer un paréntesis para recalcar que la experiencia de Elías no cancela la manifestación de Dios en el fuego, en la tormenta o en el terremoto. Dicho de una manera pastoral: Dios puede manifestarse de muchas maneras distintas. Decimos esto porque sabemos que muchos adoradores entienden que Dios sólo está en el silbo apacible y delicado. Lo hacen para subrayar que no se puede adorar a Dios de forma emocional. Lo que desconocen los que esgrimen esta posición es el hecho de que los seres humanos somos emocionales, y que llevaremos nuestras emociones a dondequiera que vayamos. Es más, hay emoción en el silbo apacible y delicado. Me parece correcto decir que la manifestación de Dios dependerá del estado anímico que el Espíritu de Dios pueda ver en nosotros; en base a esto Él dará la experiencia justa que necesitamos. En el caso de Elías hacía falta una canción celestial.

Esa canción se convierte en la herramienta divina para que el profeta despierte a la realidad de que está ante la presencia de Dios. Antes Él le había hablado y el profeta parecía contestarle instintivamente. Ahora su reacción es consciente; se cubre el rostro frente a Aquel cuyo nombre es impronunciable y que nadie ha podido ver. Lo que hace esto glorioso es que a nosotros se nos ha concedido una gracia que ni siquiera Elías pudo disfrutar.

Quien viene a nuestra ayuda en época de crisis es el mismo Dios de Elías, pero viene a nosotros con las reglas que establecen un nuevo convenio: el del Calvario. Se acerca sin esperar a que nos cubramos el rostro, pues nosotros sí podemos mencionar su nombre, nombre sobre todo nombre: Jesucristo. Con Él nos llegan los ángeles que cantan con nosotros (y sin nosotros) alabanzas al Eterno Dios. El proceso es el mismo que le aconteció a Elías o a Isaías (Isaías 6.1-8): Dios con sus ángeles llenando nuestra angustiada humanidad con la melodía divina. El profeta ya está en condiciones de dialogar con Dios.

No sé si el lector ha podido disfrutar una experiencia de este tipo. Son los momentos en los que no nos hacen reaccionar ni la oración ni la lectura bíblica, mucho menos los sermones o los testimonios de los demás. Mas, cuánto bien nos hacen las canciones espirituales. ¡Qué alegría escuchar la alabanza que al subir a Dios nos sana el alma! La canción, el salmo o el himno se convierten en bálsamo que comienza a disipar las tinieblas de los ojos del alma y nos facilita el poder mirar con mayor claridad la voluntad divina, no sin antes dejar que ante nuestros ojos trasluzca la gloria de Dios. Sé lo que esto significa; lo he experimentado en los momentos más terribles de mi vida.

En septiembre de 1989 nos reuníamos como familia para celebrar uno de los servicios de adoración más importantes de los que tengo memoria: el de la antesala al Huracán Hugo. Estábamos reunidos en mi casa a las 10 p.m., mientras comenzaban a sentirse las primeras ráfagas de este bólido desconocido y de furia infernal. Los puertorriqueños nacidos después de 1956 (más del setenta por ciento de la población) nunca habían visto un fenómeno de esta clase. Hay que reconocer que había intranquilidad en casi todos los miembros de la familia. Ya a las 10:30 p.m. nuestros niños y los de una de mis hermanas fueron llevados a dormir a una de las habitaciones. Allí, el menor de mis hijos varones decidió que era un buen momento para orar. El niño aún no había cumplido siete años, pero su oración parecía la de un anciano venerable de cualquiera de nuestras congregaciones:

Señor Jesús, sabes que vamos a dormir en la habitación de papi y mami. Queremos dormir tranquilos; pero tú sabes que estamos nerviosos. Ven con nosotros y ayúdanos. Di la palabra y calma los vientos. Sabemos que tú tienes poder para calmar la tempestad. Gracias por tu presencia. Amén.

En ese momento comenzamos a cantar un coro que había sido escrito en el mes de marzo de ese año: *Dios de mi Sustento.*[8] Las voces de mis hermanos, de mis padres, de mi cuñado y de mi esposa comenzaron a publicar que Él es nuestro susten-

8  Grabado por XXXIII D.C., New Creation Productions. Letra y música de Raúl Burgos.

to. Él da aliento a nuestra vida, su Espíritu se deja sentir como el viento. Él es la fuerza que nos lleva a luchar contra el tiempo. Él es la provisión del cielo. Él es el que nos desata y es Él quien refresca nuestra alma. Basta pronunciar su nombre y la tempestad se calma. Les confieso que nunca antes había escuchado armonías tan completas y tan profundas cantadas «a cappella». El nombre de Dios surcaba los aires y el zumbido del viento exterior parecía una sinfónica que se disponía a acompañarnos con un arreglo orquestal, dirigido por la mano de Dios. La tormenta interna, la del corazón, se había calmado. Dios había hecho un milagro a través de la canción de liberación. A las 7:30 a.m. vientos de 120 millas por hora y ráfagas de hasta 200 millas azotaban por doquier. Las ventanas de la casa vibraban. Casi todos los árboles centenarios habían sido arrancados de raíz y levantados en vilo por la furia de ese huracán. El viento se podía «ver», pues la cantidad de agua que traía consigo parecía haberlo convertido en el aerosol que disparan las máquinas de lavado a presión. Es más, las casas quedaron desprovistas de su pintura y sus techos limpios como nunca antes.

Junto a este espejismo del infierno, dos cuadros impactantes se dibujaron ante nuestros ojos a través de las celosías de una de las ventanas que daban hacia uno de los lados de la casa por donde no azotaba el viento. Una reinita, pajarito pequeño y diminuto que abunda en mi isla, caminaba por la terraza del frente de la casa en medio del vendaval. La naturaleza le había enseñado que cuando no se puede volar, siempre se puede caminar. Los enemigos que habitan en el suelo se encontraban escondidos y ella plácidamente podía alimentarse de aquellas cosas que estaban al ras del piso, lugar a donde el viento huracanado no podía llegar. Un ejemplo que destacamos para señalar que hay veces en que no encontraremos la respuesta a las tormentas subiendo ni elevándonos, sino yendo al suelo, humillándonos delante de la presencia de Dios. Allí no llegan las fuerzas del viento y el enemigo le teme a un adorador que descubre el suelo en medio de la tormenta. La otra escena surgió de los únicos árboles que permanecían de pie: las palmeras del patio de la casa. Se doblaban hasta casi tocar el suelo, pero no podían ser arrancadas. Recuerdo que mamá le señalaba a papá que ella creía que no durarían mucho más tiempo. La respuesta del «viejo» no se hizo esperar: «Esas palmeras no se van a caer porque tienen raíces profundas, están en terreno sólido y sus troncos evidencian que poseen una gran flexibilidad». El lector puede realizar su propia hermenéutica; las interpretaciones son innumerables. Raíces profundas, terreno sólido y flexibilidad, características del adorador del Salmo 1, adorador que da su fruto a su tiempo y que su hoja no cae.

El huracán pasó y sus terrores con él. Hugo se disipó en las aguas y en el tiempo, después de llevar su furia a tierras del norte. Al pasar no pudo llevarse consigo algo que no se disipa: la presencia de Dios que nos libra del temor, abrazándonos con amor a través de la canción que sana y liberta el alma.

Elías decide pararse a la entrada de la cueva; la canción de Dios ha logrado el propósito divino. Es allí donde el profeta comienza a evidenciar que está regresando a tomar control de su vida. Recuerda su compromiso, su comisión, el propósito que Dios tiene con él. Es cierto que Jonás muestra señales de fatiga, pues vuelve a ofrecer una respuesta que carece de análisis profundo. Él no es el único profeta que ha quedado. Dios lo vuelve a comisionar ¡y de qué manera!

Lo envía a ungir, a educar, a capacitar a otros, a preparar un plan de acción que cubre las bases del futuro ministerial y gubernamental. La orden es imperativa. Hay que estar sobre los pies para andar el camino. De rodillas sólo ante Dios, de pie para cumplir su voluntad.

## Resumen

A diferencia de Jonás, Elías no desaparece en la historia sin dejar huellas. Su reacción ante la crisis le garantizó un lugar de preferencia en la historia bíblica que gustamos leer. Su actitud es premiada por Cristo al permitírsele ver con sus ojos lo que Abraham no pudo ver. No es sólo el haber sido arrebatado al cielo, sino el poder estar al lado de Jesús en un momento en que predica y profetiza la gloria y majestad de Aquel que es Señor del cielo, de la tierra y de debajo de la tierra. Junto con Elías han subido allí las posibilidades que tenemos todos los adoradores. Especialmente aquellos que sintiéndose abandonados en medio de sus crisis y depresiones, se sienten después culpables por haber estado en una situación como esa. Los Elías de todas las generaciones deben descubrir que el secreto de esto no está en el fuego que desciende del cielo ni en el poder para cerrarlos. El secreto está en mirar a los cielos, porque después de todo, nuestro socorro no viene de los montes sino del Señor que hizo los cielos y la tierra.

Una de las grandes verdades de este relato bíblico expone la necesidad de aceptar nuestras realidades humanas. El Señor nos usará a pesar de ellas. Encontramos otra gran verdad al analizar que existe una gran diferencia en huir hacia lo sensorial (Jope) y la belleza, y en decidir ir a nuestros Horeb: la Palabra de vida, el lugar de congregación, los testimonios de la fidelidad de Dios. Por último, hay una gran verdad en el testimonio de la adoración a Dios. Él ha prometido estar presente en todas las situaciones de nuestra vida y dondequiera que está el Señor hay adoración angelical. Por lo tanto, es posible disfrutar de un servicio de adoración liberador y transformador, no importa la situación por la que estemos atravesando. Jonás no pudo echar mano de esto. Él prefirió dejar su canción en el fondo del gran pez, en el vientre del ministerio que se lo había tragado. Elías, en cambio, decidió llevarse su enebro y su oscuridad consigo, pero allí abrió su corazón para no adorar solo; decidió abrir espacio para que los ángeles adoraran con él.

El profeta Elías nos revela al adorador que postrado por el peso de su depresión y por la incapacidad para poner en perspectiva su ministerio, es levantado por Dios mediante el uso de una de las herramientas divinas más excelsas: el pentagrama celestial. Melodía celeste que hace callar todas las tormentas de nuestros desiertos.

# CUARTA DIMENSIÓN:

## *EL CIELO*

❦     ❦     ❦

La cuarta dimensión del proceso de adoración es el lugar a donde todos los adoradores queremos ir. Es allí donde están nuestros anhelos; en el lenguaje paulino es el lugar «de donde somos ciudadanos» (Filipenses 3.20). Esta dimensión pretende responder a unos planteamientos básicos que entendemos deben estar claros y bien definidos en la mente y en el corazón de todo adorador. Pueden ser dolorosos o no, dependiendo del acercamiento que estemos dispuestos a hacer al libro que usaremos como base: Apocalipsis de Juan. Lo usaremos, no por su prominente sentido escatológico, sino por ocupar un sitial preferencial en sus descripciones del cielo y de la adoración celestial.

La gracia que hemos encontrado en este libro nos lleva a pedirle al lector que se prepare para una gran fiesta y un enorme servicio de adoración. Esta es una de las más grandes virtudes del Apocalipsis. Este libro se puede ver de muchas maneras; aquí lo veremos como una gran liturgia que es similar a la que se celebraba en la iglesia del primer y segundo siglos. Otra gran virtud del libro es que corta las alas a las actitudes triunfalistas que a veces esgrimen los adoradores, especialmente aquellos que no nos hemos desarrollado en países tercermundistas. En esta obra se goza y se sufre, se llora y se ríe.

El Apocalipsis es el producto de finales del primer siglo de la era cristiana, y forma parte de un estilo literario que tenía muchos adeptos en esa época. Al parecer este estilo se convirtió en el heredero de la profecía del Antiguo Testamento.[1] En él se trasciende la visión intranacional judía, además se contempla el dominio universal de Dios y la necesidad de su intervención en la historia de la humanidad como único medio posible para devolver al ser humano a sus brazos. En este género se manifiesta la presencia de una salvación operada sólo por Dios y así como el uso de símbolos, imágenes y el lenguaje numérico. Estos se usan con delicadeza para trasmitir un mensaje que entendían con mayor claridad los lectores de la época en la que se escribió.[2]

1  E. Lohse, *Introducción al Nuevo Testamento*, Ediciones Cristiandad, Madrid, 1986, p. 227.
2  A. Farrer, *Arebirth of images. The Making of St. John's Apocalypse*, State University of

Se llama Revelación o Apocalipsis porque en él se revela el plan eterno. En palabras de John Collins, el Apocalipsis no es otra cosa que un género de literatura reveladora dentro de un esquema narrativo, en el que un ser celestial le brinda a uno humano información que confirma la transitoriedad del presente y un plan escatológico para la salvación que será desarrollado por Dios.[3] En este tipo de literatura se muestra un sentido muy pesimista en lo referente a la obra de los seres humanos, y una visión en la que estos pueden hacer poco en cuanto a su salvación.

El estilo y el vocabulario usados en el Apocalipsis nos llevan a concluir que estamos frente a un autor judeocristiano que piensa en hebreo y escribe en griego como segundo idioma.[4] El libro está cargado de muchos semitismos y de un estilo litúrgico básicamente judeocristiano.[5] Más aún, su sintaxis es hebrea. Dentro de todo esto hay tres señalamientos adicionales que debemos hacer. Primero, que el Apocalipsis se ha considerado como una de las fuentes de la teología cristiana; la revelación de Jesucristo es la única palabra profética para un período de prueba por el testimonio del mensaje del evangelio.[6] El poder de la resurrección, uno de los elementos apocalípticos, se manifiesta como un motor generador de esperanzas. El segundo señalamiento es el que postula que esta literatura apocalíptica cobra un auge sin par en momentos de crisis colectivas, ambientes de privaciones, conflictos y posibles desorganizaciones.[7] En otras palabras, que los finales de los siglos son muy apropiados para observar un auge en este tipo de literatura.

El lector notará que nos estamos cuidando de no convertir esta dimensión del libro en un tratado escatológico con posiciones a favor o en contra de las interpretaciones que rodean

New York Press, Albany, New York, 1986, pp. 19-22.

3   A.Yarbro-Collins, *Early Christian Apocalypticism: Genre and Social Setting*, en *Semeia 36*, editado por Adela Yarbro-Collins, Society of Biblical Literature, Decatour, Georgia, 1986, p. 26.

4   R.H. Charles, *The Revelation of St. John, Volumen I*, (segunda impresión), T&T Clark, Edimburgo, Escocia, pp. xli-xlv.

5   Charles M. Laymon, *The Interpreter's One Volume Commentary on the Bible*, Abingdon Press, Nashville, 1982, p. 947.

6   Agustin George y Pierre Grelot, *Introducción Crítica al Nuevo Testamento*, Editorial Herder, Barcelona, 1983, pp. 492-494.

7   Leonard L. Thompson, *The Book of Revelation*, Oxford University Press, New York-Oxford, 1990, pp. 25-33.

nuestro ambiente. Después de dedicar quince años a los análisis escatológicos hemos decidido dejarle esa área a los especialistas de la materia, toda vez que hemos concluido que para nosotros basta entender que la venida del Señor ocurrirá con o sin nuestro conocimiento y convencimiento del plan profético de Dios.

Es por eso que para efectos de este trabajo, el tercer señalamiento es el que mayor atención recibirá: la presencia de materiales litúrgicos, de alabanza y de adoración. Por ejemplo, el libro de Apocalipsis resalta que la iglesia se realiza como comunidad de fe en el servicio de adoración a Dios.[8] Es por esto que en las primeras palabras del libro se nos recuerda que su lectura no deberá ser privilegiada a unos pocos, sino que se le permitirá a todos (Apocalipsis 1.3). Es lógico entonces el porqué de su uso como material litúrgico de la iglesia del segundo siglo. De los trabajos de Justino Mártir se desprende que tal era el uso y costumbre de la iglesia de los primeros siglos: leerlo a viva voz.[9]

Hasta las doxologías del Apocalipsis se usan como banderas de la teología cristiana (Apocalipsis 1.8). No son pocos los especialistas que han visto que el contenido de este libro gravita entre dos mensajes: El ruego profético de que Jesús venga pronto a establecer su reino en un mundo injusto. El segundo, que la soberanía de Dios, cuya expresión suprema es la venida gloriosa de Cristo, sólo puede operar en nuestras vidas en la medida en que adoremos al Señor activamente. Esto es, en servicios de adoración y en compromiso diario con nuestro prójimo.[10] El eco de la adoración es retratado al principio y al final del libro como una señal inequívoca del propósito del Espíritu Santo.

En Apocalipsis nos encontraremos con muchos himnos así como fragmentos de ellos. Algunos ejemplos son: 4.11; 5.9-13; 7.9-17; 11.15-18; 12.10-12; 15.3-4; 16.5-7; 19.1-8.

Al ser contrastados con experiencias de la historia del primer siglo, algunos de estos himnos despertaban emociones sin par en los adoradores. Por ejemplo, era un hecho conocido por casi todos que cuando Tiríades, el rey parto, se presentó

8  Jürgen Roloff, *Revelation*, Fortress Press, Minneapolis, 1993, p. 12.
9  Ricardo Foulkes, *El Apocalipsis de San Juan: Una lectura desde América Latina*, Nueva Creación, Buenos Aires, 1989, p. 7.
10 *Ibid.*, p. xxii.

ante Nerón, el déspota que reinó como César del 54 al 68 d.C., se quitó su diadema real y la arrojó a los pies del emperador romano.[11] El trozo hímnico de Apocalipsis 4.11 es precedido por una escena en la que los veinticuatro ancianos arrojan sus coronas, no ante el César, sino ante Aquel que es digno de recibir honra, gloria, poder y alabanza (estos atributos serán expandidos a siete en Apocalipsis 5.12). Sólo basta con imaginar lo que sentirían los lectores que habían sobrevivido a la primera persecución cristiana organizada por Nerón (64 D.C.), al darse cuenta de que el himno testificaba que Nerón había pasado y con él su persecución, pero nuestro Señor permanece por los siglos de los siglos. Desde esta perspectiva hay que estar de acuerdo en que el contexto vital que da a luz este libro es la adoración de la iglesia del primer siglo. Encontramos retratado en el lenguaje lírico de esa primera iglesia los himnos que usa Juan para describirnos esa adoración celestial. Ese lenguaje era *kainós*, pues nunca antes se había hecho referencia a nadie sobre la faz de la tierra como se hace a Jesucristo, Cordero, Dios y Señor de todo lo que existe. En ellos hay exaltación, transferencia de toda la autoridad a Él, presentación de Él como el Rector de toda la creación y merecedor de que se le rinda tributo y honor.[12] La verificación de esto lo encontraremos al analizar los esquemas hímnicos que encontramos en pasajes tales como Mateo 28.18-20; Filipenses 2.9-11; 1 Timoteo 3.16; y Hebreos 1.5.

La adoración que encierra el himno de Apocalipsis 5.9-13, describe muchos niveles de adoración; no para describir acepción celestial, sino para desarrollar la imagen de arreglo clásico para un concierto de coros y orquesta. Personalmente realicé un trabajo de investigación sobre este libro que me tomó unos cuatro meses. En él defiendo la posición de que Apocalipsis es una gran obra dramático-musical en tres actos.[13] En el capítulo 5, algunos adoran a Dios por su esencia, otros por su misericordia y redención y otros por ser el Creador.

Podemos seguir abundando sobre cada uno de los estilos y tipos de música, alabanza y adoración que encontramos en

11 E.S. Fiorenza, *Revelation: Vision of a Just World*, Fortress Press, Minneapolis, 1991, p. 59.
12 J. Roloff, *Revelation*, Fortress Press, Minneapolis, 1993, p. 75.
13 Eugene M. Boring, *Intrepretation Series: Revelation*, John Knox Press, Louisville, Kentucky, 1989, pp. 30-31.

este libro. Hay muchos de ellos, tales como antífonas (Apocalipsis 4.1-11; 5.9-12), doxologías (Apocalipsis 4.9; 5.13b-14), aclamaciones (Apocalipsis 4.11; 5.9b-10,12), fórmulas de acción de gracias (Apocalipsis 11.17-18) y responsos corales (Apocalipsis 19.1; 22.20).[14] Es un gran servicio de adoración que se celebra en las alturas y al que está invitada toda la creación. Esa gran experiencia celestial no se puede impedir por fuerza alguna en todo el universo. Cada portento del universo se ve allí rindiendo honor al Cordero que está sentado en el trono, y a quien el escritor del libro le reconoce la misma majestad que los judíos le reconocen al único y sabio Dios. En otras palabras, el Cordero que está sentado en el trono es Dios.

La gran mayoría de esas experiencias cúlticas tiene su origen en el salterio, por ejemplo, el arpa usada en Apocalipsis 5.8, es la misma *kithara* usada en el Salmo 33.2. La imagen del sacrificio de incienso tiene su base en Salmos 141.2.

Se entiende por esto que el escritor del Apocalipsis tiene muy claro que no hay diferencias entre el Cordero inmolado y Aquel que merece toda honra y gloria; Jesucristo es Dios el Señor. A sus pies son arrojadas las coronas de los reyes, comenzando con las de los ancianos que están a su lado (Apocalipsis 4.9-10). La creación entera se une en la alabanza y en la adoración.

Esa fiesta está por comenzar y se ha invitado a todo adorador. Por eso dedicamos esta dimensión a describir uno de los elementos fundamentales de esa gran celebración. Esta adoración comienza a cobrar un significado impresionante por demás cuando la analizamos a la luz de una palabra poco conocida por la cristiandad: el *kainós* del Apocalipsis.

14 Norman Perrin y Dennis C. Duling, *The New Testament: An Introduction*, Harcourt Brace Jovanovich Publisher, New York, 1982, p. 117.

# Capítulo 14
# EL KAINÓS: LA AURORA DE LA SALVACIÓN

En EL APOCALIPSIS SE DESTACA esta palabra, que más que una palabra, es la anunciadora de la aurora de la salvación eterna. Para poder entenderla en todo lo que representa es necesario realizar un poco de filología grecoespañola.

Veamos, uno de los elementos más sabios en las Sagradas Escrituras son los idiomas en los que Dios permitió que fueran escritas. Son idiomas con una profundidad inigualable, y por lo tanto muy ricos en las variables que nos regala. Por ejemplo, en el idioma castellano, al hablar de amor se requiere usar el mismo término sin importar el tipo de amor que se esté presentando. No sucede así con el griego, que es uno de los idiomas básicos de las Escrituras. En ese idioma hay no menos de cinco términos griegos usados para hablar de amor. Estos son: *eros*, *fileo*, *ágape*, *storge* y *epithumía*.

Lo mismo sucede con el término nuevo, que se usa en muchas ocasiones en el libro Apocalipsis. En griego usted puede hacer referencia a algo nuevo como *neós*; esto es, que ha sido recién sacado del lugar en el que se obtuvo y que nunca antes se ha usado. Pero será *neós* porque no es el primer objeto de ese tipo que existe. Así, serán *neós* las camisas, los autos, los relojes, el calzado, etc., un concepto platónico que conoce el escritor del Apocalipsis. *En el libro se usa otro término para describir lo que será nuevo en el orden celestial: kainós. Este término define lo que es nuevo, algo que nunca antes ha existido o a lo que se le pueda parecer o comparar.*

En este libro *kainós*, es el cielo, la tierra, la canción, el nombre, la ciudad y el orden de Dios. Nada de lo que exista allí habrá existido antes, por lo tanto todos los que lo disfrutemos, estaremos expuestos a unas experiencias nunca antes vividas por ser humano alguno de cualquier generación. Es el *kainós* del Apocalipsis el que nos lleva a pensar que todo intento por explicar la simbología y la programación del cielo podrá tener un amplio margen de error, toda vez que Juan, el escritor del libro, al usar este término conviene en que ha estado describiendo lo que ha visto con la mejor intención y con el mayor de sus esfuerzos, pero que aun así, tiene trazos de inexplicable, pues nunca antes ha existido algo parecido.

Para entender mejor el concepto del *kainós* es necesario mirarlo desde las perspectivas escatológicas con las que se usa en otras partes de la Biblia, especialmente en el salterio, pues como hemos dicho este es el precursor de muchas de las alabanzas que encontramos en Apocalipsis. Este concepto es llamado por los especialistas la alabanza escatológica de los redimidos.[15] Examinemos algunos ejemplos clásicos:

Salmo 33.3: «Cantadle cántico nuevo; hacedlo bien, tañendo con júbilo».

Son muchos los que acertadamente han llamado a este y al Salmo 47 (v. 7) los salmos de los cantantes, pues ambos señalan que los que cantan tienen que hacerlo bien y con inteligencia. Estoy convencido de que es por esto que yo no canto. Desde que descubrí que Dios había puesto alrededor nuestro a profesionales de la canción, dotados con dones y talentos para hacerlo bien e inteligentemente, decidimos que esa era labor de ellos y no nuestra. Cantaré a mi Señor como parte de la congregación y en mis devociones privadas, pero dejaré las grabaciones musicales y la dirección musical a aquellos que han sido llamados por Dios, que se han educado

15 Elizabeth Schüssler Fiorenza, *The Book of Revelation: Justice and Judgement*, Fortress Press, Philadelphia, 1985, p. 80.

y se cuidan de hacerlo bien y con inteligencia, para la gloria de Dios.

Pero ese no es el tema principal del versículo tres de ese salmo. El tema principal es la canción *kainós* que requiere Dios. Este término le concede a esa canción características únicas que intentaremos explicar y de algún modo complicar, como herramienta para despertar la conciencia de los adoradores.

Si la canción que se pide es *kainós*, entonces no sería correcto darle a Dios una canción que previamente se ha usado para cantarle a otra cosa, especialmente si ese otro locus de la canción no es la adoración a Dios. Con profunda tristeza tenemos que declarar que hemos visto proliferar el uso de melodías seculares a las que se les cambia la letra y se les convierte en himnos al Señor.[16] A todas luces esto no clasifica como *kainós* para Dios; y es esta la clase de canción que el salmista reclama para el Señor.

Hay un señalamiento obligado que debo hacer y en el que pondremos en juego nuestro entrenamiento musical clásico. Lo entendemos necesario para no permitir que los adoradores «clásicos» y «litúrgicos» tomen las expresiones anteriores como una licencia para «atacar» la adoración de los que no adoran como ellos. La expresión del Salmo 33.3 pone en entredicho algunos de los himnos de nuestros himnarios, especialmente algunos de los más queridos. Uno de ellos, «Castillo fuerte es nuestro Dios», no es una melodía estrenada por Martín Lutero para celebrar al Dios victorioso, sino una melodía folclórica de un baile alemán, rescatada por este gigante de la reforma protestante. La explicación que nos da la historia concede que el propósito de Lutero era usar melodías conocidas para facilitarle al pueblo su transición a la alabanza a Dios.[17] Hay que puntualizar que Lutero le añadió melodías y le cambió el ritmo. Algunos puristas señalan que

16 Suplicamos al lector que nos conceda su indulgencia por no poder entrar en discusiones de definición sobre lo que son himnos, salmos, canciones espirituales y coros.
17 W.J. Reynolds, *A Survey of Christian Hymnody*, Holt Rinehart and Winston Inc., New York, 1963, pp. 17-18.

hay que diferenciar entre las melodías usadas para cantarle a los placeres de la carne y aquellas que se han convertido en símbolos nacionales o folclóricas. No es nuestra intención definir esta discusión sino crear conciencia de lo que hacemos cuando abrimos la boca para cantar. Después de todo, hay que hacerlo con inteligencia.

El salmista insiste en que la canción que Dios merece debe ser *kainós*; es decir, completamente nueva, para Él. Para enfatizarlo hace uso de recursos didácticos en este salmo; enseña el uso de la Palabra de Dios, destaca sus atributos y concluye con declaraciones de confianza (vv. 20-21) y de oración.[18] Usa veintidos versículos, uno por cada una de las letras del alfabeto hebreo. En su llamado a la adoración (vv. 1-3) casi agota el uso del vocabulario para la musicalización existente. En otras palabras, que la creación de una canción *kainós* no limita el uso de los instrumentos. ¡Cuánta falta hace ese salmista en nuestros tiempos! Él no tiene reparos en usar todo los instrumentos disponibles para cantar, alabar y adorar a Dios.

Pero lo más importante es que el salmista nos presenta implícitamente una teología de la música: los que cantan y adoran deben estar bien con Dios.[19] Las discusiones sobre esta declaración serían inacabables. El uso de palabras tales como rectitud, juicio, justicia y misericordia opera en dos direcciones. Las reconocemos como atributos del Señor del cielo y como manifestaciones divinas que operan sobre nosotros. El salmista concluye esta primera parte escudándose en que la tierra está llena, pero no de la gloria de Dios (Isaías 6.3), sino de su misericordia (Salmo 33.5b). El Señor reina sobre todo y sobre todos con su misericordia. No sólo es Creador, sino que aparece descrito como Aquel que reparte bienaventuranzas a aquellos que lo escogen, felicidad a aquellas naciones que lo privilegian, y arropa con su misericordia a aquellos que esperan en Él (Salmo 33.12,18,19).

Desde el punto de vista de los versículos 10 al 12, este salmo es escatológico y apocalíptico, pues declara que no son

18 J.L. Mays, *Interpretation: Psalms*, John Knox Press, Louisville, 1994, pp. 148-150.
19 *Ibid.*, pp. 148-150.

las naciones las que tienen la última palabra sobre sus destinos, sino que es el Señor el que dirá la palabra final. La clave para la bendición y la estabilidad nacional está en buscar y escoger a Dios. Es por esto que el salmista comienza invitando a los adoradores a cantar canciones *kainós* para Dios. Es Él quien tiene el poder. Lo que es interesante es que en Apocalipsis se invita a cantar a Dios por las mismas razones (Apocalipsis 5.11-14), con la peculiaridad de que quien recibe esa canción y alabanza es el Cordero de Dios que está sentado en el trono.

Salmo 96.1:

Cantad a Jehová cántico nuevo;
Cantad a Jehová toda la tierra.

¿Cuál es el origen de este salmo? ¿Cuál es su historia? ¿De dónde proviene? El análisis bíblico revela que la tradición le concede este salmo al momento en que el rey David y el pueblo festejaban por haber traído el arca del pacto a Jerusalén. Ese momento era de fiesta nacional y de gran celebración. En 1 Crónicas 16.23-33 tenemos una copia casi perfecta del mismo. Su editor para el salterio se encargó de añadirle la frase que lo conceptualizaba como una experiencia y un salmo *kainós*.

Aquí el salmista se encarga de enseñarnos varias cosas que son muy interesantes. Lo primero es precisar tres tipos de canciones al Señor: la canción nueva, la canción que canta la tierra y la canción que bendice el nombre del Señor. Definitivamente un motivo evangélico, toda vez que la razón de estas tres canciones es el día de la salvación o del *yeshua* de Dios.[20] Una razón muy poderosa para cantar al Señor, se esgrime en Apocalipsis, porque Él fue inmolado y con su sangre nos ha redimido (Apocalipsis 5.9).

La salvación de Dios es el motivo de la canción apocalíptica. Más aún, la canción triunfal que cantan los 144,000 usa este motivo como pieza central y lo enmarca dentro de los estilos del salterio. En esa canción observamos algo que es

20 *Ibid.*, pp. 307-310.

común a este tipo de adoración y alabanza. Es que en ellas el Señor es rey sobre todas las naciones; o sea que Dios no tiene preferencias nacionales. Esto en boca de un israelita es algo extraño. Es glorioso darse cuenta de que una de las fórmulas de adoración que se usa en Apocalipsis (7.10) se esgrime en este salmo al igual que en los salmos 3.8; 38.22; 42.11; 43.5 y en Jonás 2.9; siempre para la adoración.

Esta experiencia se repite con una canción de victoria que observaremos en Apocalipsis 12.10-12. Esa canción tiene tres estrofas.[21] La primera estrofa (v. 10) abre con una proclamación de victoria, que es una reminiscencia de Apocalipsis 11.15b: Dios el Señor ha establecido su hegemonía sobre los reinos del mundo. La segunda estrofa (v. 11) señala que el Cordero ha llevado a cabo el plan divino y que sus consiervos no han tenido reparos en hacer sacrificios por gratitud a la salvación que les fue conferida. Si tomamos en consideración que es en el cielo donde se oye este himno, tendremos que concluir que hay una expectativa celestial latente: la Iglesia está llamada a vencer y a unirse al coro del alto cielo. La Iglesia tiene profetizado que su triunfo es inevitable y que en el cielo ya se canta y se adora por esto. Esta canción dice que esa victoria está garantizada sólo porque hemos sido comprados por la sangre del Cordero. Es esa la razón de ser de la fórmula de la salvación como pieza fundamental de los procesos de adoración.

Esta segunda estrofa merece comentarse. *Los adoradores no somos posibilidades celestiales; formamos parte de un plan divino.* El cielo está cantando sobre esto desde hace muchos siglos. Ese plan divino presupone que los adoradores conocen y no rehuyen el testimonio; en otras palabras, el martirio. O sea, ser un adorador victorioso requiere que se pague un precio.

La tercera estrofa (v. 12) declara abierta la adoración para que se unan a la Iglesia y al cielo todos los elementos de la creación universal. En esa estrofa se declara que el poder del enemigo está delimitado de forma cronométrica; su tiempo está contado. Hay una invitación a la creación, que es un eco

21 J. Roloff, *Revelation*, Fortress Press, Minneapolis, 1993, p. 149.

de invitaciones «evangélicas» realizadas en el Antiguo Testamento (Isaías 44.23). Una invitación predicada sobre la base de que los adoradores no deben cometer el error de permitir que las realidades presentes e inminentes le nublen la visión de la meta establecida por Dios. Cada vez que esto sucede, debemos recordar que la Biblia nos llama a levantar la mirada y enfocar la meta divina; sólo así podremos comenzar a aceptar los objetivos que usa el cielo para lograr esa meta.

No sé si el lector ya ha notado que el Salmo 96.11 se hace eco de ese reclamo divino.[22] Es la esperanza escatológica; nada puede detener que el Señor venga a juzgar a la tierra y a los pueblos del mundo con su justicia y su verdad. Ya que esto es así, la mirada de los adoradores al mundo que les rodea deberá intentar descubrir el plan de Dios para él. No es un llamado a descuidar nuestras realidades y responsabilidades. Es un llamado a ver la mano de Dios en esas realidades y responsabilidades que se nos ha conferido. Aquellos que han logrado entender esto son capaces de adorar a Dios en cualquier circunstancia. Esto se predica sobre una base bíblica muy sólida. El Dios del cielo tiene planes con toda su creación. No existe nación en el mundo que se haya excluido de ese plan divino. Para entenderlo mejor examinaremos un modelo que invita a la canción *kainós* y que no se encuentra en el salterio.

No podemos cerrar este análisis sin señalar que la canción que se arranca de los labios del grupo de Asaf cuando el arca es traída a la ciudad de Jerusalén, se presenta como una procesión litúrgica, dramática muy similar a la del Salmo 24. El Salmo 96 es la proclamación de la llegada del reino de nuestro Señor, del establecimiento de lo que presupone el libro de Apocalipsis, y de la razón principal para que este salmo haya sido usado por todas las generaciones como canción central en la fiesta de navidad. El Señor que vino al pesebre es cantado por su pueblo que ruega en su canción que vuelva pronto a establecer su reino entre nosotros.

22 *Ibid.*, pp. 149-151.

## Isaías 42.10-17

Esta porción del profeta evangélico señala la hegemonía e internacionalidad del señorío de nuestro Dios. La invitación a una canción nueva se realiza con todas las naciones de la tierra en la mente divina. Se les considera iguales a los de Cedar y a los de Sela. Los primeros, habitantes de las alturas, lugar de donde se extraía la madera relacionada a las actividades de purificación (Levítico 14.4; Números 19.6) y para la construcción de edificios reales (2 Samuel 5.11; 1 Reyes 5.6; 6.9—7.12). Para los israelitas el cedro era símbolo de crecimiento y fortaleza (Salmo 92.12). Los segundos, habitantes de una ciudad edomita cuyo nombre significa «roca, pueblo que bordeaba el desierto de Moab y que fue capturado por Amasías (2 Reyes 14.7).

La invitación a una canción *kainós* se hace a los de la altura y a los del desierto; a los que testifican de realeza y de sacerdocio, y a los que testifican de desiertos y de conflictos bélicos. Las voces de los que cantan se oirán en toda la tierra.

Las enseñanzas que extraemos de este pasaje son varias. Entre las más importantes está el hecho de que si Dios no discrimina por nación o raza, nosotros tampoco debemos hacerlo. Este señalamiento parece siempre acertado para la nación o el país vecino y nunca para nosotros; pero la dura realidad es que en nuestros países nuestras congregaciones aprenden a discriminar y a marginar a otros con razonamientos ilógicos y con excusas ilimitadas. Congregaciones metropolitanas que no pueden abrirse a personas de otras comunidades, especialmente si estas no pertenecen a círculos socioeconómicos parecidos a los de esa congregación, y/o si vienen de sectores pobres de la comunidad. En algunos casos se les abren las puertas, pero nunca se les permite integrarse «al núcleo» de la familia de la fe. Congregaciones que no pueden abrir sus puertas a personas de otras nacionalidades, especialmente si son subdesarrolladas. Congregaciones de orientación familiar que se desarrollan entre círculos exclusivos y centristas y que no se dan cuenta de que sus puertas no poseen espacio para gente que no se haya desarrollado dentro

del marco familiar y/o vecinal. Las oportunidades de crecimiento real de esas congregaciones son muy limitadas, además de que estarán practicando un estilo litúrgico que va en
contra de los presupuestos divinos.

Se discrimina por estilos de adoración. Los conservadores
declaran que no hay lugar entre ellos para los de adoración
expresiva. Los de adoración viva declaran «muertos» a los de
adoración reflexiva. Los que se circunscriben a declarar que
sólo hay uno o dos instrumentos religiosos, no encuentran
lugar entre ellos para aquellos que adoran con orquesta,
equipos electrónicos y usan las manos según les parece en el
corazón.

La lista es interminable, pero me parece bien hacer algunos señalamientos que pueden ayudar a ampliar las perspectivas de nuestras congregaciones. En mi experiencia pastoral,
he servido en congregaciones de estilos muy conservadores,
aun cuando en el plano personal me considero un cristiano
carismático conservador. La experiencia en ellas ha sido muy
rica, además de instructiva. En ninguna de ellas intenté cambiar el estilo de adoración de la congregación como tal; pero
con el tiempo, sin tener que perder su identidad y estilo,
comenzaron a ser tolerantes y flexibles para aceptar a los que
no adoraban como ellos. Con mucho amor recuerdo la experiencia con una hermana que se «robó» el corazón de toda mi
familia. Ella nos manifestó que su experiencia con los sectores
que adoran a viva voz había sido tan triste, que no soportaría
estar al lado de alguien que alabara a Dios tocando un pan-
dero. Es necesario calificar esta expresión señalando que escuchamos esta confesión teniendo a mi hijo mayor estudiando
percusión desde los seis años de edad. Un año más tarde, esa
congregación se estaba moviendo hacia el centro; esto es,
guardando su estilo conservador, pero con apertura para
aquellos que deseaban levantar espontáneamente sus manos.
Incluyeron coros de adoración en su repertorio. Invitaron a
mi hijo a acompañarles en la adoración con su instrumento de
percusión, y esta hermana con toda la congregación acompa-
ñaban a su pastor a los compromisos que tenía con las iglesias

carismáticas de la comunidad. ¿El secreto? Estas cosas no se obligan, se logran con amor y respeto al derecho de los demás, y con una buena estructura bíblica que explique sin egoísmos y agendas personalistas las demandas que hace la Palabra de Dios.

La receta también es buena para ensayarse en las congregaciones que experimentan otros tipos de discriminación. En la actualidad pastoreo una congregación de centro que posee treinta y siete por ciento de miembros que exigen una adoración carismática. La clave para la armonía entre los miembros ha sido la preparación consciente de programas que combinen actividades y provean espacio para todos los sectores representados. Esto no es fácil, pero es posible y muy enriquecedor para la vida de la Iglesia. Recordemos que Dios pudo manifestarse a Elías en el terremoto, en la tormenta, en el fuego y en el silbo apacible y delicado. Nuestra congregación ha experimentado un crecimiento de casi el triple en menos de tres años. Gran parte de ese crecimiento se debe a una congregación que ya estaba allí cuando llegamos y que se ha dado a la tarea de expandir su perspectiva congregacional, sin sacrificar su identidad, pero abriendo espacios en un corazón congregacional gigante para personas con otros estilos y visiones de la adoración.

## Resumen

El libro de Apocalipsis nos presenta muchas otras alternativas para la discusión y el análisis de la adoración. Sus páginas están llenas de vocabulario cúltico y litúrgico como templo, altar, sacerdotes, vestiduras litúrgicas, incienso, libaciones, copas, lámparas, fórmulas doxológicas, composiciones hímnicas y lenguaje sacerdotal que invita a los lectores a la adoración diaria.[23] A un lado dejaremos los llamados políticos que hace este libro, porque no sólo los posee, sino que no podemos obviar que el evangelio es cuestión política desde la perspectiva de nuestra ciudadanía (Filipenses 3.20-21).

23  E.S. Fiorenza, *Revelation: Vision of a Just World*, Fortress Press, Minneapolis, p. 103.

Es importante señalar que hay que tener cuidado con el elemento de la canción como parte de la adoración. En Apocalipsis 12 encontramos una imitación de la adoración y de la canción a Dios, que se le brinda a la bestia apocalíptica. Una de las características que distingue a esa bestia es su deseo de imitar al Cordero. En realidad, ella posee una herida similar en su cabeza; sólo que la herida de la bestia es curada y la del Cordero sigue derramando sangre para remisión de pecados de la humanidad. El estilo de la bestia predica arrogancia y su capacidad para ofender (Apocalipsis 13.5), lo que le llama la atención a todos los adoradores para no permitir que sus carismas, talentos y virtudes transformen sus ejecutorias ministeriales en altares para la arrogancia y el maltrato del prójimo.

Estos señalamientos apuntan hacia el entendimiento de que la ocurrencia de milagros y prodigios no son una garantía de la permanencia de la presencia de Dios entre nosotros. Esa presencia garantizará sólo que no ocurran cambios en el foco de la adoración. La adoración que recibe el enemigo es una imitación de las preguntas que levanta el salterio sobre la grandeza de nuestro Dios (Salmo 113.5). Esa bestia hace señales y milagros que sirven de base para la idolatría y el paganismo. Una advertencia muy clara para que los adoradores entiendan que no servimos y adoramos a Dios por sus milagros y portentos. Después de todo, el enemigo también los puede realizar. Aquellos que se dejan arrastrar por las megaexperiencias en los procesos de adoración corren el riesgo de terminar adorando a la bestia.

En Apocalipsis, dos elementos son centrales en la temática de la adoración a Dios. El primero y más importante, el Cordero que está sentado en el trono. Sólo Él puede ser adorado. No lo merecen ni siquiera los ángeles que están a su lado (Apocalipsis 19.10). El segundo de ellos, la liberación de nuestro Egipto. Un buen ejemplo lo encontramos en la canción de Apocalipsis 15.2-4. Este es un himno que frente a un mar como de cristal celebrará la victoria de aquellos que vencieron sobre el monstruo y su imagen, quienes con arpas

en las manos cantan una canción parecida a la de Moisés en
Éxodo 15. Esa salvación, dada por la gracia de Dios, es la que
posibilita el ropaje sacerdotal y victorioso de la Novia que se
atavía para su Esposo (Apocalipsis 19.8).

No podemos perder de vista que el vidente de Patmos ha
escuchado la alabanza desde el cielo. Es allí donde se origina
el único arte humano que estará disponible en la vida eterna.
Hace dos mil años que el vidente ha escuchado que la celebración es eterna. Se celebra la salvación, el poder, la gloria y
la justicia de Dios. La adoración es de tal magnitud que en el
capítulo 19 los ancianos no sólo se conforman con arrojar sus
coronas ante el trono y ponerse de rodillas, ahora se postran
hasta el suelo para alabar y decir amén a la canción celestial.
El último hecho que queremos destacar en este cuadro es el
de la invitación a todos los adoradores para que hagan sus
asignaciones y se aseguren de estar allí cuando se inicie esa
fiesta prometida por el Novio y Señor de todos los que le
adoran en espíritu y en verdad.

## Conclusión

Nos ha parecido justo dar a conocer al lector que creemos que
intentar enunciar postulados que puedan resumir y enumerar
las conclusiones a las que hemos llegado a través de este libro
podría ser un ejercicio agotador y limitante. Aun así entendemos que no sería una acción responsable cerrar el mismo sin
enumerar algunas conclusiones básicas de toda la discusión.

La primera de ellas brota de la percepción inicial de la
adoración como un proceso en crisis; algo que hemos corro-
borado en el transcurso de los análisis realizados. Pero tal y
como se expuso en la introducción del libro, toda crisis trae
consigo peligros y oportunidades.

La segunda de ellas se arranca del postulado de que la
adoración es un proceso y como tal no sólo ni admite moldes
ni puede ser trasplantada, sino que tampoco se puede aprender. No existe base bíblica para enseñar a adorar. No es
correcto establecer escuelas de adoración. La adoración nace
en el corazón, la mente y el espíritu de los adoradores-barro.

Se puede enseñar el orden del culto y el orden litúrgico de la iglesia (todas las congregaciones tienen uno; los que predican no tener uno han hecho de esta posición su orden para el servicio de adoración), pero no se puede aprender a adorar, especialmente desde la perspectiva del aprendizaje como sicología de la disciplina mental. Desde nuestro punto de vista, la teoría que mejor explicaría el desarrollo de la adoración es la del aprendizaje como desarrollo natural.[24] Tampoco es acertado trasplantar experiencias de otros lugares sin el debido análisis de la realidad contextual de la comunidad que quiere y anhela una transformación en su vida como pueblo que adora a Dios. Esto puede convertirse en una experiencia traumática para aquellos que no logran hacer los ajustes con las vivencias de otros contextos.

La tercera conclusión se desprende de la conciencia del adorador, su entendimiento de quién es él y quién es Dios. Es esta conciencia la que permite una adoración genuina en espíritu y en verdad, adoración que se origina en la dimensión correcta del ser humano y que se da en el pleno conocimiento y conciencia de los adoradores. Es en esta dimensión que el proceso de adoración se convierte en una avenida en dos direcciones, puesto que Dios es el receptor de la adoración, y al mismo tiempo el adorador, recibe la unción de Dios, una presencia que «libera los yugos» de los que están oprimidos (Isaías 10.27). La adoración a Dios se reviste allí de un ropaje que la convierte en proceso único; es el único medio que tiene el adorador para integrar todas las herramientas provistas por el cielo para que el ser humano conozca mejor a Dios y a sí mismo.

Estoy consciente de que habrán docenas de conclusiones adicionales que surgirán de las ópticas que utilicen los lectores al acercarse a los desafíos que hayan podido rescatar de este libro. Si tal es el caso, habremos logrado una de nuestras metas.

Hay un testimonio que queremos exponerles como con-

24 A. Elwood Sanner y A. F. Harper, *Explorando la Educación Cristiana*, Casa Nazarena de Publicaciones, Kansas City, Missouri, 1978, pp.133-144.

clusión final. El mismo encierra casi todos los planteamientos básicos que hemos enunciado en este trabajo. Es el testimonio de una anciana que parte hacia la eternidad casi en sus 90 años, dejando tras de sí el testimonio de casi toda una vida sirviendo al trino Dios. El nombre de esta mujer es Francisca Robles viuda de Esquilín (abuela Panchita). Esta mujer se las arregló para no partir hacia la eternidad sin antes ver que casi todos sus hijos hubieran ocupado algún ministerio en la casa de Dios; docenas de sus nietos seguimos los mismos pasos. Era una mujer de oración, de lecturas bíblicas matutinas y vespertinas, y de un amor por el servicio al prójimo, como hay pocos. En ocasión de ser escogida como madre ejemplar del pueblo que la vio nacer, se le preguntó el secreto para criar y desarrollar tantos testimonios. Su respuesta todavía resuena entre las paredes del auditorio donde se celebró ese homenaje. «En primer lugar amar a Dios sobre todas las cosas; eso garantiza ser buen modelo para los hijos. Los hijos deben ver a su padres como sermones con zapatos. En segundo lugar, la "escobalogía"; la sicología es en parte responsable de que las cárceles estén llenas. Un buen escobazo a tiempo resuelve muchos problemas».

Casi a punto de celebrar su victoria en Cristo (pasar a la eternidad), enfermó de manera muy triste. Antes de entrar en la gravedad de su enfermedad, sostuve una conversación con ella, que es el testimonio que relatamos aquí como homenaje a todos esos adoradores que han sabido ser barro y que Dios ha convertido en piezas de alfarería que resuenan cuando se les golpea. Recuerdo que me invitó a sentarme justo al lado de su cama. Una Biblia adornaba sus faldas. Su cabellera que antes se ufanaba de ser abundante, larga y espesa, ahora aparecía bien recogida y ceñida a su cuero cabelludo. Sus sienes dibujaban los otoños del camino, tonalidades grises que anunciaban que estábamos frente a una luchadora de grandes batallas que se acercaba a ser llamada a su fiesta más importante. En su rostro resplandecía una paz que no podía ahogarse con las arrugas que habían traído consigo el paso de los años. Siempre encontré paradójico que me pareciera verla tan grande, cuando medía menos de 5 pies de estatura (1.52 metros). Sus anteojos no podían ocultar el fuego que había en su mirada: ojos profundos que hablaban de lo importante que era el Señor, tema obligado en toda conversación.

Miré sus manos curtidas por los años lavando, trabajando y planchando para echar hacia adelante a sus hijos. Allí mismo no pude evitar suspirar de emoción al recordar las veces que papi me había relatado lo duro que ellas habían tenido que trabajar para que él se pudiera poner su primer par de zapatos; «y pensar que ahora todo se nos hace tan fácil».

Al estar sentado a su lado, inmediatamente comenzó un diálogo que se vistió de eternidad. Recuerdo que me dijo que sabía que sus días se estaban acabando, que era tonto orar por su salud; después de todo, ella tenía deseos de ir a ver a su Señor. Entonces dijo algo que a través de los años se ha convertido en «slogan» de batallas ministeriales sin fin: «Voy al cielo a cantar mejor que los ángeles».

Por un instante no comprendí su expresión con toda la profundidad que encierra, y traté de convertir el momento en algo jocoso, creyendo que la viejecita estaba melancólica y que necesitaba reír. Le contesté que conocía su vida de oración, de visitación a enfermos y necesitados, de servicio a todos; pero que no le conocía parte alguna en el ministerio del cántico al Señor. Su repuesta me hizo reír: «¿Tú estás insinuando que yo canto feo? Feo cantan los sapos y se amanecen».

Inmediatamente repitió la frase eterna: «Voy al cielo a cantar mejor que los ángeles». En ese momento no hubo oportunidad para entender mal la expresión que vertían sus labios. Un perfume muy rico comenzó a llenar la habitación donde estaba acostada. El diálogo se convirtió en monólogo: que emanaba de los labios de una persona que ya no nos pertenecía a nosotros ni al mundo que le rodeaba. Comenzó a decir:

«Yo conozco la canción de los ángeles. Ellos han estado conmigo en los momentos más tristes y difíciles de mi vida. Estuvieron conmigo en las madrugadas cuando clamaba al Señor por las vidas de mis hijos que estaban en el campo de batalla. A uno de ellos me lo dieron como muerto en combate (lo habían recogido entre los muertos en Okinawa), y Dios oyó mis súplicas; tres semanas más tarde de la fatal noticia recibí una carta de él desde un hospital en California.

»Yo sé que fue Dios el que le dio la vida. Luego en la guerra de Korea se llevaron a servir a varios de mis hijos; entre ellos a tu papá. Pasaba noches en vela clamando sin consuelo a Dios. Sus ángeles descendían a consolarme cantando mientras yo estaba arrojada en el altar de la iglesia o en el suelo de la habitación. Los ángeles llegaron a cantar a mi ventana las noches que siguieron a aquel día de septiembre cuando tu abuelo murió. Al principio pensé que eran los hermanos de la iglesia, pero luego me di cuenta de un resplandor que entraba por las celosías. Caí de rodillas al ver sus ropas celestiales y escuchar su canción. Yo conozco el cantar de los ángeles; voy al cielo a cantar mejor que ellos. Yo conozco una canción que ellos no conocen. Ninguno de ellos sabe lo que es llorar. Yo sí conozco las estrofas del dolor y los coros de la consolación de Dios. Sé lo que es el trapiche, la prensa para la vendimia, el Getsemaní; y sé también lo que es la canción del consuelo divino. Ningún ángel sabe lo que es sentirse solo.

»Yo conozco las estrofas de la soledad y el coro de la dulce compañía divina. La soledad de la madrugada en la que se llora por no tener nada para darle de comer a mis hijos, la soledad de ver cómo dos de ellos se me mueren en las manos tan sólo a unos meses de haber nacido. La soledad que se experimenta cuando los más pequeños de la casa traen a sus amigos de la calle para que yo los adopte y los críe, sin saber que en esta casa vivía la viuda de Sarepta. Yo conozco esa canción, y además conozco el coro de la compañía y la provisión divina. Ningún ángel pudo escribir el Salmo 37.25 (Joven fui y he envejecido).

»Ningún ángel sabe lo que se siente al ser perdonado; jamás han experimentado el perdón divino. Sólo nosotros sabemos lo dulce que se siente la presencia del Señor en el corazón de un pecador arrepentido. Yo voy al cielo a cantar mejor que los ángeles. Tengo una canción que ellos no pueden cantar y se la voy a cantar a mi Señor».

Una madrugada, Él la vio partir hacia la eternidad y al contemplar cómo esta anciana entraba por las puertas celestiales se estremeció de que los ángeles se habían echado a un lado para escuchar una canción *kainós* que brotaba de sus labios, un adorador-barro que adoraba a Dios con el testimonio de una gracia que ellos no habían experimentado jamás: el sonido que emerge de una pieza de alfarería horneada por los fuegos de Dios, y que de allí surge como figura resonante y melodiosa que adora a Dios en espíritu y en verdad.

*Mizraím Esquilín*
Carolina, Puerto Rico
Julio 14 de 1994.